に
Love
恋をしよう
the
Problem

ユニコーン起業家の
思考法

ユリ・レヴィーン 著
樋田まほ 訳

日本実業出版社

FALL IN LOVE WITH THE PROBLEM,
NOT THE SOLUTION
by
Uri Levine

Japanese translation published by arrangement with Uri Levine
c/o Levine Greenberg Rostan Literary Agency through
The English Agency (Japan) Ltd.

ウェイズ、ムービットをはじめとする私のスタートアップの10億人を超えるユーザーへ。

あなたがいなければ、この物語は存在しなかった。

推薦の言葉

「ウェイズの創業者ユリ・レヴィーンには、あらゆる起業家の中でも、まれに見る特徴がある。成功する企業を複数立ち上げるスキルと粘り強さに加え、自分がそれを行なった方法を自ら認識する力を持っているのだ。本書で、彼が苦労して知り得た真実をシェアしてくれている。ウェイズやユリのほかの会社の成り立ちに興味があるなら、もしくは、アイデアを実現させるためのアドバイスを求めているなら、本書は本棚に置く価値がある。**意欲的な起業家はみんな読むべきだ**」

——マーク・ランドルフ、ネットフリックス共同創業者

「ユリの本は、起業家精神に向けて開かれた窓だ。その窓からは、情熱、忍耐、責任を通じて世界を変える様子が見える。本書は、常にエンドユーザーとつながることが重要だと思い出させ、起業に向けた具体的なロードマップを示してくれる。**本書を読むと、スタートアップの冒険の次のステップを理解するために、ユリと一緒に座っている教え子のような気分になる**——実用的な意見と記憶に残る信念が組み合わさることで、起業家は正しい問いを立て、旅のあいだ中、成功のチャンスを最適化できる」

——ジェニファー・フレイス、レント・ザ・ランウェイ共同創業者

「何が起業家に永続的な成功をもたらすのか。ユリ・レヴィーンは独自の知見を教えてくれる。起業家の道は、挑戦の入り組んだ迷路のような旅で、タイムリーな解決策をもたらす問題解決への情熱が求められる。**ユニコーンやさらにその上を目指す、すべてのスタートアップ関係者必読の書**」

——キラン・マズムダル・ショウ、バイオコン会長兼創業者

「ユリ・レヴィーンは、スタートアップ国家としてのイスラエルの歴史において、記録的な偉業達成の先頭に立っている。陸上競技での１マイル４分の壁に相当する、起業界での10億ドルでのイグジットの壁をウェイズは打ち壊した。それ以来、イスラエルは数多くの『ユニコーン』を生み出したが、その道を切り開いたのはウェイズだ。そして、ユリは進み続ける。本物の連続起業家だ。**ユリがアドバイスをするときは、腰を落ち着け、耳を傾け、学ぶときだ**」

——シャウル・シンゲル、『アップル、グーグル、マイクロソフトはなぜ、イスラエル企業を欲しがるのか？』（ダイヤモンド社）共著者

『Love the Problem　問題に恋をしよう』目次

カバーデザイン　西垂水敦・市川さつき（krran）
著者写真撮影　オレル・コーヘン
翻訳協力　トランネット
DTP　一企画

＊訳注は［　］で示した。

序文　スティーブ・ウォズニアック（アップル共同創業者）

ネタバレ注意：起業家の人生を変える「バイブル」となるだろう。

私はよく、起業家精神やスタートアップをテーマに講演をする。以前あるカンファレンスで、ユリ・レヴィーンの講演を聞いた。当時の彼は、今のように、並外れてはいなかった。並外れた講演者の話はたくさん聞くが、ユリの話し方は友人のような気さくなスタイルで、テーマを追って理解しやすかった。ユリはソーシャルカーナビゲーションアプリ、ウェイズ（Waze）の立役者だ。日常でよく使うアプリはいろいろあるが、ウェイズのように群を抜いたものは少ない。ウェイズは、品質が高く卓越したアプリだ。

アップルの共同創業者である私に、アドバイスを求める人は多い。だが、アップルはスタートアップとしては参考にならない。きわめてまれなケースで、会社を興す人には役立たないからだ。アップルの成功には、計算もコントロールもできない、極端に有利な要素があった。

最初の10年間で、ただ1つ成功し、お金を稼いだプロダクトは、当時、誰も考えないようなものだった。Apple IIは、パソコンの黎明期には最も使える最高のコンピューターだったが、在庫管理をしたり、売上を管理したり、家で仕事をしたりするために、誰もコンピューターなんて買わない。カギはゲームだった。当時ゲーム会社のアタリが、カリフォルニアのロスガトスで、アーケードゲーム業界をスタートさせたばかりだった。ハードウェアの時代には、1つのゲームに何千本もの配線がつながれて、エンジニアはすべての信号を理解していて、新しいアーケードゲームの試作品を作るには1年かかった。ゲームに色がつけば、もっとすばらしいものになると予想していた。Apple IIは、初めてアーケードゲームに色がついて、初めてゲームがソフトとして提供された。9歳の子どもでも、シンプルなBASIC言語を使って、テレビの画面上で色を動かし、ちゃんと動作するアーケードゲームを1日で完成できた。そのプロダクトがアップルに巨額の富をもたらし、私たちみんなの人生を変えたのだ。

私にはたくさん本を読む時間はない。だが、本書は、最初から全部の文字を読み、紙に手書きでメモを取った。最初のころの原稿では、たくさんの誤字脱字に気づいたほどだ。冒頭から示唆に富んでいて、気取らずわかりやすい。

ユリは、プロダクトやビジネスについての自分の考えを読者にわかりやすく伝えるために、人生を比喩に使う。起業家なら、プロダクトと会社への強い情熱が必要なことはわかっているだろう。ユリは、これを「**問題に恋をする**」と表現する。お金や自分自身などに恋をするのではない。そして、問題への恋を誰もが経験したことのある個人的な人間関係と結びつける。**問題に恋をすることは、起業家自身のアイデアやプロダクトを大事にすることではなく、エンドユーザーを大事にすることなのだ。ここに成功のカギがある。**私自身、いつもそれを信じてきた。

新規ユーザーを深く感動させるプロダクトを生み出すのに、ユリが例に挙げるのは、ファーストキスの深い感情だ。私はこれからずっと、これを思考のガイドラインにする。ユーザーや投資家とそんなふうにつながれるなら、努力するだけの価値はある。先日カリフォルニアのバークレーで、初めてのキスをした場所のすぐ近くまで行ったとき、この比喩が今までにないほど真に迫ってきた。**投資家でもユーザーでも、初めてプロダクトを使う人に対して、新たなプロダクトは、ファーストキスのときのような感情を提供すべきなのだ。**

ユリはありふれた退屈な講師ではなく、わかりやすい事例を通じて学びたくなる雰囲気を作り出す、魅力的な教師だ。プロダクトや機能との関連で、人間の性格の重要性を非常にうまく表している。ユリには、彼を導く原理（本質）があり、さらに、何かが必要十分かどうか、本物の価値は何かを見極めるための「公式」が多くあり、その価値から利益を得るために下すべき決断がある。本書全体を通して、その要諦を教えてくれる。

ユリは、自身の成功体験を生かして、後進の起業家を育成したいと言う。起業家精神の重要性には誰もが同意するが、教師やメンターの重要性も見過ごせない。これもまた強い信念であり、私が人生の大半を捧げてきたものだ。

本書全体を通して、ＰＭＦ（プロダクトマーケットフィット）の達成に向けた絶え間ない検証の現実が見て取れる。簡単にできることではない。失敗と再挑戦の繰り返しだ。ユリは、ウェイズやそのほかのスタートアップでの経験とその現実を結びつけ、問題を解決する方法を見つける。ユリが普通の人が日常生活の中で抱く問題に恋をすることも、私と共通している点だ。プロダクトが「普通の人」のために必要十分になったら、資金調達が機能しはじめる。ユリはすばらしいプロダクトをお金に変える公式をいくつも知っているが、支払方法や金額でユーザーをうんざりさせたりしない。私は生涯を通じて、普通の人の人生をより便利で快適にする、家電のようなプロダクトを作りたかった。本書には、B2B（企業間取引）へのすぐれたアプローチや公式まで載っている。

私は自分の考え方が普通ではないと感じることが多いが、みんなが同じように感じているのだと気がついた。これまでの人生で、物事に対応するときの原則や、自分自身を導くのに使う決まったやり方を編み出してきた。それらはすべて、私の頭の中にある。妻や親友以外に話すことはめったにない。自分自身で導き出した結論は、ほかの人には不十分だろうと恐れている。本物の学者のほうが、間違いなくすごいアイデアを持っている。本書を通じて、ユリ自身がたくさんの物事について、私と同じように考えているのだと、読みすすめるほどに確信した。まさに驚きはしたが、私が本書を愛してやまない理由はそこにある。本書は、起業家のバイブルであり、起業のアイデアを参照するため、肌身離さず手元に置きたい1冊だ。私のもとに毎日アドバイスを求めてやってくる数えきれないほどの起業家には、すでに本書をすすめている。私が常にすばらしいと思う素質は、ほかの人（ユリ）のコンセプトが自分自身のものよりすばらしいと気づく能力だ。

私は現在、数社のスタートアップに携わっていて、ほかの創業者との会話で、本書に従ってビジネスをどう進めるべきかについて話しはじめた。私は陰に隠れているのが好きだったが、今では一歩踏み出す自信を持ち、採用候補者や将来の投資家との議論に率先して参加している。その際に、本書で学んだのと同じフレーズや原則を使う。プロダクトに自信のある起業家が会社を成功させる。本書では、投資家はひと目見た瞬間に支援したいかどうかを判断すると書かれているのに深く同意した。投資家には、シンプルなストーリーを語ることからはじめるのがいい。話を盛ったり誇張したりもできるが、そのストーリーは、あなたが恋している問題の比喩だ。ほかの人の心をつかむすばらしいストーリー（あるいはそれ以上）を作ることが重要なのだ。投資家にとってのファーストキスにするのだ。ユリは、ありきたりなスライドを使った退屈なプレゼンでは、投資家や顧客を納得させられないと断言する。

追跡可能な位置情報デバイスにもとづいたスタートアップ、ホイール・オブ・ゼウスでは、私は個人的に重要なストーリーをプレゼンした。無線で開くゲートが故障して、愛犬が脱走してしまったら、いつそれが起こったのか、愛犬はどこへ行ってしまったのか、どうすればわかるだろう。この問題に対する私の感情が、プロダクトの決定に役立った。

なぜ、ホイール・オブ・ゼウスと名づけたのか。無線機からパトカーを追跡するアイデアからはじめて、ウェブドメインに変換できる社名を探していた。modernpolicefinder.comのようなドメインさえ、すでに取得されているとわかった。私は、ごく初期からインターネットに参入していて、3文字ドットコムのドメインwoz.comを持っている。それをこのスタートアップに使うことができた。ミーティングのあいだ、私は黙って考えた。そして、ホイール・オブ・ゼウス（Wheels Of Zeus：WOZ）と口走った。ほかの創業者たちは、なぜそんな奇妙な名前を提案するのかわからなかった。すばらしい名前だと思ったのは私1人だけだった。あとになってはじめて、ウェブアドレスにwoz.comを使えることを説明した。起業家の取り組みには、遊び心も必要だ。

本書には、シンプルさに通じるプロダクトや機能の原則が詰め込まれている。私自身も自分が使うITプロダクトについて毎日この点について考え、その重要性を述べている。複雑さやうまく動かない機能に悩まされているなら、あなたもこれに共感できるだろう。

スティーブ・ジョブズは、ダヴィンチの言葉「シンプルさは究極の洗練」をよく引用していた。無数の潜在的な機能の持つ価値によって、あまりにも簡単に脱線してしまう。アップルにいたときには、人間が理解できる簡単な言葉で機能を説明できなければ、広報部門はその機能を却下することにしていた。スティーブ・ジョブズはその方法で、自分が混乱しないようiPhoneを導いた。本書は、長きにわたる調査やたくさんの検証を扱い、常に変化するシンプルさと機能の最適なバランスを見つけている。

新たな機能を取り除いたり、間違った従業員――創業者でさえも――を解雇したりするすばやい決断は、実際の例を挙げながら語られる。決断の遅れは、あなたや会社、ユーザーを困らせるだけだ。このことから、私は自分のスタートアップでの失敗に気づいた。この原則から、プロダクトがPMFに向かって進んだあと、創業者と真のビジネスリーダーを入れ換えることがなぜ重要なのかがよくわかる。

本書を読んで、メモを取ろう。そうすれば、プロダクトと会社とともに、誰かのために物事を改善できる最高の方法の準備ができる。

私が許可を出す。Think Different and Change the World――常識を破り、世界を変えよう。

イントロダクション

２０１３年５月の終わり、私が６年前に創業したウェイズ（Waze）に、グーグルから連絡がきた。１枚のタームシート［買収交渉で合意した基本事項を箇条書きで示した紙］が提示された。

買収金額は11億５０００万ドル。しかも現金だ。ウェイズの名前はそのまま残る。今後も通勤者の渋滞回避を支援するミッションを遂行でき、会社の業務は引き続きイスラエルで行なえる。

グーグルは買収手続きを１週間以内に完了させると言った。

私たちはイエスと返事をした。

手続きの完了までには10日かかったが、それでも記録的な速さだった。手続きは確定的なものだったが、グーグルとの話し合いは、６カ月前から続いていた。

２０１２年から２０１３年にかけての冬、グーグルから「ウェイズの買収に興味がある」と連絡がきた。しばらくして、ウェイズの経営陣は、グーグルの「秘密の部屋」に招かれた。グーグルがオファーを行ない、買収への合意を説得するための部屋だ。２０１２年12月のオファーは、気に入らずに断った。６カ月後、まったく異なる金額で二度目のオファーがきた。

スタートアップの起業は、起伏の激しいジェットコースターの旅だ。資金調達は暗闇を走るジェットコースターだ。次に何がくるのかさえわからない。

買収のクロージングはさらに桁違いだ。複数の買収取引（しかもどの取引も人生を変える出来事になる）について交渉しているときは、スタートアップの旅で最も刺激的な瞬間だ。買収時の感情のジェットコースターについては、「イグジット」の章で詳しく説明する。だが、１つだけ確実に言えることがある。「初めてに勝るものはない」

私はもう１つのユニコーン（評価額が10億ドルを超える企業）のイグジットにも携わった。２０２０年に10億ドルでインテルに買収されたムービット（Moovit）だ。

私は今後もユニコーンを生むだろうが、初めてはとても感動的だ。まず、人生を変える出来事だからだ。そして、ジェットコースターが過激だからだ。さらに、とくにウェイズのケースでは、買収前からニュースが広まり、誰もが当事者としての実感を持っていたからだ。

グーグルがウェイズを買収した直後から、最高に楽しい人生がはじまった。買収後、私はすぐにウェイズを去り、それ以降、数社のスタートアップを立ち上げている。私のスタートアップは、問題を解決し、世界をよりよい場所にするためのものだ。私はスタートアップをすべてこの方法論で立ち上げてきた。

つまり、本書で取り上げるのは、私のスタートアップとユニコーン作りの方法論だ。

◆

２０１３年６月９日にグーグルによる買収のニュースが流れたとき、シリコンバレーと起業国家イスラエルの投資関係者は衝撃を受けた。11億５０００万ドルが、ＩＴ企業によるアプリ制作会社の買収金額として過去最大だったからだけではない。何よりも、イスラエル発の創業5年3カ月のスタートアップが、アップルやグーグル、マイクロソフト、そして、運転やナビゲーションの分野の競合他社よりもすばらしいものを制作していたことが、IT業界で証明されたからだ。

今（私はこれを2021年の初めに執筆している）では、10億ドルのバリュエーションを見ても、たいしたことだと思わないだろう。現在、世界の約1000社あるユニコーンのうち、50社以上がイスラエルの企業だ。私は最初にそこへ達したのだ。

みんながよく聞く質問がある。2013年に11億5000万ドルでウェイズを売却したのは正しい決断だったと思うか。今ならウェイズはその金額以上の価値があるのではないか。

私の考えでは、決断には正しい決断か、決断しないかのどちらかしかない。なぜなら、決断をして自分の道を選ぶときには、別の道を選んだらどうなるかは、わからないからだ。確信を持った決断は、とくにスタートアップでは、成功するCEOの行動として最も重要なものの1つだ。

今のウェイズに当時グーグルが支払った金額よりも価値があるかと聞かれたら、答えはもちろんイエスだが、もしウェイズが買収されていなかったら、そこまで達していたかどうかはわからない。

結局のところ、最も重要なのは、より大きなインパクトを与える力、そして、世界をよりよい場所にするのに役立つ力なのだ。

ウェイズは、私にとって初めての10億ドルのイグジットだった。次のムービットは7年後だった。次は7年よりずっと早いと考えている。

スタートアップでは、運がものを言うことも多い。**運とはチャンスと準備が出会ったときと**私は定義している。

本書では、そのときに向けた準備の仕方を説明する。

◆

私は起業家であり、メンターでもある。この20年、数多くのスタートアップを立ち上げ、ともに働き、成功も失敗も経験してきた。人の生活をよりよいものに変える会社を興すのが大好きだが、ほとんどいつも、問題からスタートしている。**問題が大きく、解決に値するなら、私の心の中ではすでに、それは面白い会社であり、旅に出る価値がある。**

私には、指導者や教師の側面もある。それが本書を書いた理由だ。つまり、私の使命として、起業家やＩＴ専門家、実業家に、高い成功率でスタートアップを起業する方法を紹介する。そして、ユニコーンやスタートアップを作るための方法論をシェアしている。

もし本書からたとえ１つでも何かを学んだら、スタートアップをより成功させるのに役立つことが１つ学べたら、次のことが言える。

- 私は自分の役目を果たした。
- その恩を誰かに送ってほしい。困っているほかの起業家を指導し、導いてほしい。

本書は、成功するスタートアップ作りの重要な要素を中心にして、私の方法論をシェアしている。

ウェイズやほかのスタートアップで実際にあった出来事や事例を中心に各章をまとめ、各章の最後には、押さえてほしい重要なポイントを掲載している。成功するスタートアップを作るには、旅のはじめに必ずPMF（プロダクトマーケットフィット）を達成する必要がある。そして、ビジネスモデルを決定し、成長への道筋を定める。これらはすべて、スタートアップの生涯におけるフェーズで、第3章、第8章、第9章、第10章で扱う。

スタートアップにおける終わりのないフェーズ――人材、資金調達、投資家、ユーザー――を扱う章もある。こうしたフェーズでは、例えばいったん成長を達成したら、それ以上その部分に焦点を当てる必要はなくなるが、人材、資金調達、投資家、ユーザーについては、常に向き合うことになる。

第1章「解決策ではなく、問題に恋をしよう」では、スタートアップを立ち上げる起点について話す。つまり、解決する価値のある問題とは何か、だ。

第2章では、スタートアップ作りの基本について考察する。つまり、失敗の旅と早く失敗すること。

第3章は、成功するスタートアップについての市場的な観点を紹介する。つまり、完全なる破壊についてだ。

第4章は、「フェーズごとの取り組み」の根底にある方法論を確認し、それぞれのフェーズごとに「主要な事項」に集中することや、とくにフェーズ間の切り替えについて説明する。

第5a章は（初めての）資金調達について、第5b章は投資家のマネジメントや継続的な資金調達の旅について書いている。

第6章は、DNA作りと人材、とくに、解雇と採用（順番はこれで正しい）について説明する。

第7章は、PMF達成以前のユーザー理解について触れる。

第8章では、PMFとそこへの達成の仕方について述べていく。

第9章は、ビジネスモデル、事業計画、そして、正しいモデルや計画の見つけ方について説明する。

第10章は、スタートアップ作りのもう1つのフェーズである、マーケティングと成長について説明する。

第11章は、成長のもう1つの側面について深く掘り下げる──海外展開し、世界の舞台で市場リーダーになることだ。

最後の第12章では、スタートアップの最終段階──イグジットについて、いつ売却するか、どのように決断するか、誰のことを考えるべきかなどを説明する。


結局のところ、起業家は世界を変え、よりよい場所にしている。現在の世界的大企業は、ほんの少し前までスタートアップだった。テスラ、フェイスブック、ウーバー、ネットフリックス、ワッツアップ、ウェイズなどが生まれたのは、わずか十数年前のことだ。グーグルとアマゾンは、二十数年。アップルとマイクロソフトは１９７０年代の創業だが、それでも私より若い。

次世代の起業家は、さらに大きなインパクトを作り出すだろう。なぜなら、頼れるものがたくさんあり、導いてくれる起業家がたくさんいるからだ。

本書が次世代の起業家の成功に貢献することを願っている。

◆

私はテクノロジーやモビリティをテーマにしたイベントや、起業家向けのイベント、アカデミックなワークショップなど、さまざまな場所で講演を行なう。講演で最もやりがいを感じるのは、私の話を聞いて、起業家がひらめき、マインドセットが変化する瞬間だ。

２０１６年12月、スロバキアの首都ブラチスラバで、起業家のイベントに招待された。私が招かれ、講演を依頼された理由は、ブラチスラバがウェイズを成功裏に受け入れた最初の国の１つだったからだ。

実際、私がプレゼンでウェイズの地図が作成されていく様子を見せるときには、きまってプラチスラバの地図からはじめていた。

1日目の夜に基調講演をした。2日目には、起業家全員が参加するランチ会とカクテルパーティーがあった。

基調講演では、次のような話をした。

スタートアップに失敗した起業家たちと話したときに、「なぜ失敗したのか？」をたずねた。いったい何があったのか。

PMFに到達できなかったことが主な理由かと予想したが、約半数の起業家が、「チームがだめだった」と言った。

「チームがだめだったとは、どういう意味か」と、私は続けて聞いた。

この問いに対する答えは2つあった。ほとんどの人は、「実力不足の人がいた」と言った。つまり、1つは「実力不足」だ。

もう1つよく聞いた答えが、「コミュニケーションに問題があり（これは「エゴマネジメント」の問題と呼ぶことにする）、そのため、チームがCEOのリーダーシップに賛同できないこと」だった。

その次に、最も興味深い質問をした。「チームがだめだとわかったのはいつか？」。全員が「1カ月以内」と答えた。「スタート前からわかっていた！」と言ったCEOも1人いた。

だが、ちょっと待ってほしい。1カ月以内にチームがだめだとわかっていて、何もしなかったのなら、問題はチームがだめだったことではない。CEOが厳しい決断を下さなかったことだ。

簡単な決断をするのは簡単だが、厳しい決断をするのはつらい。これが多くの人が決断したがらない理由だ。CEOが厳しい決断をしなければ、それは大きな問題となり、一流のパフォーマンスをする人材が辞めていく（第6章「解雇と採用」でその理由を説明する）。

私の講演はもう少し続いた。そして、カクテルパーティーになると、あるスタートアップのCEOが近づいてきて言った。「ありがとうございます。今自分がすべきことが正確にわかりました。共同創業者の解雇です」

イベントは翌日まで続いた。そのCEOは再びやってきて、こう言った。「終わらせました。共同創業者を解雇しました。あまりにつらくて一晩中眠れませんでしたが、会社で発表したら、みんなが駆け寄ってきて『ありがとう、そろそろ限界だった！』と言ったんです。それで、正しいことをしたとわかりました」

そのCEOは後日、メールまで送ってくれて、会社が軌道に乗ったと教えてくれた。

このとき初めて、本書を執筆しようと思いついた。私の知識や経験をほかの創業者や起業家、CEO、マネジャー、そして、すべてのITビジネスに携わる人と共有し、現状打破に役立ててもらうためだ。

◆

もちろん、すべてが順風満帆だったわけではない。複数のジェットコースターの旅をして、成功までの道のりで困難や難題に直面してきた。その経験のおかげで、より多くのさまざまな視点を共有し、起業家にインスピレーションを提供できる。そして、私が得た教訓によって、起業家の成功の可能性が高まることを願っている。

私は楽天家だ。熱心なスキーヤーなので、最高のスキー休暇はいつだったかとよく聞かれる。答えは簡単だ。「次の休暇」である。結局のところ、最も重要なのは、世界により大きなインパクトを与える力、そして、世界をよりよい場所にする力なのだ。

第1章　解決策ではなく、問題に恋をしよう

私は700回失敗したのではない。私は一度も失敗していない。700とおりの方法がうまくいかないと証明することに成功したのだ。うまくいかない方法を取り除くことができれば、うまくいく方法を見つけられる。

——トーマス・エジソン

2006年、私は家族や親類を連れて、新年の休暇のために、イスラエルの北端にある小さな町、メトゥラへ出かけていた。テルアビブの自宅からは、200キロほど離れている。短い休暇が終わりを迎え、3時間かけて家路をたどる時がやってきた。私たちは車10台の大所帯だったが、誰もが心の中で同じことを考えていた。「家に帰るには、どのルートが最適だろうか?」

メトゥラからテルアビブまでのルートは2つしかない。シリコンバレーからサンフランシスコまで行くのに、280号線で行くか101号線で行くかを考えるのとよく似ている。

2006年の時点では、どちらの道を行くのがよいか、確実に知る方法はなかった。当時、私たち夫婦には小さな子どもが4人いて、私たちの乗った車は出発が最後になった。「誰かが私たちの前を走って、どちらの道が混んでいて、どちらの道が空いているか、教えてくれたらいいのに」と考えていた。

そして、はたと気づいた。そうだ。教えてもらえる。私たちより先に、親類たちがみんな、その道を走っているのだ。

私は前を行く親類たちに電話をかけた。

「今走っている道は混んでいる？」と、私はたずねた。「知っておいたほうがいい渋滞情報はある？」

それが「ひらめき」の瞬間だった。私に必要なのは、私の前を走行し、道路の状況を教えてくれる人だ。インサイトが得られた瞬間だった。このひらめきこそが、のちに渋滞情報アプリのウェイズ（Waze）の真髄となった。

私が立ち上げたスタートアップの多くは、どれも似たようなはじまり方をしている。つまり、**まずは何かに不満を感じ、それから、ほかの人たちも同じ不満を感じていることに気づき、その不満を和らげる方法を探していく**のだ。

私のスタートアップが成功したのはすべてリーダーシップチーム（経営陣）のおかげだが、立ち上げるきっかけは、いつも「不満」だった。

ウェイズを立ち上げたのは、渋滞が嫌いだったからだ。フライト予約サービスのフェアフライ（FairFly）を立ち上げたのは、航空券が購入後に安くなって損をするのが嫌だったからだ。退職金貯蓄者向けサービスのポンテラ（Pontera）は、退職貯蓄の運用に手数料がかかりすぎると思ったからで、自動車整備の問題を解決するエンジー（Engie）は、自動車整備のことになると自分がダメ人間だと思わされるからだった。私が起業した動機やこれまでに立ち上げた会社の事業内容については、本章の後半で詳しく説明していこう。

私に**「問題」の存在を教えてくれるのはいつも不満**だ。そのあとで、それが大きな問題かどうか、つまり、解決に値する問題かどうかを見極める。すべてのきっかけになるのは、いつも問題だ。**非常に大きな問題を解決したら、たくさんの価値が生まれ、成功できる。**

本章では、私がこれまでに立ち上げてきた数々のスタートアップについて、はじまりの物語を紹介していこう。常に問題からスタートし、その後も問題に集中し続けていく。最終的に、スタートアップの起業は、長く、厳しく、つらい道のりになる。その**困難を耐え抜くのに必要なだけの情熱を持つには、恋をする必要がある。自分が解決しようとしている問題に、恋をするのがいい。**

スタートアップは恋に似ている

スタートアップを立ち上げるのは、恋に落ちるのとよく似ている。はじめは、たくさんのアイデアを同時に追いかけられる。最終的には、その中から1つを選んで、「私が取り組んでいくアイデアはこれだ」と決める。まるで、たくさんの人たちとデートをして、最後に特別な誰かを見つけ、この人こそが「運命の人だ」と心の中でつぶやくように。

最初のころは、そのアイデアのことばかりを考えて過ごす。この時期には、問題やユーザー、ソリューション、ビジネスモデルなど、ありとあらゆることについて思いを巡らせる。恋に落ちたばかりのころに、大好きな人と時間を過ごしていたいと思うのに近い。

十分に自信が持てる段階までできたら、自分のアイデアを友人に聞かせるようになる。すると、たいてい友人は、「そんなのうまくいかないよ」「今まで聞いた中で、一番ばかげたアイデアだ」などと言ってくる。

私はこうした言葉を何度も言われてきた。今ではもう、それほど言われなくなったが、はじめのころはしきりに言われた。友人に初めて恋人を紹介し、「あの人は君には合っていないよ」と言われるようなものだ。

そのせいで、友人と疎遠になることもある。そのアイデアに恋をし、自分のしていることに夢中になると、他人の意見など聞きたくなくなってしまうからだ。

よい点は、他人の意見も聞けなくなるほど、恋をしていることだ。

悪い点は、恋をしてしまい、他人の意見が聞けなくなっていることだ。

だが、これは本質であり、仕事や人生のあらゆる側面に影響を及ぼす。今、自分の好きなことをしていないのであれば、悪いことは言わない。自分の好きなことをしよう。そうでなければ、自分で自分を苦しめることになる。あなたは幸せになるべきなのだ。

他人の意見を聞かなければ、不利になることもある。友人やビジネスパートナー（になりうる人）、投資家などが大事なことを言っているのに、あなたは耳を傾けていないかもしれない。しかし、それでもなお、**スタートアップの旅を続けるには、恋をする必要がある。長く、複雑で、困難な、ジェットコースターのような道のりは、恋をしていなければ、とても耐えられるものではない。**

ウェイズを創業する以前、私は複数のスタートアップでコンサルタントを務めていた。そのうちの1社は、モバイルナビゲーション会社のテルマップ（Telmap）だ。同社は携帯電話向けのナビゲーションソフトウェアを開発し、携帯電話通信事業者へサービスとして提供していた。そして、通信事業者は、そのサービスを有料のサブスクリプションサービスとして、加入者に提供していた。実質的には、B2B2C［Business to Business to Consumer：企業と一般消費者の取引を仲介する事業］企業だった。テルマップは、イスラエル企業のマパ（Mapa）や、世界的な地図情報の大手であるナブテック（NAVTEQ）といった第三者に、地図情報をライセンス供与していた。だが、テルマップは渋滞情報を扱っていなかった。

私はテルマップのCEOに自分のアイデアをシェアした。同社のプラットフォームは、私のビジョンを実現するには、理想的だと思えたからだ。

「渋滞情報など誰も気にしない」。CEOは、私がすばらしいと思ったアイデアを一蹴した。「重要なのはナビゲーションだ。渋滞情報に実用性があるとは思えない」

彼の言う「実用性」とは、「十分に採算が取れるほど使ってもらえたり、その情報に従ってルート変更が行なわれたりすること」を意味していた。

その当時、渋滞情報は、地図の色分け——緑色は渋滞なし、黄色は混雑、赤は渋滞を表す——に使われるくらいで、とくに役立つものではなかった。混雑する道路や交差点は、毎日午前8時から9時までと、午後4時から6時までの間は渋滞し、午前0時には渋滞しないのだ。

だが、私はあきらめなかった。私のことを知る人なら、一度アイデアが心に浮かんだら、それを追い求めるなと説得することは、ほぼ不可能だと知っている。

テルマップには当時5万人のユーザーがいた。すべてのユーザーはイスラエルにいて、GPS付きの携帯電話を使用していた。そこで私は、5万人の無作為なドライバーがいれば、実用性のある渋滞情報を得るのに十分であることを証明する、理論的統計モデルを作成した。非常にシンプルなモデルで、のちにウェイズを立ち上げた際には、このモデルが正しかったことが証明された。

5万人のユーザーは、イスラエルの約250万台の車（当時の道路を走る車やトラックの台数）の2％にあたる。混雑時には、道路の各車線に1500台から2000台の車があるため、その2％となると、車線ごとに30台から40台のサンプルが存在することになる。

道路が3車線あるとすると、サンプル車両は1分ごとに約90台から120台となる。常に位置と速度を集められれば、その道路の渋滞状況を知るのに十分な量のサンプルになるのだ。

もう一度CEOにかけ合ってみたが、彼を翻意させられなかった。説得をあきらめてからも、このプロジェクトへの熱意は消えなかった。およそ1年後（あなたが思うよりも時間がかかるものだ）、スタートアップの顧問としての実績や評判のおかげで、共通の友人を通じて、起業家のエフード・シャブタイとアミール・シナーの2人を紹介してもらえた。

エフードとアミールは、アミールが経営するソフトウェア会社で一緒に働いていた。エフードは最高技術責任者（CTO）だったが、副業でフリーマップ・イスラエル（FreeMap Israel）と名づけたプロダクトを作っていた。

フリーマップ・イスラエルのアプリケーションには、ナビゲーションと地図作成の2つの要素があった。車を運転すると地図が作成され、同時にその地図がナビゲーションにも使われる。まだiPhoneはない時代で、携帯情報端末（PDA）上で動作するものだった。フリーマップ・イスラエルは、その名のとおり、アプリも地図もすべて無料だった。

エフードは、私と同じ問題にぶつかっていた。アプリを機能させるには地図が必要だが、サードパーティのライセンスは高額すぎる。これは私たち2人にとってきわめて重要な問題だった。地図がなければ、実用的な渋滞情報を生成するのに必要な数のユーザーを集められない。だが、スタートアップには、当時、地図制作会社が課していた高額なライセンス料を払うだけの余裕はなかった。

エフードとアミールとの出会いは、「ひらめきの瞬間」に次ぐ「魔法の瞬間」だった。２人と出会った瞬間に、私のビジョンである、日々の「渋滞を避ける」アプリを完成させるのに必要なものが見つかったと確信した。私には、アイデアはあったが、実現する方法がなかった。エフードは、地図のコストや私と同様のビジョンについて、コンセプトや技術的な面からの答えを持っていた。実際のところ、エフードは私の数歩先を行っていた。私には理論しかなかったが、彼はすでに必要なものをいくつも作り上げていた。実際の渋滞情報を生成するのに必要な数のユーザーに使ってもらうには、アプリは無料でなければならない。無料のアプリを開発するのに必要な無料の地図を作り出すには、エフードの魔法である「自分で描く地図」が必要不可欠だったのだ。

２００７年に私たちはチームを組み、その後ウェイズを立ち上げてからも、私たちが作ろうとしていたのは、ＧＰＳで動くマッピング・運転・渋滞アプリだった。ＯＳを搭載しアプリを起動できるスマートフォンや、スマホに搭載するＧＰＳチップが、今後ますます普及することもわかっていた。当時知らなかったのは、アップルが２００８年にアップストアを開設し、ビジネスに革命を起こすことだった。それはウェイズの最大の後押しとなるものだった。

そこにはさらなる魔法があった。データを集めるのと同じアプリが、同時にそのデータを利用する――すべてはクラウドソーシングである！

解決に値する大きな問題を見つける

まずは、問題を見つけることからはじめよう。解決に値するだけの問題、そして、解決できた場合には、よりよい世界になるような問題だ。

それから、**「その問題を抱えているのは誰か?」**を考えてみよう。

答えが「自分だけ」なら、その問題に取り組むのはやめておこう。解決に値しない問題だからだ。地球上であなた1人しかその問題を抱えていないなら、精神科医に相談するほうがいい。そのほうが、スタートアップを立ち上げるより、ずっと安くすむ（しかも、おそらく早く解決できる）。

一方、その問題を抱えている人がたくさんいるなら、その人たちのところへ行って話を聞き、問題をどのように「認識」しているのかを理解しよう。解決策を作るのは、それからだ。

この道筋に従ったうえで、解決策が最終的に機能するものとなったら、価値を生み出せる。その価値が旅の本質となる。

しかし、解決策からはじめると、誰にも気にかけてもらえないものを作ってしまう危険がある。そこに労力や時間、お金を注ぎ込んでしまうと、がっかりするはめになるのは間違いない。

実際のところ、**多くのスタートアップが消える理由は、PMF（プロダクトマーケットフィット）を達成できないからだ。PMFを達成できない理由は、問題ではなく解決策にばかり目を向けているから**なのだ。

問題からはじめる理由は、価値を生み出せる可能性が高くなる以外にもたくさんある。1つ

問題からはじめる

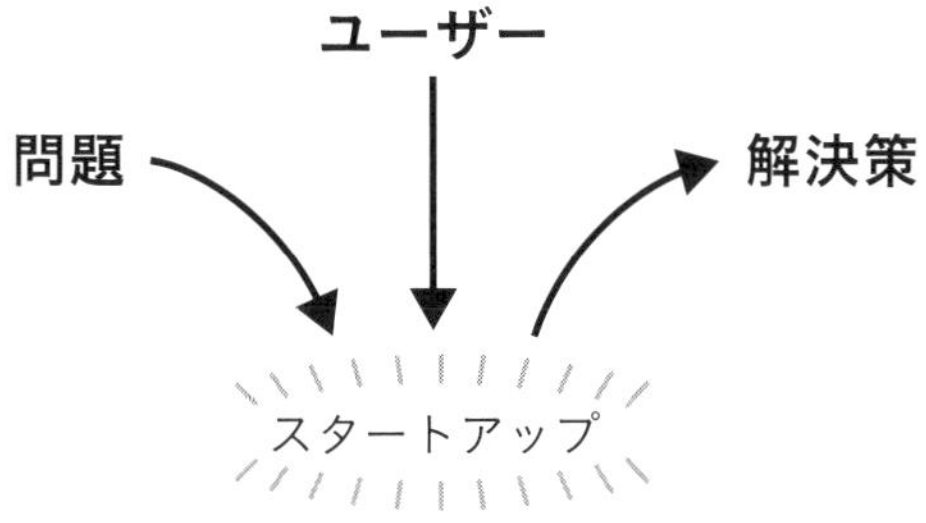

多くの人が抱える問題に解決策を見つける

は、起業家が紡ぎ出すストーリーが、ずっとシンプルで人の心をつかむものになるからだ。ストーリーを聞いた人は、起業家が抱く不満を理解し、共感してくれるようになる。

問題に恋をしている会社は、「この問題の解決に向けて、前進しているか？」と、日々自らに問いかける。「これが私たちの解決する問題です」とストーリーを語り、さらにすばらしい場合には、「私たちは、◯◯な人が、□□の問題を避ける手助けをします」と、ターゲットや問題をさらに絞り込んでいる。その一方で、解決策に集中している会社は、「私たちのシステムは……」、あるいは、「当社は……」からストーリーを語り出す。

自社に焦点を当てると、ユーザーにつながりを感じてもらうのは非常に難しい。だが、ユーザーや問題に焦点を当てたストーリーを語ると、簡単につながりを感じてもらえる。

起業アイデアにみんなが強く反応する理由

人は変化を恐れる。自分が長いあいだ温めてきたアイデアなら、その構想についてよく考え、掘り下げていくだけの時間はあるが、ほかの人からすれば真新しいアイデアだ。とくに初めての起業で、まだ知名度がない場合、思いもよらない変化をもたらす提案が、否定的な反応を引き起こすことがある。人がアイデアを心地よく感じるまでには、時間がかかる。

起業とは、がむしゃらに信じることだ。犠牲を払う覚悟がないなら、つまり、今の給料や境遇、役職が手放せないなら、あなたは十分恋に落ちていない。趣味やスポーツがやめられないなら、スタートアップの旅を続ける注意力は保てない。

スタートアップを立ち上げる準備ができたとわかるタイミングはいつだろうか。それは、犠牲を払ってもかまわないと思えたときだ。それこそが最も重要な唯一の指標となる。

「今の職場で働き続けるけれど、資金が調達できたら、すぐに退職して会社をはじめる」と言っていたら、いつまで経っても起業はできない。十分なコミットメントを示していないからだ。投資家にも、コミットしていないことは伝わる。起業家がコミットしていなくて、どうして投資家がコミットするだろうか。

解決しようとしている問題は何か

本書の重要なテーマは、「解決策ではなく、問題に恋をしよう」である。問題は簡単に特定できる。誰かにその話をすると、「そうそう、私も同じ問題を抱えている！」と共感してもらえるからだ。たいてい、その人は問題についての意見を述べ、体験したときの不満を聞かせてくれる。たくさんの人から意見を聞けば聞くほど、その問題が現実のものとして認識されていることがわかる。そうなれば、あなたのバリュープロポジション［提供する価値］は現実のものとして認識されることになる。

たくさんの人がその問題について自分の認識を語り、その問題を排除することに価値があると言えば、大きな「ペイン（痛み）」をともなう問題だといえる。だが、あわてて解決策に着手する前に、まだ確認すべきことがある。それは、**その問題にはどのくらいのペインがあるか（その問題を解決することに、どれだけの価値があるか）、その問題に遭遇する頻度はどのくらいか**、だ。

毎日直面する問題――できることなら、通勤の往復のような、1日に数回遭遇する問題――を解決するなら、重大な問題に目をつけたことになる。ウェイズの買収について、2013年にグーグルと話をしたとき、CEOのラリー・ペイジは、**「グーグルは『歯ブラシモデル』――つまり、1日に2回使うもの――に興味がある」**と言った。ウェイズはまさに、そのとおりのモデルだった。

それでは、TAM（Total Addressable Market：獲得可能な最大の市場規模）とペイン（問題を解決する価値）の2つの軸からなるマトリクスを使って、問題について考えてみよう。

この2×2のマトリクスを確認しながら、取り組む問題について、次の2つの質問に答えてみよう。

1．獲得可能な市場の規模はどのくらいか？　この問題を抱える人は何人いるか？　この問題に悩む企業は何社あるか？

2．もう1つは、さらに重要な質問だ。「どの程度のペインをともなう問題か（解決する価値はどのくらいあるか）？」。ペインは、頻度（どのくらい頻繁に悩まされるか：使用頻度）と強さ（どのくらい痛いか：価値の高低）のどちらか、あるいは両方によって測定できる。あなたが取り組む問題が明確になった時点で、もう一度このマトリクスに戻り、どの位置にあてはまるかを確認しよう。

それでは、マトリクスの4つのマスを1つずつ見ていこう。その問題を扱うと、あなたのスタートアップはどのカテゴリーに属することになるだろうか。

- 「**勝者**」は、理解するのは簡単だが、見つけるのは難しい。たくさんのユーザーがいて、使用頻度・価値が高い、右上のマスに位置する。フェイスブックやグーグル、メッセージングアプリのワッツアップ、ウェイズを思い浮かべてほしい。ウェイズを知った方法をたずねてみると、最も多いのは友人からのクチコミだ。消費者市場で成功した会社はどれも、友人から友人へのクチコミによって成長を遂げている。プロダクトが高い頻度で利用される場合、クチコミが起こる可能性は飛躍的に高まる。プロダクトが使用される機会が多ければ、そのプロダクトについて誰かに話す人はより一層増えるからだ。
- 「**ニッチ**」は、大成功を収めたり、ごく少数の人に大きなインパクトを与えたりする可能性

問題判断マトリクス

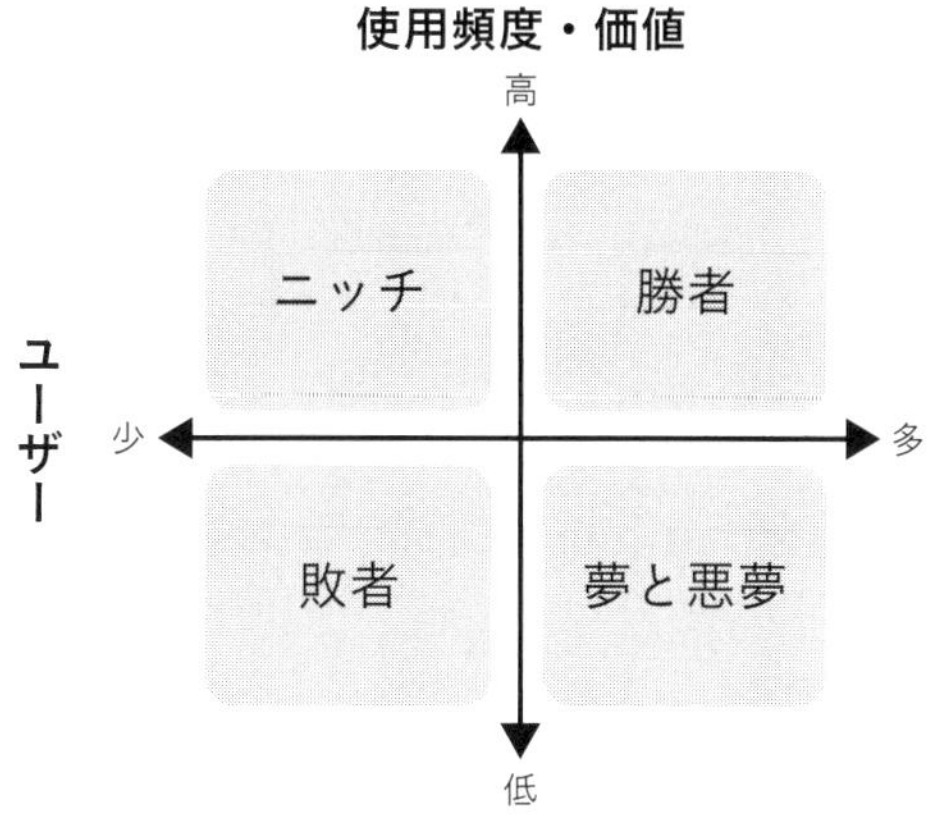

がある（例えば、症例が少ない病気の治療）。

あるいは、十分に活用されていないプライベートトジェットのマーケットプレイスを立ち上げると考えてみよう。このモデルには、十分な需要があるが、獲得可能な市場はとても小さい（そして裕福だ）。市場は小さくても、使用頻度や価値は非常に高い。きわめて優秀な会社である。

• 「**敗者**」は、ユーザーが少なく、使用頻度や価値が低い。

• 「**夢と悪夢**」は、獲得可能な市場が「すべての人」であるカテゴリーだが、価値や使用頻度は低い。例えば、運転免許証の更新サービスだ。自動車管理局へ行くときは、いつも時間の無駄をペインとして感じるが、5年か10年に一度しか行く必要はない。人は自らの夢を信じたがるものだが、現実としては、このカテゴリーは悪夢となる。市場は大きくても利用してもらえるだけの価値が備わっていないからだ。

遭遇する頻度や不満の大きさ、変化にともなうコスト、節約できる時間などによって、問題は評価できる。どんなモデルでも、ＰＭＦまでの道のり（簡単に言うと、ユーザーに向けて、どのように価値を生み出すかを見つけるまでの道のり）のあいだに、解決策は何度か変更されるはずだ（ＰＭＦについては、第8章で詳しく説明しよう）。

スタートアップ立ち上げの重要なモチベーションや理由となるのは、解決策ではなく、問題だ。もちろん、初期のＳＮＳやオンラインゲームの会社のように、問題なしでスタートして成功する会社もあるが、私のアプローチは常に問題からであり、解決策からはスタートしない。

ペインポイントを見つける

どうすれば、自分が追い求めるべき問題が見つかるだろうか。

私はいつも「ペイン」を探すことからはじめる。私のペインは、たいてい不満によって引き起こされる。もちろん、不満以外の要素もあるが、誰にとっても不満は行動を起こす大きなきっかけとなる。私は嫌いなことや腹が立つものに遭遇すると、どうすれば解決できるか考えはじめる。

私が何度も繰り返し遭遇する最大の不満は、列に並ぶときの時間の無駄（スーパーマーケットや車の渋滞、空港のセキュリティチェック、スキー場でのリフト待ちなど）と、お金の無駄だ。

無駄なお金を払わされるのは何より嫌いだ。

ウェイズで解決しようとしたのは、ドライバーがいかに毎日の渋滞を避けられるかだ。実にシンプルで、単純明快で、共感を呼ぶ問題だ。

私が立ち上げた会社や、あるいはスタートから参加したほかの会社でも、ストーリーは同様だ。それぞれの会社が対応したペインポイントを以下に紹介しよう。

- **ムービット**――バス待ちの不満に対処している。ウェイズの公共交通機関版であり、ウェイズと同じく、「ここからあそこまで（この場合には公共交通機関で）最も早く行く方法は何か？」の答えとなる。
- **エンジー**――自動車整備会社に車の修理を依頼するときの不満に対処している。多くの人が完全にお手上げだと感じるような状況だ。
- **ポンテラ**――フィーエックス（２０２２年に社名をポンテラに変更）を立ち上げたのは、退職金積立制度について、ほとんどの人が何も知らないからだった。自分はどのくらい手数料を払っているのか、予想される退職金がいくらになるのかを知る人は少ない。若いころ、父から「支払額がわからないときは、支払いすぎている」と言われたことがある。透明性や正確な情報にもとづいた行動は、退職後の生活を豊かにする。
- **フェアフライ**――フェアフライは、旅行業界における最大の秘密を取り扱っている。つまり、航空券を予約したあとに、航空券代に起こることだ。購入後に航空券の価格を比較する人はいないため、誰もこの秘密に気づかない。航空券代は、予約の前にも後にも、常に変動している。フェアフライでは、価格が下がった場合には、同じフライトをより安く予約し直すことができる。

- **リファンディット**――ヨーロッパに行って買い物をすると、買い物額に応じて税金を払い戻せる。税金の額はそれほど大きくない。平均で購入金額の20％を上回るほどだ。だが、払い戻そうとすると、まったくスムーズにはいかない。税関には長い行列ができ、店舗では正しい申請書が受け取れず、免税窓口はどこかとたずねると、別のターミナルだと言われる。その結果、大きな不満を感じることになる。90％の人は税金を払い戻すことができない。
- **フィボ**――アメリカ以外の場所では、税金の申告は複雑で多額の費用がかかる。その結果、たくさんの税金が取り戻されずにいる（私は無駄が嫌いなことを思い出してほしい。お金を取り逃がすのは間違いなく無駄である）。

このなかの数社について、さらに詳しく見ていこう。

ポンテラ：退職後をもっと豊かに

2008年は株価が大幅に下落した年で、その年の終わりに受け取った退職金口座の確認書類を見ると、金融危機のせいで長期貯蓄の約20％が失われていた。さらにひどいのは、そのお金を失うのに、1・5％の管理手数料が取られていたことだ。

私は不満を抱いた。手数料を払っていたからではなく、手数料を払っていることを知らなかったからだ。友人にも聞いてみたが、知っていた人は誰もいなかった。誰も知らないなら、秘密にされているのと同じだ。秘密を隠し持ち、一方的に情報を伝える市場には、透明化による創造的な破壊が必要だ。そこで私は、さらに深く掘り下げてみることにした。すると、退職貯蓄がどのように機能しているのか、退職した際の貯蓄額がいくらか、誰も理解していないことに気づいた。

私は、退職貯蓄プランと手数料の透明化を行なうのに、ポンテラのアイデアを思いついた。もちろん、手数料よりもリターンのほうがはるかに重要だが、より広い視点で考えると、実質的なリターンは、名目的なリターンから手数料を引いたものとなる。現時点から退職時点まで、長年にわたって手数料が積み重なれば、退職貯蓄に占める割合は大きくなる。

イスラエルでは手数料のサービスからはじめた。その後、アメリカへ進出したときに、市場やニーズを理解するまで、何度かプロダクトに変更を加えた。イスラエルでは、自分が支払っている手数料を確認できるサービスで、すぐにユーザーを獲得できた（そして、ユーザーは自分とよく似た状況の人と手数料を比較していた。それがユーザー獲得と行動を呼び起こす重要な「きっかけ」となった）。

イスラエルでの創業時に、リターンではなく手数料に焦点を当てた理由は、その当時、リターンを比較する方法がなかったからと、そのほうが市場にプロダクトを投入し、ユーザーに行動を呼びかけるのが簡単だと思ったからだ。アメリカでも同じコンセプトを採用しようと考えた。だが、確定拠出年金の401k（内国歳入法401条にもとづく税制適格年金制度）や529教育資金プラン（内国歳入法529条にもとづく学資積立制度）などの「他社運用アカウント」に含まれる手数料は、氷山の一角にすぎないことがわかった。その後、何年にもわたってPMFを考え直し、アメリカでの問題の本質はまったく異なることに気づいた。

アメリカで新入社員を採用する場合、福利厚生にはたいてい401kプランが含まれる。401kを給与天引きにし、投資先を選べるのだ。その場合、80％以上の人たちは、あらかじめ設定されたデフォルトの投資先を変更せず、何年もその決断を変えない。だが、デフォルトの投資先はたいていローリスクローリターンで、さらに悪いことに、最も重要な長期貯蓄は誰にも運営されず、管理すらされない。実際、デフォルトの４０１ｋアカウントは、アドバイザーに運用してもらうマネージドアカウントよりもローリターンとなり、それが積み重なると、退職後の生活の差となって返ってくる。

ポンテラは現在、金融アドバイザー向けのプラットフォームとなり、顧客のために４０１ｋやほかのアカウントを管理するのに使われている。ポンテラは、よりよい（より豊かな）退職への架け橋だ。

フェアフライ：予約後に航空券代を節約

息子が13歳のとき、ユダヤ教の成人式であるバルミツバーのお祝いとして、息子をオーランド旅行に連れていった。13歳の男の子がディズニーワールドへの旅行に反対するわけがない。

私はオーランドのリゾートマンションを「１泊１２０ドル」で予約した。よい部屋がよい値段で予約できたと思った。だが、旅行の１週間前になって気がついた。ほとんどの部屋がまだ空室で、なんと、料金が「１週間で１２０ドル」になっている。私はすぐに最初の予約をキャンセルし、新たに予約を取り直した。出発の２日前に、もう一度確認してみた。この料金でさらにサービスがつくかもしれない。すると思ったとおり、「朝食込みで、１週間１２０ドル」になっていた。

予約後に価格が変わるさらに一般的なもの、つまり航空券代に、この経験を応用しようと思いついた。

フェアフライは、不満を会社に変えたもう1つのよい例だ。航空券を予約した後、何が起こるか。実際には、予約後に航空券代を比較する人がいないため、誰も気づかない。だが、航空券代は常に変動している。キャンセル料以上に価格が下がったら、同じフライトをより安い価格で予約し直す価値がある。

ウェイズにいたころ、ニューヨークへの出張を手配した。航空券を予約した数日後、ある社員が出張に同行したいと言ってきた。私は快諾し、彼の分の航空券を取ろうと、オンライン旅行会社のエクスペディアを再度訪問した。すると、彼の航空券は、私が購入したときより、30%も安くなっていた!

ウェイズではよく出張に出ていたし、ほかの社員たちも出張に行く機会が多かったので、これは些細な問題ではなかった。大企業も、同じ問題を抱えていた。航空券を予約してからフライトの当日までに、航空券代は平均約90回変わっているとわかった。

バルミツバーの旅行はフェアフライのきっかけになったが、この問題——チャンスと呼ぼう——が単発的や偶発的なものではなく、まさに体系的なものだと気づいたのは、ニューヨークへの出張の航空券を予約したときだった。

リファンディット:ヨーロッパでの免税ショッピングを簡単に

数年前、妻とマドリードへ行った。最終日にスポーツ用品店で買いたいものがあった。以前、ヨーロッパでの買い物中に税金の払い戻しを申請したことがあり、それが解決に値する問題だとわかっていた。未経験のユーザー――つまり、私の妻――による裏づけがほしいと思った私は、一連の申請手続きを行なう様子を見せてほしいと妻に頼んだ。

妻に手間をかける気もしたが、ユーザーの不満を理解するには、その不満があらわになっていく様子を目にすることが何より重要だ。新規ユーザーが初めて何かにチャレンジする場面を確認できる機会は貴重なのだ。

妻は免税の申請書はあるかと店主にたずねた。店には適切な申請書を置いていなかった。少なくとも、店主はそう主張した。私は客でごった返す店内を見回して、店主は対応で時間を無駄にしたくないのだろうと考えた。ほかの客に対応して、より多くの商品を販売したいのだ。この時点で、妻はもうあきらめかけていた。この状況では、たいていの人があきらめる。だが私は、正しい申請書が置いてある別の店に行こうと言って譲らなかった。

ほしかった書類のある店はわずか10分で見つかった。だが、今度は1時間以上待たされた。列には10人が並んでいるのに、担当者は1人だったのだ。1時間待って約15ユーロの節約ではまったく割に合わないが、その経験は、免税手続きがどれほど苦痛なものかを理解するのにとても重要だった。

ようやく、妻は必要書類を手に入れた。

空港では、免税申請の第2の手続き、つまり税関での書類の確認を行なった。驚いたことに、そこでの手続きはとても順調で、すばやく終えることができた。だが、もう1カ所、税金の払い戻しサービスを行なう会社、グローバルブルーの窓口へ行く必要があり、そこには長蛇の列ができていた。結局時間が足りず、飛行機に乗るまでに払い戻しを申請できなかった。

これが、リファンディットが解決する問題だ。ヨーロッパに流れ込む数百万人もの旅行者が、推計260億ユーロの税金を払い戻さずにいる（COVID-19以前の話だ）。

私はこの問題について、本当にたくさんの人から、「まさにそのとおりだ。私の話もぜひ聞いてほしい……」、「信じられないだろうが、私は……」と、経験談を聞かせてもらった。間違いなく、どの話も共感できた。

ここまでで、私がお金を取り逃すのと、列に並ぶのが嫌いなことが、よくわかってもらえただろう。

フィボ：税金の申告は複雑でお金がかかる

世界のさまざまな地域の人たちと話をするとき、私はよく「あなたの国では、どのように税金を申告しますか？」とたずねる。アメリカでは、税金の申告はそれほど大変ではない——最寄りのH&Rブロック（税務サービス会社）へ書類を持ち込むか、ターボタックス（納税申告ソフト）を使って、オンラインで申請できる——が、それ以外の国では、税金の申告はまさに苦痛だ。みんなが口をそろえて、複雑か、費用が高いか、その両方だと言う。世界中で多くの人が抱える、間違いなく大きな問題だ。

アメリカでは、必ず税金を申告しなければならない。申告は義務である。だが、そうではない国もある。毎月控除される代わりに、所得税を申告する必要がないことが多い。例えばイスラエルでは、成人のわずか5％しか税金の申告をしていない。イギリスでは約25％だ。

そうした国では何が起こるか、わかるだろうか。義務ではなく、複雑で費用も高ければ、誰もまず申告しない。つまり、税金の還付を受ける権利があっても、申請しないので戻ってこない。

イスラエルでは、還付の権利を持つ従業員は80％に上るが、彼らはわざわざ申告しない。その結果、なんと、１００億シェケル（約４０００億円［1シェケル＝40円にて換算］）が還付されずにいる。リファンディットのときと同じように、この問題が私のなかのスイッチを押した。お金を取り逃すのは嫌いだが、そのお金を手にできない人がたくさんいる状況は、とくに嫌いなのだ。

これらの例のすべてで、私は問題に恋をしていた。誰に話すときも、ストーリーは簡単だった。私の話を聞いた人は、すぐに問題を理解してくれた。だが、どの例でも、正しいチームを見つけるまでには、何年もかかった。ポンテラでは、ヨアフ、エヤル、ダビッド。フェアフライでは、アヴィエルとアミ。リファンディットでは、ジヴ。フィボでは、ロイとダナ。どのチームも、旅がはじまってからは決してあきらめず、ジェットコースターに乗って砂漠を横断するチャレンジに耐え抜いてくれた。

問題が消えたら

一般的に、問題はひとりでに消えたりしないが、問題の「認識」が消えてしまうことはよくある。郵便局での不満を解消するために立ち上げたスタートアップのミゴ（Mego）では、それが起こった。

ミゴは、郵便局が「受け取り待ちの荷物があります」というメモを置いていくことへの不満から生まれた。

　アメリカのほとんどの地域では、この問題は起こらない。受取人が不在なら、配達員は荷物を玄関口に置いていくからだ。マンションなら、ドアマンに預けられる。アメリカでは、荷物は人ではなく、玄関に届く。

　イスラエルやヨーロッパでは、荷物は住所ではなく、人に届く。そのため、配達員が家にきて、受取人が不在だったら、郵便局に取りにくるようにと書かれた赤色の紙を受け取ることになる。ところが、郵便局は営業時間が短くてすぐに閉まり、仕事の時間と重なるので行くことができない。さらにうんざりすることに、窓口にはいつも長い行列ができていて、駐車場には空きがない。

　実際、イスラエルでは100％に近い荷物が一度目の配達では届かない。イギリスでも、一度目の配達で届く荷物はわずか3分の1だ。

　ミゴは、郵便局の赤い紙を受け取った人に、自分で取りに行く以外の選択肢を与えるものだった。赤い紙と身分証明書をスキャンすれば、わずかな手数料で、別の誰かが代わりに荷物を取ってきてくれる。1回の受け取りにかかる費用は、5ドル程度だ。

　2016年に会社を立ち上げ、イスラエルでサービスのテストを開始した。ユーザーには気に入ってもらえた。だが、2017年、郵便局が問題に策を講じた。近くのセブン-イレブンや、全国の拠点に設置されたロッカーで、荷物を受け取れるようになった。また、郵便局のアプリやショートメールから、郵便局での受け取り時間を予約できるようになった。それにより、顧客が抱えていた不満が解決された。しかも、郵便局が夜遅くまで（午後8時、場合によっては深夜0時まで）営業するようになった。

それでもミゴのサービスには価値があったが、郵便局の対策のおかげで、問題の認識がなくなった。２０１６年にこの問題に目を向けていたら、あなたも私と同じように、会社を作っていただろう。だが、２０１７年なら作らないはずだ。タイミングがすべてのときもある。それ以降、ミゴは閉鎖した。

これらに加えて、私が創業した会社ではないが、アイデアやＣＥＯが気に入って投資をしてきたスタートアップもある。そのときには、取締役会に参加して、時間と経験を提供するのが、私のいつものやり方だ。そうしたスタートアップには、農業の生産性向上サービスのシーツリー（SeeTree）、スキー旅行予約サービスのウィスキー（WeSki）、学習プラットフォームのダイナモ（Dynamo）、駐車スペース検索サービスのプンバ（Pumba）、診断用のＡＩシステムのカフン（Kahun）などがある。

私が恋をしたほかの「問題」

私はこれまで、問題に恋をして立ち上げたスタートアップ以外に、6つのスタートアップに関わった。どれも創業のかなり前から、深く携わっている。創業チームやＣＥＯが事業を立ち上げるのに手を貸し、資金を提供し、旅の道案内を務め、取締役会のメンバーになった。

「シーツリー」はそのうちの1社だ。ＣＥＯは40年来の知り合いで、それまでのキャリアで長く成功を収めた。スタートアップの創業を考えはじめたと聞いて、事業を立ち上げるずっと前から、私は彼に手を貸してきた。最初の資金を提供し、今では取締役会のメンバーとなっている。

シーツリーは農業の分野に魔法をもたらし、社名からもわかるように、主に木になる作物を栽培する市場において、生産性の飛躍的な向上に貢献している。何百万本もの樹木を育てる栽培者たちは、自分の農園の状況についての情報、とりわけ実用的なデータを持っていない。

シーツリーのソリューションは、ドローンによって上空から撮影した画像や、地面の各樹木レベルでの分析を組み合わせて、樹木に問題がないかを調べ、問題が見つかったら、その樹木の生産性を回復させるため、実行可能な計画を考え出す。最終的に、同社の取り組みは農園の生産量を15～20％増加させている。

「ウィスキー」は、私が携わったもう1つのスタートアップだ。世界的な投資家であるサム・ゼル氏が後援する起業家育成プログラム、ゼルアントレプレナーシッププログラムにおいて、私は創業チームのメンターを務めた。それ以来関わり続け、COVID-19による2年間のサービス中断で、一時は事業停止の危機に追い込まれるなど、波乱万丈なジェットコースターの旅をともに歩んできた。

ウィスキーは、私の最大の趣味であるスキーを扱っている。現在、スキー旅行を手配するときには、2つの選択肢がある。すべてパックになったツアー旅行にするか、インターネットで何時間もかけて、自分好みの旅行を組み立てるかだ。ウィスキーは、レゴブロックのように旅行を自分で組み立てられるサービスで、オーダーメイドの柔軟性がわずかな時間で手に入る。アメリカの東海岸からロッキー山脈へ1週間のスキー旅行に出かけるなら、ウィスキーで計画を立てて、フランスに行くのをおすすめする。そのほうがずっと安く、ずっとよい旅ができる。

「カフン」のCEOは高校時代からの友人だ。CTOは中学、高校、兵役時代の友人で、ウェイズで私と一緒に働いた。2人ともIT系のスタートアップ業界で豊富な経験を積み、スタートアップの創業者として、対話型AI事業を行なうライブパーソンへの売却でイグジットを成功させた経験を持っている。彼らは、事業に着手する約2年前、アイデアを持って私のところへやってきた。私は「君たち2人が解決したい問題は、現実的で大きな問題であり、君たちの準備ができたときには、私も準備ができている」と伝えた。それから1年半か2年がすぎ、彼らは正式に事業を立ち上げた。私は最初の資金を投入し、取締役会のメンバーとなり、彼らのために常に時間を割けるようにした。彼らが取り組んだ問題は、最も大きな問題の1つ――医療分野におけるデータである。医療の分野では、ほとんどの資料が書籍や論文、研究報告といった文書であることがわかった。カフンはその文書をデータ化し、診断用のAIシステムを作り上げた。患者に対して事前診断を行なったり、医療スタッフがよりよい準備をできたりするシステムだ。

情熱を見つけよう

変化を生み出すことに対して、失敗への恐れや変化にともなうコストを上回るほどの情熱を持つ必要がある。これを私は「起業家の条件」と呼んでいる。なぜなら、すぐれたアイデアを持つ人すべてに、スタートアップを作る素質があるわけではないからだ。

一般的な共通点としては、すべての起業家がそうとは限らないが、「今やっていることを続けるつもりはない。犠牲を払い、成功を信じて進む」と言い切れることだ。

私はこれを「変化にともなうコスト」と呼んでいる。スタートアップの旅を続けるために、あなたが支払う代償――つまり、ほかの選択肢を退けたり、今いる地位を離れたりすることだ。

情熱は、非常に強い感情から生まれる。私の場合、不満や無駄が情熱につながるが、愛や憎しみ、復讐心などが情熱につながる人もいる。

サイバーセキュリティ企業であるパロアルトネットワークスの創業者、ニール・ズックは、イスラエルのサイバーセキュリティ大手、チェック・ポイント・ソフトウェアの最初の社員の1人だったが、経営陣と不仲になった。そして、チェック・ポイントに対抗する新たな会社を立ち上げた。

私の情熱があらゆる無駄への不満をなくすことにあるなら、彼の情熱は復讐にある。車のナンバーまで「CHPT KLR（チェック・ポイント・キラー）」に変えたほどだ。

最後に笑うのはズックかもしれない。2021年、パロアルトネットワークスの時価総額（会社の価値）は52億ドルに上り、2020年の年間売上高は40億ドルを記録した。一方、チェック・ポイントの時価総額は「わずか」15億ドルで、年間売上高は20億ドル強だった。2021年12月、チェック・ポイントはナスダック100指数から除外された。代わりに加わったのは、パロアルトネットワークスだった。

最も強い情熱の形は、お金の稼ぎ方に向けられるものではない。それよりも、よりよい世界に変えることへと向けられるものだ。

ウェイズのバリュープロポジションは、最速のルートを見つけて時間を節約することだと誰もが考える。だが、それは違う。実際には、「心の平安」だ。前にも述べたように、人が知りたいのは、シリコンバレーからサンフランシスコまでの到着予想時間（ETA）である。280号線と101号線のどちらが速いかについては、それほど関心がない。結局のところ、成功を手に入れるには、何が人を動かすのかを知る必要がある。重要なのは、人と問題との感情的な関わりであり、あなたのストーリーにおける知覚価値と、現実世界における知覚価値とのあいだには、違いが生じる。今のところは、あなたを突き動かす問題、あなたが恋することのできる問題を見つける必要がある。

「サンプルの1つ」を超える

問題との恋は、たいてい主観からはじまる。自分が気にしていない問題は誰も解決しようとは思わないのだから、そのとおりだろう。だが、あなたの考え方を他人の経験、つまり、マスの経験へと切り替えることが重要だ。

私たち個人は、とてもすぐれた「**1人の人間のサンプル**」だ。人は、自分と違う感じ方をする人がいることに、なかなか気づかない。何かをある方法で行なうと、それが唯一の方法であると信じ込んでしまう。ある問題の認識の仕方に固執すると、その問題は誰もが抱える問題なのだと思い込んでしまう。だが、そうではない。人はみんな同じではない。唯一の正しい道など、ないほうが普通なのだ。

複数の人が異なる視点から同じ問題の本質を語るのを耳にしたら、その問題は本物だとわかる。

感情は変化への強力なモチベーションだ。

私たちがエンジーを立ち上げたのは、同じ問題について何度も耳にしたからだ。それは、自動車整備のこととなると、私たちはすっかりお手上げだと感じ、必要以上の料金を払わされているように感じ、自分はダメ人間だと感じてしまう問題だ。スパークプラグやオイルレベルなどに詳しい人でもない限り、何もわからずその場に立ち尽くしてしまう。しかも、明確な価格の見積もりがない。修理に200ドルかかることもあれば、2000ドルかかることもある。車を持ち上げてみないことには、いくらかかるかわからない。

見積もりがほしいと頼めば、「ボンネットを開けさせてください。金額はそれからです」と言われる始末だ。だが、彼らは単に車のコンピューターを診断用のコンピューターに接続するだけで、実際には、整備士のところへ行く必要さえなかったりするのだ。

渋々修理代を支払うが、実際より高い金額を払わされているように感じる。だが、それは思い違いであることが多い。たいていの整備士は、プロ意識を持って誠実に仕事をしている。事実、エンジーのために行なった調査によると、約4分の3の人が高い料金を請求されたと感じているのに対し、実際には、約4分の3の整備士が、プロ意識が強く誠実だった。難しいのは、大勢いる整備士のなかで、腕利きの人物を見つけることだ。その不確実性が、無力感を募らせる。

私が講演でよく話す、お気に入りのエピソードがある。整備士のところへ行くと、キャブレター（燃料供給装置）の交換が必要だと言われた。そこで、あなたは同意した。だが、1つだけ問題があった。あなたの車には、キャブレターが付いていないのだ。キャブレターを搭載した車は、もう、何十年も製造されていない。私たちがいかに無力であるかがわかってもらえただろう。

　もう1つの問題は、整備士ごとに価格を比較する手段がないことだ。オルタネーター（発電機）が故障して車が走らなくなれば、最寄りの整備工場まで運転していくこともできない。料金を比較する手段がないのなら、市場は壊れている。

　エンジーを立ち上げたのは、この壊れた市場と車の修理に対する不満をどうにかするためだった。私たちは、車のデータポート（ここ20年で製造された車にはすべて付いている）に差し込むデバイスを開発した。

　そのデバイスは、スマートフォンと交信するよう設計されていて、車にどんな問題が起きているのかを専門用語を使わずに説明してくれる。タイヤの空気圧が低い？　ブレーキパッドの交換が必要？　そうなれば、修理費用の見積もりとともに、近くで対応可能な整備士のリストが表示される。

　自動車整備の市場規模――車の所有者が毎年修理に使う金額――は、1兆ドルに近づいている。間違いなく、取り組む価値のある市場だと思えた！

　ありがたいことに、車はとても頑丈にできているので、エンジーの利用頻度はそれほど高くはないだろうと予想していた。だが、ユーザーは安心を手に入れるため、アプリの「車のチェック」機能を定期的に使っていることがわかった。

　消費者側から見たらエンジーは便利なアプリで、顧客維持率も使用頻度も高かった。実際、使用頻度は1カ月に約5～6回と、私たちの予想をはるかに超えていた。当初は、マーケットプレイス型のビジネスモデルを検討していた。車に問題があると気づいたら、近くの整備士に見積もりを依頼する。アプリを使って、修理すべき箇所を正確に把握できるのもメリットだ。

だが、それだけでは十分ではなかった。消費者にとって、地元の整備士からの見積もりを再交渉するのは、やや気が重い話ではあるが、別の整備士に乗り換えるほどのことではなかった。さらに掘り下げてみると、この市場は、消費者、整備士、販売代理店がそれぞれ異なる見解と課題を持つ非常に複雑な市場であることがわかった。

私たちは別のビジネスモデルを検討し、車に問題が発生したら、かかりつけの整備士から——先回りして——連絡がくる、リモート診断を試してみた。だが、状況を変えるには、すでに手遅れだった。

6年にわたる旅の末、エンジーは事業を停止した。問題の大きさや説得力のあるストーリーはすばらしい出発点だが、それだけでは成功には足りない。私たちは顧客に向けたPMFを考え出すことはできたが、マーケットプレイスやリテンションツールのPMFを考え出すことはできなかった。

いよいよ資金が尽きかけたとき、アジアの投資家と新たな対話を進めていた。その後、COVID-19が襲いかかり、投資家たちは姿を消した。事業を続けたり、ほかの投資家を見つけたりするだけの資金が、どうしても足りなかった。

マイケル・ジョーダンは、かつてこう言った。「私は試合に負けたことはない。単に時間が足りなかっただけだ」

エンジーの旅は、ほかのすべての旅と同じように、波乱万丈な長い失敗の旅だった。CEOの交代（今では間違いだったと思っている）も含め、さまざまな浮き沈みを経験してきたが、決定打となった出来事は、投資する意向があると会社に告げていた投資家が、その後いなくなってしまったことだ。それに加え、パンデミックの期間中には、既存の投資家からのサポートもなくなり、エンジーは終わりを迎えた。

安易な道——スタートアップのためにあらず

どんな事業を行なうにしても、スタートアップを作るのは、非常に困難な旅となる。「なぜこんな旅に出ようと思ってしまったんだ」と、自分に問いかける日は何度もやってくる。真の情熱がなければ、心から恋をしていなければ、困難を乗り越えるのに必要な、内なるエネルギーが不足する。だが、恋をしていれば、ほかのことなど頭に入らない。

副業でスタートアップを立ち上げる場合や、ほかに大きな責任を抱えながら起業に取り組む場合はどうだろうか。その答えは簡単だ。スタートアップの旅を無事に進めていくには、時間や労力や注意力など、自分のすべてをスタートアップに200%注ぎ込み、ほかのことはすべて0%にしなければならない。ほかには何もできない。あなたは非常に困難で悪夢のようなジェットコースターの旅に乗り出そうとしている。十分な情熱を持ってはじめなければ、向こう側にはたどりつけない。

問題に恋をしていなければ、何をやってもうまくいかないと感じる局面を乗り越えられず、あきらめる方向へと舵を切ってしまうのだ。

第1章まとめ

- 解決策に恋をしてはいけない。解決しようとしている問題に集中しよう。
- 解決策に目を向けたストーリーは、「当社は……」や「私のシステムは……」からはじまる。問題に目を向けたストーリーは、「私たちが解決する問題は……」からはじまる。ユーザーに目を向けたストーリーは、「私たちがあなたのために行なうのは……」からはじまる。
- 解決する価値のある「大きな問題」を見つけ、その問題を抱えるのは誰かを考えよう。次に、その人たちの話を聞き、問題をどのように認識しているのかを理解しよう。
- 「うまくいかない」、「ばかげた考えだ」と言われる心の準備をしておこう。人は変化を嫌う。新たなスタートアップは変化である。
- スタートアップを立ち上げる準備ができたとわかるタイミングはいつだろうか。それは、これから先の未来のために、今の給料や境遇、役職を犠牲にできると思えたときだ。
- 私たち個人は、とてもすぐれた「1人の人間のサンプル」だ。複数の人が異なる視点から問題について語るのを聞いたときにだけ、あなたが取り組んでいる問題は本物だとわかる。
- スタートアップの創業者には、とくにCEOには、ワークライフバランスは存在しない。あなたが問題に恋をしていたら、ほかのことはしたくない（あるいはできない）と思うはずだ。

第2章　スタートアップは失敗の旅

一度も失敗したことがない人は、新しいことに挑戦したことがない人だ。
――アルバート・アインシュタイン

ベン・ホロウィッツは、世界で最も成功したベンチャーキャピタリストの1人であり、シリコンバレーのベンチャーキャピタル会社、アンドリーセン・ホロウィッツでパートナーを務める人物だ。ベンチャーキャピタリストになる前は、ソフトウェア開発のスタートアップ、オプスウェアでCEOを務めていた。

彼は以前、こんな質問を受けたことがある。「スタートアップのCEOをしていて、夜はよく眠れますか？」

「ええ、眠れますよ」と彼は答えた。「赤ちゃんのように眠っています。2時間おきに目を覚まして、泣き叫ぶのです」

ホロウィッツは、すべてのスタートアップに共通するジェットコースターの旅を自身も経験してきた。何度も上り下りを繰り返す旅だが、単なる上り下りなら、世界中のどの企業でも経験する。スタートアップは、その頻度がきわめて高い。多いときには、1日に数回起こる。エクストリームスポーツが好きでない人には、スタートアップは向いていない。

失敗の旅

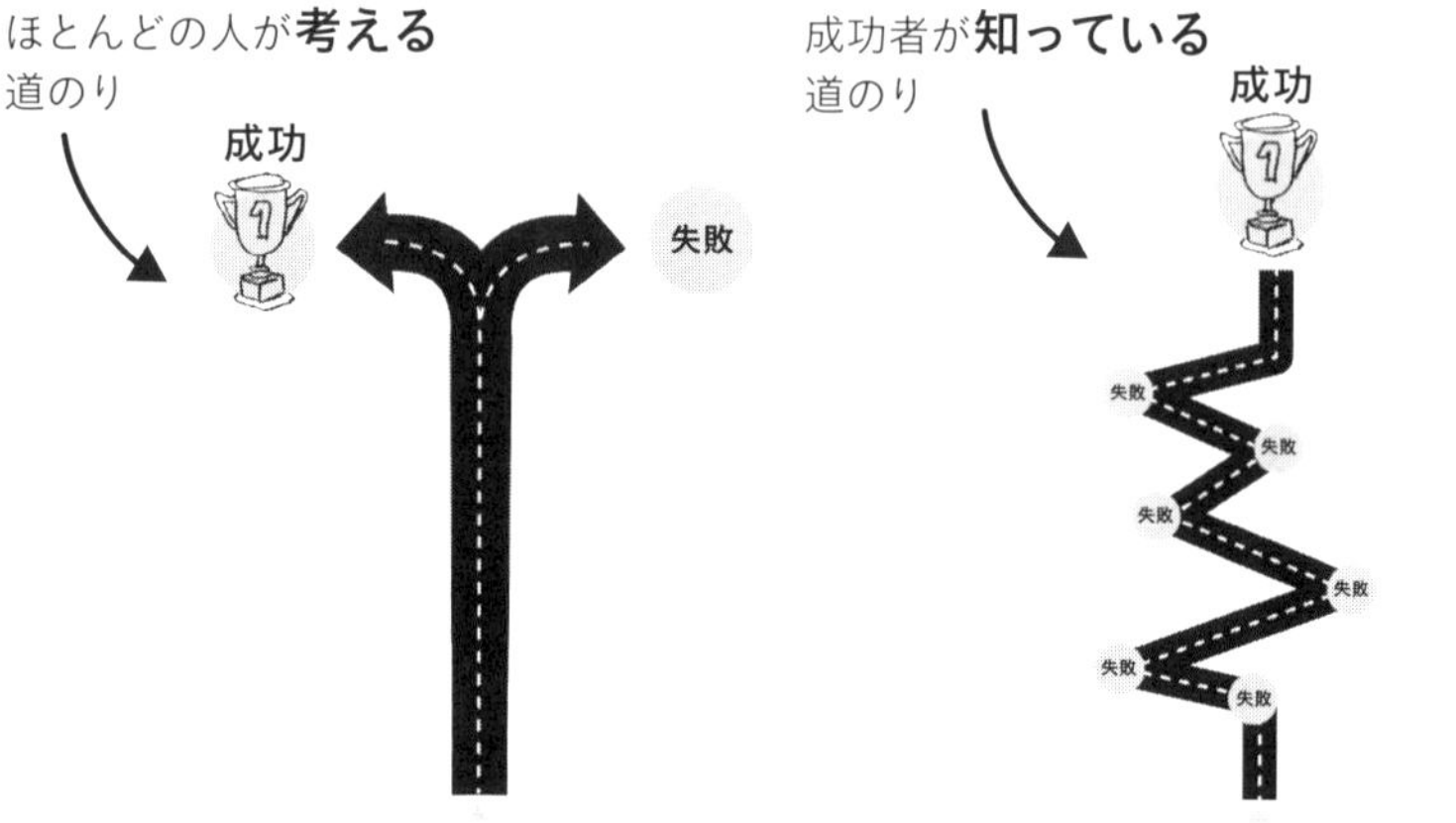

なぜなら、スタートアップの立ち上げは本質的に失敗の旅だからだ。起業家はこれまでに誰もしたことのないことをしようとしている。自分が何をしているか、完全にわかっているつもりでも、実際にはわかっていない。

本章では、スタートアップの基礎をなす「前提となる仮説」について見ていこう。

- スタートアップとは、旅である（旅の中にさらにいくつもの旅がある）。
- ジェットコースターのような波乱万丈の旅である。
- 各フェーズで試行錯誤を繰り返す、失敗の旅である。
- 長期にわたって何の手応えもない期間が訪れる。それは旅の途中で越えなければならない砂漠である。

スタートアップの立ち上げは失敗の旅である。そこからすぐに導き出せる結論が2つある。

1. 失敗を恐れていたら、すでに失敗していることになる。なぜなら、挑戦することに失敗しているからだ。アルバート・アインシュタインは、「一度も失敗したことがない人は、新しいことに挑戦したことがない人だ」と言った。別の言い方をするなら、新しいことに挑戦すれば、失敗する。

2. 成功する確率を高めるには、早く失敗する。

スタートアップの立ち上げが失敗の旅だとすると、**うまくいく道のりを見つける可能性を高めるには、単純により多くのことに挑戦するのがベスト**だ。そして、**より多くのことに挑戦するには、早く挑戦して、早く失敗するのがベスト**だ。そうすれば、次のことに挑戦するのに十分な時間とランウェイ［会社の資金がなくなるまでの時間］を確保できる。

例えば、プロダクトのある機能がうまくいくと確信したとしよう。その機能を開発し、新バージョンをリリースしたが……うまくいかない。あるいは、期待どおりの結果が得られない。そのときには、今の機能を最適化するのではなく、次の機能をすぐに考えて、挑戦し、重点的に力を注ぐ。

すると、企業には特別なＤＮＡ（企業文化や価値観）が生まれる。そのＤＮＡを持つ企業では、すべての前提とする仮説が単なる仮説であり、挑戦に値するものであり、早ければ早いほどよいと考えられる。うまくいけば、それで完了だ。うまくいかなければ、次の仮説に挑戦する。

このとおりに道を進み、今度こそはうまくいくと常に信じて新たな挑戦に乗り出したとして

長い旅

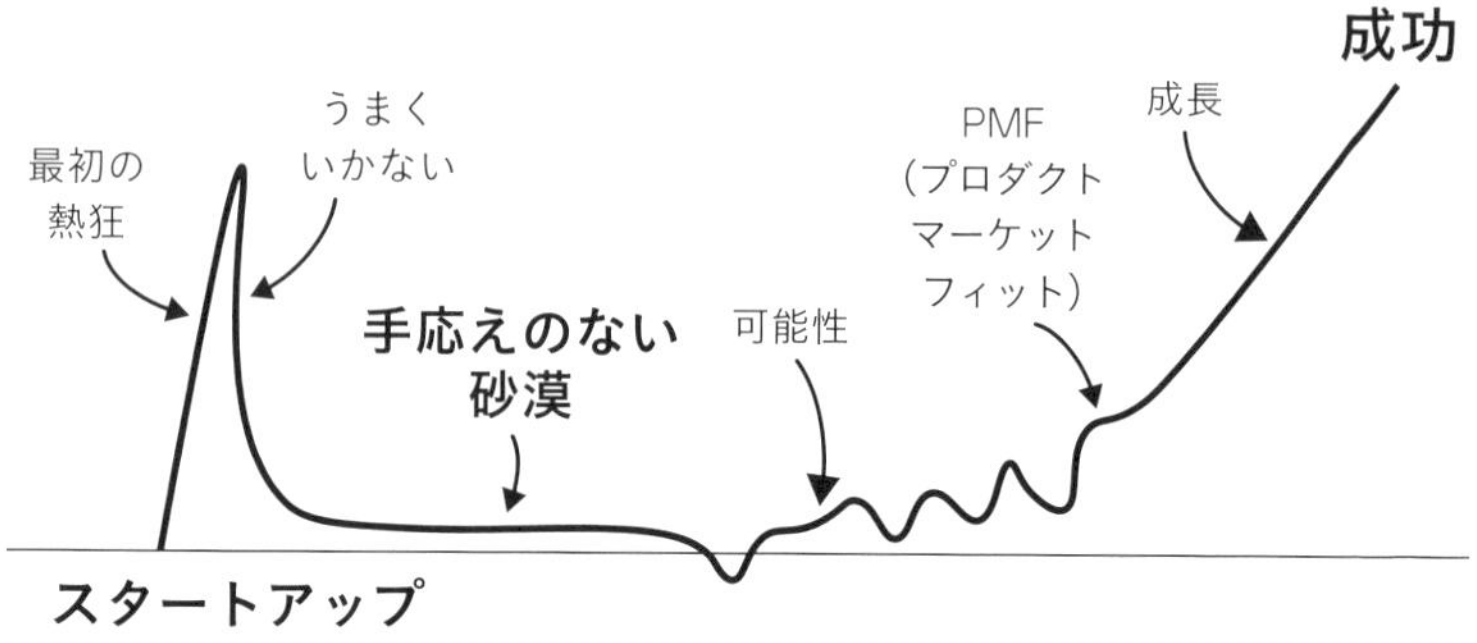

も、失敗の旅はとても長い旅になる。

旅の途中、最も長く続くのは、何もかもがうまくいかない時期だ。創業当初はわくわくすることがたくさん起こる。新しいものを作り上げた。最初のバージョンに初めてのユーザーがつく。メディアに取り上げられることもある。自分は正しい方向へ向かっているのだと確信する。だがそのあと、自分が作ったものが、どうしてもうまくいかないと気づくときがやってくる。別の方法も試してみるが、それでもうまくいかない。

果てしない砂漠を歩いて横断すると想像してみよう。辺り一面、砂に囲まれている。一日中歩き続けても、まわりには砂しかない。寝ても覚めても、砂しかない。くる日もくる日もそれが続く。前に進んでいるようには思えないが、確実に前進はしている。**小さな一歩を積み重ねていけば、最後には砂漠を抜け出すことができる（それまでに死んでいなければ）**。

「手応えのない砂漠」は、旅のなかで最も長い部分だ。ここでは、あらゆることを試してみるが、何もうまくいかない。プロダクトを作っても、うまくいかない。プロダクトを作ってうまくいっても、ユーザーが来ない。プロダクトを作ってうまくいき、ユーザーがきても……定着しない。失敗するスタートアップのほとんどが、この砂漠での旅のあいだに脱落する。

本物の砂漠でも、スタートアップにたとえた場合でも、砂漠を歩いて横断するときには、避けたほうがよいことが2つある。

1. 方向を変えない。変えてしまうと、同じ場所をぐるぐる回る恐れがある（砂漠で道に迷ったかもしれないときは、「ピボット（事業の方向転換や路線変更）」をするタイミングではない）。

2. 燃料を切らさない。燃料（スタートアップの場合には資金）は、砂漠の真ん中では非常に高価だ。

失敗の旅はいつでも、PMF（プロダクトマーケットフィット）を達成する（基本的には、ユーザーに対する価値を生み出す）ことからはじまる。PMFを達成したら、ビジネスモデルの構築でも、海外展開でも、スケールの仕方を学ぶにしても、次の旅程のチケットを購入することになる（それはそれで、また別の失敗の旅となる）。

PMFが見つかれば、成功への道を進んでいる。見つからなければ、死んでしまう。

旅の各行程で、最も重要になるのは、どれだけ早くリカバーできるかであり、早くリカバーするには、早く失敗しなければならない。次のアイデアやコンセプト、テーマへの挑戦に向けて、どれだけ早く持ち直すことができるか。この「早く失敗する」手法を取り入れる起業家は、単純に成功の機会が増える。

ピボットは、いつするべきか。本来ならば一度もしないのが望ましいが、PMFが見つからないか、あるいはユーザーが、「その問題は本質的ではない」「あなたが生み出そうとしている価値は重要ではない」と言っている場合には、ピボットすべきだ。

ピボットは、旅のもう1つの実験だ。前提とする仮説を考え直すことが必要になる。結局のところ、PMFとは、ユーザーが戻ってくるように、ユーザーに向けて価値を作り出すことだ。PMFを達成すれば、その価値が得られたことになり、ユーザーは戻ってくる。**ピボットとは、ユーザーかバリュープロポジションのどちらかを変更すること**だ。

それでは、ウェイズについてさらに詳しく見ていこう。今でこそ、大成功した企業に見えるかもしれないが、そこにたどりつくまでには、さまざまな領域で試行錯誤の旅を繰り返した。最初はPMFで、その次は成長のプロセスで、さらには、ビジネスモデルで。だが、ウェイズには、想像をはるかに超える魔法があった。

真っ白な地図――ウェイズの魔法

ウェイズは現在、世界で最も成功したドライビングアプリであり、世界中の人たちが、運転前には必ずウェイズを起動する。だが、ほとんどの人は気づいていないが、ウェイズのすべて

真っ白なページ

最初のドライバー

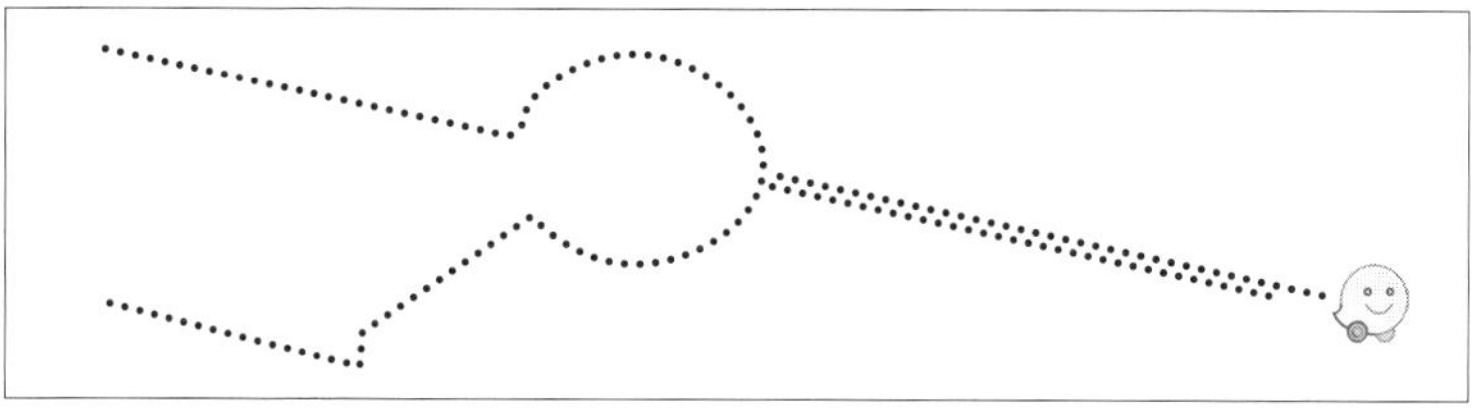

のコンテンツは、ほかのドライバーによるユーザー生成コンテンツなのだ。渋滞情報やスピード違反の取り締まりは言うまでもなく、地図そのものも含め、すべてをクラウドソーシングしている。これがウェイズの魔法である。

真っ白なページ

ウェイズをスタートさせたとき、地図はただの真っ白なページだった。道1本すら書かれていない、完全に空白のページだった。

最初のドライバー

最初のユーザーがアプリを使いながら走ったときに、ドライバーのデバイスからGPSのデータを収集した。このデータを真っ白なページに書き込むと、ドライバーの「走行した跡」を実際に見ることができる。

たくさんのドライバー

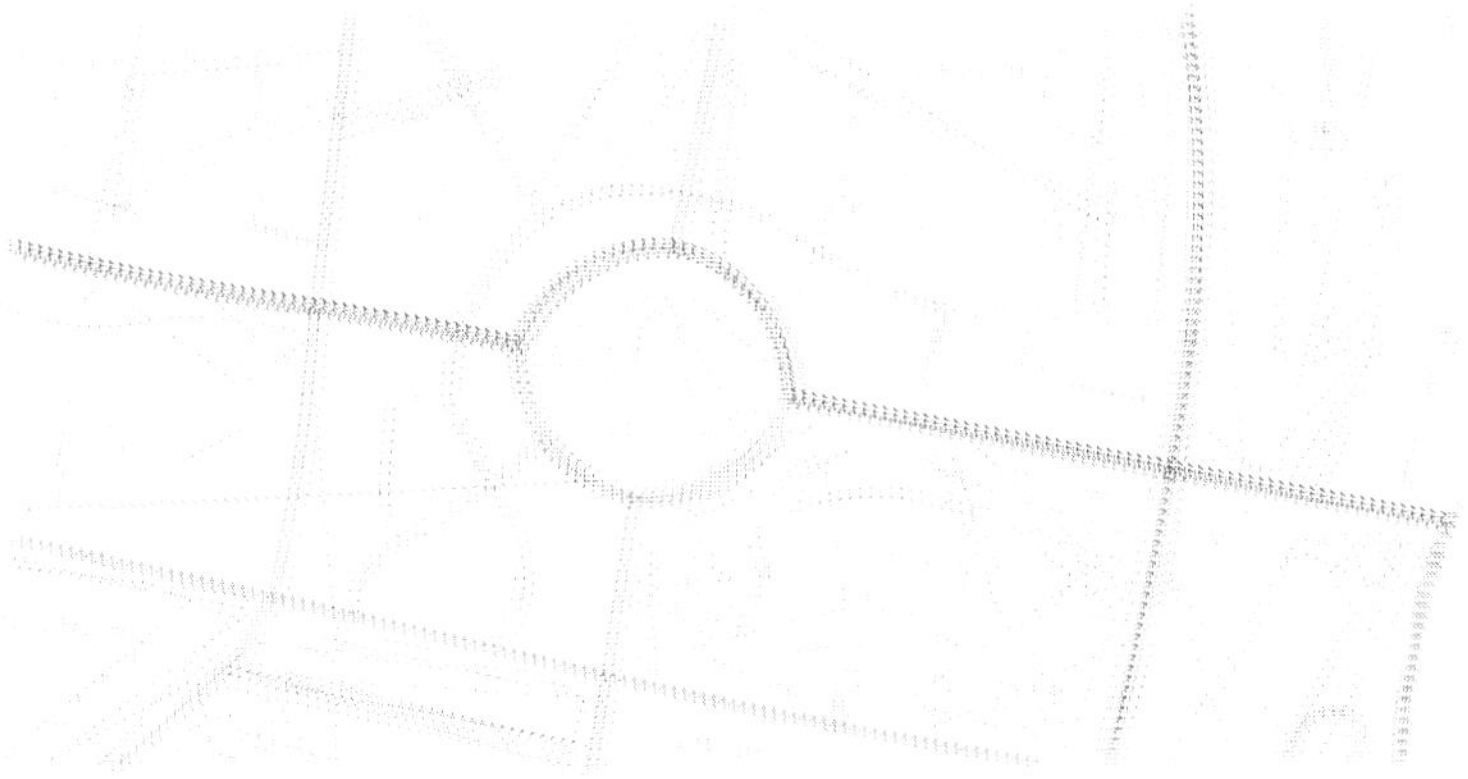

たくさんのドライバー

たくさんのドライバーが道路を走ると、ドライバーのデバイスから得られるGPSのデータは、地図らしきものを描き出すようになる。

この図（2007年時点でのテルアビブの実際のGPSトレース）を見ると、中央部分に環状交差点のようなものがあることに気づくと思うが、これは実際に環状交差点である。

GPSトレースが密集していれば、主要道路と脇道の区別がつく。誰も左に曲がらない交差点があったら、そこは左折禁止だ。

100台の車が1方向に向かっていて、反対方向へ向かう車が1台もなかったら、そこは一方通行だ。そして、100台の車が1方向に向かっていて、反対方向へ向かう車が2台あったら、それはテルアビブの地図における一方通行だ。テルアビブの交通違反の割合は2%で、ウェイズを世界展開したときに、ほかの地域と比較して、その数字は非常に優秀なのだとわかった。

地図にする

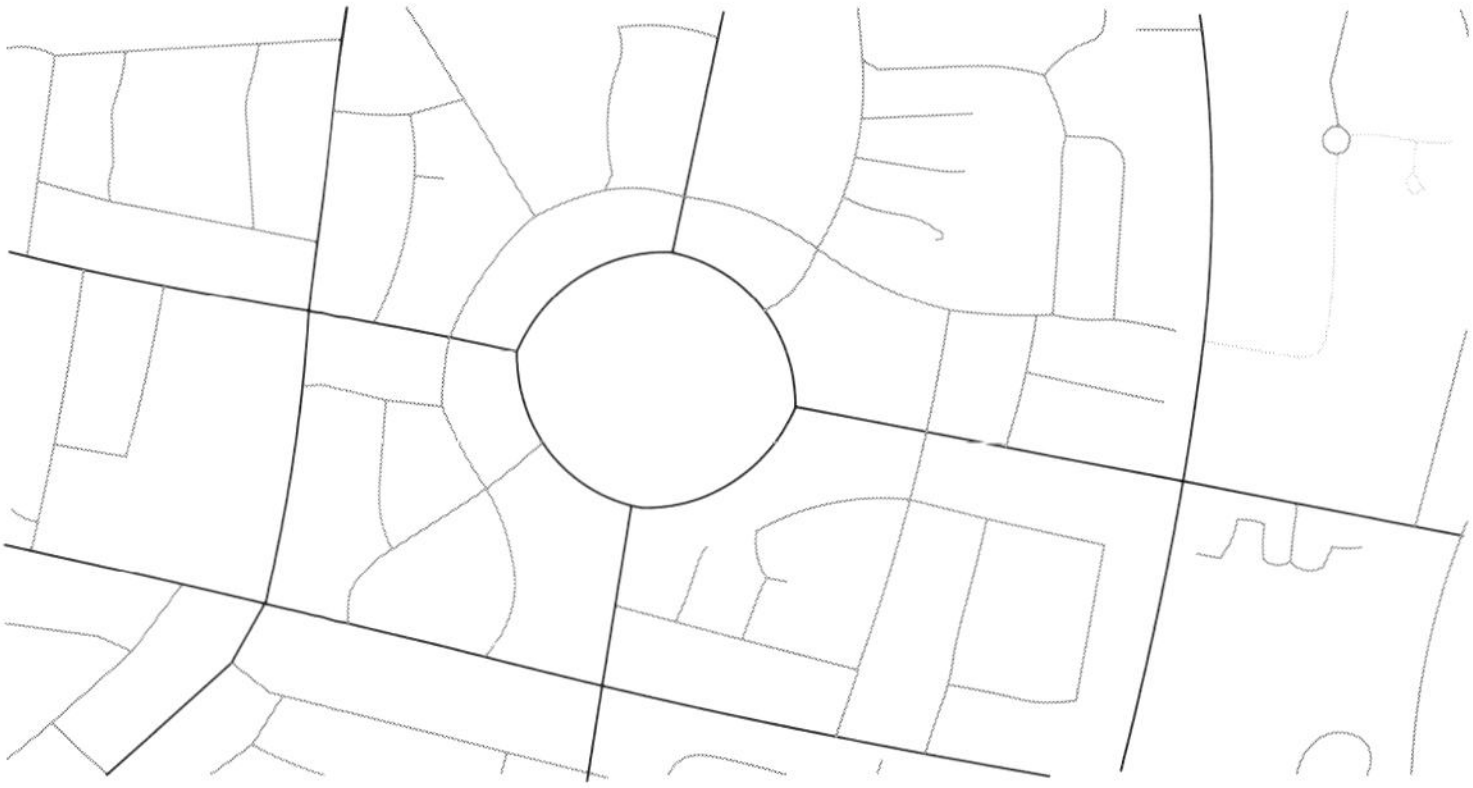

地図の編集

プロフェッサー・ショア通り
ヴァイツマン通り
アキバ・アリー通り
ジャボティンスキー通り
モシェ・シャレット通り
ハメディナ広場
レメズ通り
ジャボティンスキー通り
アルロゾロフ通り
ヴァイツマン通り
ヘルシンキ通り
モルデハイ・ナミル・ロード
ベエリ通り
アルロゾロフ通り

すべてをクラウドソーシングすることで、毎日の通勤に役立つ情報をリアルタイムで提供できる。

地図にする

私たちは、すべてのユーザーからのＧＰＳトレースを取り込み、そこから地図を作り出すソフトウェアを開発した。

地図の編集

ユーザーに通りの名前や目標物、番地を提供してもらえるように、地図編集ツールを使えるようにした。

速度の遅い車

ＧＰＳを追跡していて、速度の遅い車があったら、そこで渋滞が発生しているとわかる。

渋滞

たくさんのドライバーが道路を走り、渋滞の発生場所がすべてわかれば、渋滞を避けて、最も早いルートを案内できる。

ウェイズはドライバーのソーシャルネットワークであり、こうして、すべてのコンテンツがドライバーによって作られている。

渋滞

スピード違反の取り締まりとドライバーレポート

スピード違反の取り締まりとドライバーレポート

さらに、ドライバーはスピード違反の取り締まりや事故、路面の危険な状態など、車を運転する人が気にかける情報を報告した。

この魔法のようなコンセプトについて話をすると、たいてい「では、最初のユーザーがアプリを開いたときには、地図はなかったのか？」とたずねられる。その質問に対して、私は「そのとおり！　地図は真っ白だった」と答える。すると、さらに面白い質問が返ってくる。「では、最初のユーザーがアプリを使う理由は何？　ユーザーには、どんな価値があったのか？」

重要なのは、**最初のユーザーに対する価値よりも、最初のユーザーが「誰」であるか**だ。彼らは、ＧＰＳやＧＩＳ（地理情報システム）、地図、ナビゲーションを趣味とする、熱心な愛好家だった。そうした愛好家は、地図の現状よりも、クラウドソーシングの将来性や革新的なアプローチ、そして、自分で地図を作り上げていく喜びに重要性を感じていた。ウィキペディアに有意義なコンテンツが掲載される前の、最初のユーザーを思い浮かべてみてほしい。

「必要十分」

ウェイズがイスラエルで**「必要十分（グッドイナフ）」**なプロダクトになるまでには、２年かかった。２００７年の時点では、ウェイズはまだプロジェクトで会社ではなかった。２００８年３月に資金提供を受けてリンクマップ（Linqmap）を立ち上げ、２００９年にウェイズに変更した。私たちはノキアの携帯電話で動くリアルタイムアプリを開発した。

「必要十分」になるまでには、さまざまな検証を繰り返した。必要十分でない状態からはじめて、必要十分になるまで検証を繰り返すのが最適な方法だ。検証は、ユーザーからのフィードバックにもとづいて行なう。

次のような状況を思い浮かべてみよう。2つのよく似た会社が、同じ日にまったく同じことをはじめた。どちらも3カ月かけてプロダクトを開発したが、1社はまだ準備ができていないと判断し、さらに開発を続けて、あと3カ月後にプロダクトを発売しようと決めた。もう1社もまだ準備はできていないと判断したが、プロダクトを実際にユーザーに届けようと決めた。3カ月後に有利な立場にいるのは、どちらの会社だろうか。答えは簡単だ。プロダクトを世に出さなければ、進歩はない。新たな情報が得られなければ、本物の進歩は遂げられない。

だが、「必要十分」とは、どのような状態だろうか。**PMFを測定する唯一の基準が顧客維持率であるとした場合、必要十分とは、妥当な顧客維持率を維持できる状態**だといえる（何を測定するか、目標とする基準は何かについては、第8章で説明する）。

ウェイズに話を戻そう。イスラエルは人口密度が非常に高い国だ。マサチューセッツ州と同じくらいの約2万5000平方キロの面積に、約900万人が暮らしている。さらに、開発の段階で、すでに2年をかけてデータ収集や地図作成を行なってきた。それに加えて、地元の車両管理会社と契約を結び、リアルタイムのGPSデータを提供してもらうことにした。そのおかげで、2009年1月の公式発表の日には、渋滞情報はかなり正確なものとなった。

これらのすべてが、ウェイズをイスラエルで「必要十分」なプロダクトにした。私たちは魔法がかかっていくのを目にした。ユーザーによって地図が作られ、クチコミが成長につながり、データは十分に正確だった。この魔法を見てアプリを海外展開しようと決めた。

2009年の残りを準備（多言語対応、サーバー、サポート）に使い、年末に向けてプロダクトを世界中で展開した。だが、海外では状況が大きく異なった。私たちは、ほかの国でもウェイズがイスラエルと同じように機能すると思い込んでいたが、そうはいかなかった。

全世界で同時にアプリを発表したところ、大惨事となった。必要十分どころの話ではない。とにかくひどいものだった。ただし、エクアドル、スロバキア、チェコ、ラトビアの4カ国は別だった。それ以外の国では、ユーザーはアプリをダウンロードし、試しに使ってみて、そして、使わなくなった。

北アメリカでのサービス開始時には、地図のデータも限られ、アプリを起動しているユーザーも少なかった。そのため、自宅から会社までの通勤に、ひどいルートを案内した。わかりやすいルート（例えば、パロアルトからサンフランシスコまで101号線を使うなど）ではなく、イーストベイやオークランドを経由するなど、どう考えてもおかしいルートを案内した。

ウェイズは情報をクラウドソーシングしているので、ある道を行こうとしても、それまでにその道を走行した人がいなければ、進んでよい道かどうかが判断できず、案内できないのだ。アプリの地図には、アメリカ地質調査所のデータセットを使った。だが、それはかなり昔のものだった。しかも、どの道が一方通行で、どの道が右左折禁止なのかが表示されていないため、ナビゲーションには使えなかった。

ウェイズでは、ほかのドライバーがすでに右折している場合にだけ、その交差点は右折できるとわかるので、その時点では、地図のデータは不完全だった。ドライバーが不満を抱くのも当然だった。ユーザーには自分の目の前に道が見えていて、地図上にも道はあるのに、データがないことだけを理由に、アプリがその道を案内しない。その結果は散々だった。実際には、散々よりもひどかった。90％以上の解約率に、私たちは衝撃と恐怖を覚えた。何かに挑戦してみて、ただあきらめる結果に終わるのは、こんなときだ。

消費者向けサービスのビジネスでは、すでに述べたように、顧客維持率がＰＭＦの唯一の指標だ。ユーザーが戻ってくれれば、あなたは価値を生み出している。顧客維持率がひどいと、会社は作れない。

ウェイズは問題点を洗い出し、さまざまな対策を講じた。アメリカでも、イスラエルのときと同じように、地図編集者のコミュニティに権限を与えた。そして、専属の地図編集スタッフを雇い、ユーザーが走ったルートを毎晩手作業で点検して修正し、コミュニティの地図編集者をサポートした。ウェイズのアルゴリズムを何度も繰り返し変更した。

しばらくすると、「第一印象を与える機会は一度しかない」の言葉をひっくり返したくなった。そこで、コミュニティや地図チームが問題を修正した時点で、地図の問題を経験したすべてのユーザーに向けて、次のようなメッセージを作成した。「昨日はひどいルートを案内してしまいました。ですが、システムは常に学習しています。アプリを起動して運転すれば、その道は走れると学習します。もう一度、お試しください」

私たちはユーザーの信頼を取り戻せるよう願った。そして、ウェイズは通勤ドライバーをターゲットにしていることから、現時点では、家と会社との往復に使う地図に問題がなければ、必要十分なプロダクトにするまでに、まだ時間は残されているはずだと考えた。私たちは、「必要十分」が指すものには、主観が含まれることに気づいた。**ユーザーの「必要十分」と、プロダクト提供側の「必要十分」は異なる場合もある**のだ。

目標は、ユーザーにもう一度チャンスをもらい、もう一度使ってもらうことだった。想像してほしい。ユーザーがウェイズを使ってみたが、ひどいルートを案内されたので、いつもの道を走った。すると翌日には、いつもの道をウェイズが把握している。するとユーザーは、アプリが改善されたと感じる。改善されたと感じてもらえなければ、私たちが切実に求める二度目のチャンスはやってこない。

私たちは2〜3週間ごとに新バージョンをリリースし、ウェイズをよりよいものにしようとした。ときには、本物のブレイクスルーが起こることもあった。ほんのわずかな一歩しか進めないこともあった。前に進んでいるはずが、後退していたこともある。だが、どの方向へ進むときにも、私たちは常にユーザーであるドライバーと対話した。

これは、成功への最も重要なカギの1つである。**ユーザー・顧客の声を聞こう。どれだけ強調しても足りない**ほどだ。とくにPMFのフェーズでは、ユーザーがどこで何につまずくのかを理解しよう。ユーザーからのフィードバックは、事態を早く展開させられる唯一の要素であり、一番に対処すべき問題でもある。システムから測定結果を収集し、「何」が問題かがわかったとしても、ユーザーと話をしなければ、「なぜ」問題なのかがわからない。「必要十分」なプロダクトにするには、「なぜ」を理解しなければならない。

ウェイズでは、まさにこれを実践した。何かがうまくいっていないと気づくと、すぐにドライバーの意見を求めた。ドライバーたちに問題点を教えてもらい、次のバージョンはその修正がすべてとなった。新たなバージョンをリリースするたび、今度こそ間違いない、このバージョンで大きな飛躍を遂げるのだと、100%の確信を持っていたが……それでもうまくいかなかった。そこで、また新たにドライバーに話を聞き、また新たな検証に取りかかり、また同じように今度こそはと確信を持ち……そしてまた、振り出しに戻った。
もちろん、どの部分を修正すれば大きな成長につながるのかがわかっていれば、最初から速やかにその部分を修正する。だが、それがどこかはわからなかった。ここを修正すればよいと気づくたび、結局そこではないとわかった。時間とともにシステムが改善され、新たなドライバーが加わり、システムはますます改善された。長い失敗の旅を経て、開発に次ぐ開発を重ね、ウェイズはついに飛び立った。

押さえてほしいポイント：スタートアップの起業は「失敗の旅」である。1つのアプローチ――プロダクトの新機能でも、価格モデルのテストでも、新たな領域へスケールアップする決断でも――を試しては失敗し、正解が見つかるまで次のアイデアを試し続けていく。すると、やがては変更すべきところがなくなる。

2010年にほぼ丸1年かけて開発を繰り返すと、ウェイズはアメリカとヨーロッパで、「必要十分」なレベルに到達した。アメリカでは一度に1都市ずつ魔法がかかった。最初にロサンゼルス、その次にサンフランシスコ、ワシントンD.C.、アトランタ、ニューヨーク、シカゴ。ヨーロッパでは一度に1カ国、まずはイタリア、続いてオランダ、フランス、スウェーデン、スペインで魔法が起こった。

私たちはどのようにウェイズを開発したか

2007年にウェイズの開発をはじめたとき、最初のバージョンはPDA（携帯情報端末）で動作するアプリケーションだった。あなたはPDAを知っているだろうか。知らない？　それでは説明しよう。昔々、恐竜のいた時代があって、それからPDAが誕生し、ノキアの携帯電話が登場し、今では誰もがiPhoneやアンドロイド端末を持っている。

とはいえ、この「昔々」は、たかだか10年と少し前のことにすぎない。私があなたをタイムマシンで2007年に連れていくと想像してみよう。つまり、あなたのiPhoneを取り上げて、フェイスブックも、メッセージングアプリのメッセンジャーやワッツアップも、ウーバーもネットフリックスも、そしてもちろんウェイズも使えなくしてしまうのだ。無事に生き延びることはできるだろうか。

私たちが毎日使うそれらのサービスは、すべてここわずか10～20年ほどで作られたものだ。これは驚くべき事実である。

タイムマシンでウェイズが生まれる前の大昔まで戻り、私が開発しようとしているものについて話をしたら、あなたはおそらく「それはうまくいかない」と言う。それはまだ、あなたが礼儀正しい場合だ。そうでなければ、「そんなばかげたアイデアは聞いたことがない！」と、さらに強烈な言葉を投げつける。衝撃的な変化は本当に衝撃的なので、最初に受ける反応はいつも同じだ。実を言えば、これは私がウェイズの資金調達で、まさに言われた言葉だ。

グーグル、アマゾン、テスラ、フェイスブック（メタ）、ネットフリックスといった、世界の一流企業について考えてみよう。わずか10～20年前には、そのほとんどがスタートアップだった。この10年で、あまりに多くのことが変化した。これからの10年では、さらに衝撃的な変化が起こるだろう。

ウェイズが登場するまで、ナビゲーションとマッピングの世界は別々のものだった。一方には、アメリカのナブテックや、主にヨーロッパを対象とするオランダのテレアトラスといった、地図を作成する会社があった。当時の地図作成には、専用の調査車両を使い、地図制作者のプロ集団が、自社開発した地図制作ツールによって、デジタル版の地図を作成するプロセスが含まれていた。もう一方には、トムトムやガーミンといった、（前述の地図を使って）ターンバイターンナビゲーション［目的地へ向かうルートで進むべき方向を映像や音声で表示する機能］を可能にするナビゲーションデバイスがあった。さらに、ヤフーやグーグル、マップクエストのような、方向を確認することはできるが、リアルタイムのナビゲーションはできない、地図を表示する会社があった。そして、トラフィックドットコムやインリックスのような、車の走行データを収集して、渋滞の有無を表示するために地図を（たいていは赤、黄色、緑に）色分けする、渋滞情報会社があった。

そして最後に、移動体通信事業者が加入者に有料でナビゲーション機能を提供できる、テルマップやテレナブ（Telenav）、ネットワークスインモーション（Networks in Motion）のようなモバイルアプリケーションがあった。大手通信事業者のAT&A、ベライゾン、イスラエルのペレフォンはそれぞれ、テレナブ、ネットワークスインモーション、テルマップと提携していた。

ウェイズはそれらの機能をすべて1つのプロダクトにまとめた初めての会社だった。私たちには有利な点があった。データを収集し、処理し、配布し、ユーザーに提示するのに、同じアプリとサーバーを使うことだ。フィードバックサイクルがリアルタイムなため、競合他社よりもずっと早く改善や行動ができたのだ。

のちにウェイズのCTOとなる（第1章にも登場した）エフード・シャブタイは、私が彼とそのパートナーであるアミール・シナーと合流したとき、自ら開発したナビゲーションと地図作成アプリ、フリーマップに取り組んでいた。

エフードが誕生日プレゼントにPDAをもらったことから、物語ははじまった。エフードのPDAには、デスティネーター・テクノロジーズ社のナビゲーションソフトが搭載されていた。そのソフトは、行き方がわからない場所まで彼を案内してくれた。エフードはイノベーターだ。彼がすぐに、この新しいおもちゃに夢中になったのも不思議はない。デスティネーターは、基本となるアプリにプログラマーが簡単に機能を追加できるSDK（Software Development Kit：ソフトウェア開発キット）を提供していた。エフードは才能あふれるソフトウェアエンジニアだったので、スピード違反取り締まりカメラの場所を報告する機能を追加することにした。

彼はポケットPCフリークスと呼ばれる人気のオンラインフォーラムで、PDAユーザーに向けてメッセージを送った。「デスティネーターのアプリを搭載したPDAを持っていたら、私のアドオンをダウンロードして、自分が見つけたスピード違反摘発装置を報告してほしい。送ってくれた人には、ほかのユーザーが報告してくれたすべてのスピード違反摘発装置を掲載したアップデートファイルを送ろう」と、エフードはフォーラムに書き込んだ。

数百人がアドオンをダウンロードし、作業に取りかかった。数週間もたたずに、イスラエルにあるすべてのスピード違反取り締まりカメラがデータベースに登録された。これにより、ナビゲーションデータを作成するのに、クラウドソーシングが非常に実用的であることが実証された。ウェイズが最終的に採用する、クラウドソーシングのコンセプトのはじまりだった。

イノベーションの次の段階は、地図コンテンツこそが最重要事項であり、それを所有するものが運命を支配すると、彼が気づいたことだった。さらに同じころ、スピード違反取り締まりカメラのデータをクラウドソーシングしたのと同じコミュニティにより、地図そのものもクラウドソーシングで制作できそうだと気づいた。口で言うだけなら簡単だ。だが、エフードは頭がよく、既存の枠組みにとらわれずに考えるのが得意だった。

エフードはいくつかの機能を魔法のように組み合わせ、フリーマップを作成した。ドライビングアプリと、マッピングアプリ（実際には同じアプリ）と、（最初は毎晩）地図をアップデートするバックエンドのサーバーがあった。ほとんどのプログラムを自分で書き、可能な部分はときどき市販のパッケージを使用した。

フリーマップは、非常に抽象化された簡単な方法で、次のような機能を組み合わせていた。

- ドライビングアプリとGPS収集アプリ（PDAで起動）
- データ同期と地図作成（サーバー側）
- 地図編集ツール（ウェブ・アプリ側）

最新のデータがサーバーに送られてくると、地図がアップデートされ、ほかのすべてのドライバーと共有される。

クラウドソーシングした地図は、必要十分なレベルにはほど遠かったが、コンセプトの実証には十分すぎるほどすばらしかった。この地図には、従来の地図を大きく上回る利点が1つあった。それは、ユーザーに最も関連のあるエリアの最新の情報が含まれることだ。新たに交差点ができれば、翌日には地図に表示される。クラウドソーシングの地図を必要十分なレベルにできたのは、ウェイズがスタートしてからだった。

2007年にアミールとエフードと出会い、2人の取り組みについて話を聞くと、「私が思い描くリアルタイムの通勤ツールに欠けていたものが見つかった！」と直感した。そして、私の考えたリアルタイムの渋滞情報の理論を説明した。だが、エフードはすでにモデルが機能することを実証し、私のモデルの二歩先を行っていた。

まずは数百人の小規模なユーザーベースで、地図や渋滞情報をすべてクラウドソーシングで実際に制作できること――のちにウェイズで実践したコンセプト――が実証できた。

ウェイズは完璧ではなかった。すでに説明したとおり、スタートしてから3年間は、「必要十分」な状態ですらなかった。だが、ビジョンは機能していた。そして、ユーザーが増え、ツールが増えたら、必要十分なものにできると想像できた。

私たち3人は、決意を持って作業に取りかかった。当時、エフードとアミールはソフトウェア開発会社のエックスエルネットで働き、アミールがCEOで、エフードがCTOだった。開発すべきことがたくさんあり、そのためには、最高に強力なチームが必要だったので、まずは資金調達からはじめる必要があった。

２００７年５月のあの日から、アミールとエフードは研究開発を担当し、私は会社の経営と資金調達、戦略、チームの採用などを担当することになった。全員ががむしゃらに成功を信じ、旅に向けてコミットする必要があった。資金調達ができると、私は仕事を辞め、彼らもそれに続いた。ウェイズの設立には、それが不可欠だった。実質的には、ウェイズはその日にスタートを切った。

数週間後、私がＣＥＯとして指揮をとり、資金調達の旅を開始することにした。２００８年３月に調達を終え、正式にウェイズの旅がはじまった（当時はまだ別の社名だった）。

まだ「ガレージ」にいた初期のころ、私たちの歩みは比較的遅かった。私は資金調達に力を入れ（ストーリーと事業計画を作り、投資家に会うために走り回った）、エフードは引き続きフリーマップに取り組み、必要に応じて改良を加えた。

私たちは頻繁に会っていた。エックスエルネットのオフィスで会うこともあったが、私の実家のリビングで会うことのほうがずっと多かった。数カ月前に父が他界して、母が寂しがっていたし、実家のスペースも空いていた。そこで、実家のリビングを会議室に使った。スタートアップにうってつけの場所だった。私たちに最適な場所であっただけでなく、母の悲しみの大きな支えにもなった（しかも、母は一日中、私たちに差し入れを用意してくれた）。

２００７年の夏、私たちは資金調達の旅を開始した。２００８年の春までに、１２００万ドルの資金を調達した。当然のことながら、それはもう１つの失敗の旅だった（詳しくは第５章で説明する）。現在では、それほど多い金額とも思えないが、２００８年のイスラエルでは相当な額だった。

なぜ失敗が重要なのか

失敗は、してもいいだけでなく、むしろ必要なものでもある。スタートアップの起業を理解するのに、最も重要な要素ともいえる。失敗を受け入れることで、成功の可能性は高まるからだ。

何よりも大切なのは、どれだけ早くリカバーできるか、どれだけすばやく立ち直れるかである。失敗を恐れながら経営すると、起業家は壊れる。

バスケットボール界のスーパースター、マイケル・ジョーダンはこう言った。「私はこれまでの人生で、何度も何度も何度も失敗した。だから私は成功した」

カナダ人のホッケー選手、ウェイン・グレツキーも、ユーモアたっぷりに、「打たないシュートは100%外れる」と言っている。

起業家はこれまでに誰も作ったことのないものを作ろうとしているので、自分が何をしているか、完全にわかっているつもりでも、実際にはよくわかっていない。これを自覚しておくことがポイントとなる。だから、うまくいくものが見つかるまで、何度も繰り返し挑戦するのだ。

スタートアップを準備するうえで、失敗の旅だと理解することは最も重要だ。ただ作ればうまくいくと思ったら、それは大間違いだ。プロダクトが必要十分になるまでには、たくさんの修正が必要になる。試行錯誤を繰り返し、うまくいくものが見つかってはじめて、旅の次の行程に進むことができる。

「違うやり方をすればよかった」と思ったときこそが、違うやり方を試す最高のタイミングだ。

「この次は……」と考えたなら、この次とはまさに今だ。今日は残りの人生の最初の日である。ありふれた言葉かもしれないが、プライベートな人生だけでなく、スタートアップの旅にもまさにあてはまる真実である。

私はたくさんの人たち――私が携わった会社のCEOや、私の子どもたち、ときにはほかの人たちにも――に、メンターとしてアドバイスしてきた。楽しいからだ。性格的に最も向いているのは起業家だろうが、ごくわずかな差で、その次に向いているのは、おそらく教師だろう。教えるのが好きなので、メンターを務めるのも好きだ。起業家と教師は変わった組み合わせだが、自分で何かを作っているときも、誰かが何かを作るのを指導するときも、同じようにやりがいを感じる。

本書を執筆したのは、次世代の起業家の成功をサポートしたかったからであり、他人のために価値を生み出すことにやりがいを感じたからだ。私のアドバイスの多くは、仕事に関するものだが、少しだけ、プライベートな人生のことも考えてほしい。そうすれば、幸せでいられる。好きではないことをしているなら、今こそ変えるときだ。あなたは不幸になるべき人間ではない。だが、好きではないことをやり続けていたら、不幸になってしまう。

「次こそは、違うやり方をしよう」と思ったのなら、「次」を今にしよう。人間関係でも、育児でも、仕事でも、勉強でも、趣味でもかまわない。何かを変える必要があると思ったら、今日変えよう。過去は変えられないが、今日は変えられる。そして、今日が未来を変えていく。

失敗に対する寛容を教えることが重要なのは、スタートアップの世界だけではない。子どもがいるなら、子どもにも、違うやり方を試すようにすすめよう。そうすると、子どもの自信が育つ。失敗して立ち直る――これは、親としての心構えに取り入れるべき、最も重要な教えの1つだ。

リファンディット：ゼロからの再スタート

これから話すのは、早く失敗して、会社全体をゼロから再スタートさせた物語だ。

リファンディットは、ヨーロッパを訪問した旅行者が税金を払い戻すのをサポートする会社だ。私はこの会社を2回立ち上げた。それでは、失敗の旅の話をしよう。

私は、イスラエルの中心部にある一流私立大学、ヘルツリーヤ学際センター（現在はライヒマン大学）で行なわれているゼルアントレプレナーシッププログラムで、起業家チームと一緒に活動していた。

ゼルの起業家プログラムは、真のスタートアップ製造所だった。退職金貯蓄者向けサービスのポンテラ（旧フィーエックス）、フライト予約サービスのフェアフライ、自動車整備サービスのエンジー、オンライン確定申告サービスのフィボはすべて、このプログラムから生まれた。1学年間続くプログラムで、学生の標準的なカリキュラムと並行して行なわれる。とくに優秀な学生が20人ほど選ばれ、スタートアップの起業について学び、チームを組んで、在学中に会社を立ち上げる。

学年末には、真面目な学生が全力を傾ける時期がくる。スタートアップの旅に乗り出すために何をあきらめるか、問題解決への情熱が変化にともなうコストよりも大きいかを判断するのだ。

リファンディットの最初の失敗は、このプログラムの期間中に起こった。デジタルで税金を払い戻す新たな方法には、ヨーロッパ各国政府の承認が必要となるため、この旅は通常よりも長くなりそうだと気づいた。それがわかると、旅の入り口には、いつも以上に高い壁が立ちはだかった（変化にともなうコストが急激に大きくなった）。そこで、チームはこのアイデアを追い求めないことに決めた。私は2年間、この問題をそのままにしていた。だが、友人のジヴ・ティロシュが関心を抱いたことから、再びチャレンジしてみようと決意した。

ジヴはそれまで経営していたバイオ農業の会社を中国企業に売却したばかりだった。その会社は環境に優しい農薬を作る会社で、ジヴは税金の払い戻しについて何も知らなかった。実際のところ、彼はVAT（付加価値税）の払い戻しを一度も申請したことがなかった。

「そんなことができるとは知らなかった」と、彼は言った。「ヨーロッパに旅行してきた人に、どんな経験だったか聞いてみるといいよ」と、私は提案した。彼はそれを実行に移し、1週間後に私のところに戻ってきた。「数十人から話を聞いてきた。あまりにひどい話だから、信じられないと思うよ」と、彼は言った。「大丈夫、私は全部信じるよ！」。ジヴはベルギーへ行き、小さな店でサイクルトレーナー（自転車を固定してトレーニングできる器具）を購入し、税金の払い戻しに挑戦した。そして、私と同じところで挫折した。こうしてジヴは、問題に夢中になった。間もなくして、私たちはリファンディットをもう一度スタートさせ、ジヴはそのCEOとなった。

なぜ再びリファンディットを立ち上げようと思ったのか。それは、解決すべき問題が、大きな問題だったからだ。90％の人が税金を払い戻さず、ヨーロッパだけで毎年300億ユーロが取り逃されている。多くの旅行者が不満や無力さを感じていることは言うまでもない。ジヴのリーダーシップのもと、リファンディットは、インパクトを生み出し、成功へと向かう正しい道を邁進している。

ドヴ・モランは、イスラエルで最も偉大な起業家の1人だ。USBドライブを開発し、その後も数多くのスタートアップを立ち上げ、新たな事業に資金提供し、携わってきた。成功せずに終わったものは1つもない。間違いなく大物だ。彼にこうたずねたことがある。「どうすれば、あきらめるときがきたとわかりますか」。彼は少し考えてから、こう答えた。「そのときは来ない。起業家は決してあきらめない」。彼の言うことは正しい。だがもう1つ、別の考え方も伝えておこう。問題が消えてしまったら、そのときはあきらめよう。チームがうまくいかず、その状況を変える術が何もないときは、あきらめて、再スタートを切ろう。リファンディットが解決しようと思った問題はまだそこにあり、それは大きな問題で、ジヴのチームはうまくいっていた。

失敗は不名誉のしるしではない

大成功しながらも、メディアへの露出が嫌いなCEOの話をしよう（注目されるのが嫌なのだ）。あるとき、CEOはインタビューに応じることにした。軽く雑談を交わしたのち、インタビュアーはこう質問した。

「CEOとして大成功した理由は何ですか？」

「2つのワードで答えよう」とCEOは言った。「正しい決断（right decisions）」

インタビュアーは、すぐに次の質問に移った。

「そうですか。では、正しい決断の仕方は、どのように知ったのですか」
「1ワードで答えよう」CEOの答えはさらに短かった。「経験（experience）」
インタビュアーは最後の質問をした。「では、その経験はどのように得たのですか?」
「2ワードで答えよう」CEOはすでに答えを用意していた。「間違った決断（wrong decisions）」

なぜこの話が重要なのか。それは、**失敗への恐怖が、決断力を鈍らせる**からだ。失敗を恐れないことが重要な理由はそこにある。

IT業界では、失敗は不名誉のしるしではない。実際には、その逆だ。**二度目の起業家は、一度目に何があったかに関係なく、成功の可能性がずっと高くなる。つまり、経験が可能性を高める**のだ。

経験から学ぶことは大きい。それが重要だ。だから、失敗はあまり気にしない。気にするのは、失敗から何を学んだかだ。

経験と失敗は、企業全体で行なわれる。ウェイズのアルゴリズムがうまくいったのは、プログラムの各行に2年間の失敗が詰まっているからだ。つまりはこういうことだ。ウェイズがこれほど成功した理由の1つは、誰よりも早く渋滞を見つける能力にある。ウェイズでは、GPSトレースのデータをリアルタイムで収集するため、渋滞にはまっている車と、セブン－イレブンに停車している車の区別がつく。そのため、車1台をもとに渋滞を検知できる。

だが、この機能（車1台をもとに渋滞を検知する機能）を開発するのは本当に大変だった。さまざまな方法を試したが、どれもうまくいかなかった。

走行軌跡の違い（ガソリンスタンドに停車しているのか、渋滞にはまっているのか）に注目したが、うまくいかなかった。うまくいくよう願ったが、そのやり方では渋滞の発生場所を特定できなかった。

数台の車の動きを平均化してみたが、それもうまくいかなかった。どうすれば「1台の車」から渋滞が判断できるのか、わからなくなった。

ドライバーに渋滞中かとたずねてみた。役には立ったが、十分ではなかった。

データを標準化してみたが、うまくいかなかった。

判断の支援にほかのデータを使ってみたが、それもうまくいかなかった。

最終的には、うまくいかなかったことの積み重なりによってうまくいった。**失敗の旅をくぐり抜けると、何をすべきか決断できる。何がうまくいかないのか、とくになぜうまくいかないのかに気づけるからだ。**

失敗の旅をくぐり抜け、長い時間をかけて数多くの実験を行なったスタートアップは、自分たちがなぜそのやり方をするのかを正確に理解している。

ＰＭＦを見つけないスタートアップは確実に死ぬ

ＰＭＦを達成しなかったスタートアップの話を聞いたことがないのは、そうしたスタートアップは人知れず姿を消すからだ。達成したと思い込んでいる場合もあるかもしれないが、達成されていない。思い出してほしい。ＰＭＦを達成できたと判断できる基準はただ1つ、顧客維持率だ。喜んでお金を払ってくれる顧客がいたり、サードパーティとパートナーシップを結べたりするのはすばらしいが、顧客がついてきてくれず、プロダクトを使い続けてもらえなければ、スタートアップは死ぬ。
強い企業は次々とプロダクトを発表し、次々とプロダクトを終了させる。グーグルがよい例だ。これまでに終了してきたプロダクトは、ＳＮＳのグーグルプラス（Google＋）、求人管理ツールのグーグルハイヤー（Google Hire）、コミュニケーションツールのグーグルハングアウト（Google Hangouts）、写真管理ツールのピカサ（Picasa）、ＲＳＳリーダーのグーグルリーダー（Google Reader）、コラボレーションツールのグーグルウェイブ（Google Wave）などがある。そうした企業は常に実験を行ない、データにもとづいて意思決定している。

ＰＭＦを達成するのは難しい。グーグルのような大企業のほうが簡単だろう。旅を長く続けられる時間やリソース、市場への参入機会が豊富にあるからだ。さらに、大企業で新たなことに挑戦しようとするチームは、失敗の代償が小さい。「まだグーグル（もしくは、ほかの大手企業）で働いているよ」は、よく聞く話だ。

だが、ＰＭＦを達成しないスタートアップは確実に死ぬ。

ＰＭＦを達成できれば、離陸用の滑走路を走れる（それまでは地上を自力で走行している）。

ＰＭＦを達成する可能性を高める要素は、以下の４つだ。

- 早く失敗する。そうすれば、実験に使える時間・ランウェイが増える。
- ユーザーの声を聞く。
- 問題に集中する。
- 必要なときは厳しい決断をする。

準備が整う前にプロダクトを発表しよう

私が会う人はみんな、いつもプロダクトの準備をしている。アプリやソフトの準備には、あと半年かかると話す。そこで、私は「それは完全に間違っている。準備ができていなくても、今すぐプロダクトを発表すべきだ。そうすればずっと早く学べる」と伝える。**本物のユーザーから本物のフィードバックをもらわなければ、学びは得られないからだ。**

早い段階からフィードバックを使えれば、まったく異なるアプローチが取れる。自分が満足行くプロダクトを先に作って、それからフィードバックをもらうよりも、はるかに効果的だ。プロダクトが「完成」すると、変更をする気が失せてしまう。

さらに、プロダクトにたくさんお金を注ぎ込むと、解決策に恋してしまう危険が生じる。それは避けるべきだ！　ＰＭＦへの旅を前進させる唯一の方法は、ユーザーの声を聞くことだ。だが、解決策に恋をしてしまうと、ユーザーの声が聞こえなくなる。

実際のところ、**プロダクトを発表する一番のタイミングは、プロダクトの品質が恥ずかしいときだ。**フィードバックに屈辱を感じるくらい、ひどいプロダクトであるといい。それこそが早く学ぶ方法だ。最初から失敗のサイクルを速く回せる。

「でも、ひどいプロダクトを発表したら、ユーザーを失ってしまう！」と心配するかもしれない。

私はこう答える。「どのユーザー？　ユーザーはまだ1人もいない！」。存在しないユーザーをがっかりさせても問題はない。

数多くの実験を行ない、最終的にＰＭＦを達成すれば、ユーザーはやってくる。達成していないうちは、気にする必要はない。

最初のユーザーの役割は、あなたが進む道を照らすことだ。プロダクトが進むべき方向（と進むべきではない方向）を教えてくれる。最初のユーザーが、がっかりしたり、悲鳴を上げたり、解約したりしても問題ない。この時点でのユーザーの役割は、正しい方向を示すことなのだ。

プロダクトが必要十分なレベルに到達したら、ユーザーはそれまでの不満を忘れる。

先日、芝刈り機や電動ドリルなどのアイテムを近所で共有するサイトを立ち上げようと考えている起業家が、私のところにやってきた。

「ＡＩを使ってシステムを作る予定です」と、起業家は夢中で話した。

「いったんストップだ」と、私は答えた。「小さくはじめて、早く動いたほうがいい。まずは、アイテムを交換するワッツアップのグループを作って、フィードバックを聞こう。今の時点では、バックエンドのサーバーでプログラムを書く必要はない。プロダクトを作りはじめるのは、フィードバックを聞いてからだ」

起業家は私の意見を聞いて、地元でアイテムを交換するのに使うフェイスブックとワッツアップのグループを開始した。だが、このサービスはうまくいかないことがわかった。前提とする仮説が間違っていることが証明されたからだ。起業家は、狭いエリア内でアイテムを共有したい人の数がある程度必要だと考えていた。

実際には、重要なのはそこではなかった。よく使うアイテムは共有を嫌がられ、あまり使わないアイテムは十分な需要がないか、高価すぎて共有できなかった（水上バイクの要望があったが、誰も交換したいとは思わなかった）。

その結果、AIでシステムを作ってデモを行なうまでもなく、自分たちのすべきことがわかった……しかも、ごく初期の段階で（何年もかからず、数週間で）。前へ進む唯一の方法は、顧客の声を聞くことだ。

以前、コンピューター会社のデルの創業物語を聞いたことがある。ある製造工場でのミーティングで、CEOのマイケル・デルは従業員にたずねた。「この会社はこれから何をしていくのか？」

従業員の1人がホワイトボードにこう書いた。「当社が行なう2つのこと。①コンピューターを開発する。②コンピューターを売る」

マイケルはホワイトボードに近づき、しばらく眺め、①と②の順番を入れ換えた。「この2つを行なうことに変わりはない」と、彼は言った。「だが、まずはコンピューターを売って、開発するのはそれからだ」

早く失敗するマインドセットを持っていれば、すべてのアイデアは検証すべき仮説となる。実際、自分が取り組みたい問題について検討する最初のステップは、その問題が一般的かどうか、そして、「サンプルの1つ」である自分だけの認識ではなく、問題に対する他人（潜在的なユーザーや顧客）の認識を理解できるかどうかを確認することだ。

最初から開発に乗り出すよりも、まずはソフトウェアの模擬実験をしよう。手動でバックエンドの作業を行ない、バリュープロポジションとユーザーのフィードバックをテストしよう。

郵便局で荷物を受け取る列に並ばずにすむアプリであるミゴをスタートさせたときには、最も応急的な方法で対応した。つまり、何も開発しなかった。プログラムは1行も書いていない。アプリも、バックエンドサーバーも、インフラも何もなかった。

郵便局から受け取った紙と顧客の身分証明書をスキャンするアプリを開発する代わりに、ワッツアップのグループを作成し、フェイスブックでそれを宣伝した。受け取りたい荷物があったら、ワッツアップで連絡する。すべてを手作業で行なったおかげで、市場の需要がすばやく判断できた。

ソフトウェアで自動的に処理するのではなく、書かれた内容を誰かが読んで、手作業で受け取りスケジュールを組んでいたとしても、基本的にユーザーは気づかない。正直に言おう。ユーザーは気にしない。

フィーエックス（２０２２年に社名をポンテラに変更）を立ち上げたとき、計画としては、アップロードされた書類をＯＣＲ（光学文字認識）ソフトで文字に変換する予定だった。だが、コンセプトをテストするために、急いでウェブサイトを準備して、ＯＣＲの部分はすべて手作業で行なった。書類がオフィスに届くと、誰かが画像データを実際に読み取って、内容を書き出していた。

リファンディットも同様だった。ＯＣＲ機能の開発を検討するずっと以前には、文字を読み取り、手作業で入力してデータにしていた。このアプローチは、スタートアップの旅のほかの行程、例えば、市場進出や、成長、事業開発でもまったく同じだ。本章ではＰＭＦについての例を主に紹介しているが、旅のほかの部分でもすべて同様だ。

市場進出やユーザー獲得の計画でよく見られるのは、1行だけの箇条書きだ。例えば、「ＰＲをする」、「グーグル広告を使う」、「30～40代のＸやＹの学位を持つ女性がターゲットなので、フェイスブックを使う」といった具合だ。

どれもよいアイデアだろう。でも、**アイデアがうまくいかないとわかったら、すぐに次の挑**

戦に移れるよう、もっとたくさんのアイデアを書き連ねておく必要がある。事業開発でも同じだ。事業開発でたくさんの顧客（やユーザー）を獲得しようと思ったら、うまくいく方法が見つかるまで、数多くの（あなたが考えるよりずっと多くの）アイデアを試す必要がある。

公共交通乗り換え案内アプリのムービットでは、アプリの宣伝に向けて事業開発パートナーを探していた。最適なパートナーは、バスの運行会社だろうと考えていた。クチコミや有料ユーザーの獲得が効果的なことはわかっていたが、それ以外の成長エンジンを探していた。

イスラエルのバス運行会社であるメトロポラインと契約し、すべてのバスの座席の後ろに広告を掲載した。午前9時、広告が「開始」されたところで、運用管理者に電話をかけた。

「ここまではどんな様子だ？　ユーザーは増えたか？」

「今のところ変化はない」と、彼は答えた。「数週間、様子を見よう」

「いや」と、私はすぐに言い返した。「今日、動きが見られなければ、効果はないだろう。変化が起こるなら、すぐにわかるはずだ。待つ必要はない。どれだけ熱心に取り組んでも、どれだけ手間をかけても、うまくいかないなら、中止すべきだ」

ＰＭＦの例とはかなり異なって見えるが、果たしてそうだろうか。ここでも重要なのは、早く失敗することだ。それまでにどれだけ労力を注ぎ込んだとしても、結果は明らかだと理解することが重要だ。アプリの新バージョンでも、新たなキャンペーンでも、何より重要なのは、次の実験に移る準備を常にしておくことだ。

実験を行なうと、失敗の旅の各行程が経験できる。前提とする仮説が正しいかどうかがテストできる。プログラムを書く前に情報を集めれば、開発期間を丸1年節約できる。資金調達ができていてもいなくても、小さくはないメリットとなる。

ロードマップ：早く失敗する！

失敗は当たり前で、不可避で、探求すべきものだとわかったら、その現実を最大限に活用する一番の方法は、早く失敗することだ。

そうすれば、失敗してもあきらめず、再び挑戦できる。開発サイクルの合計回数を増やし、その結果、成功の可能性を増やせる唯一の方法だ。

ロードマップとは、うまくいくものが見つかるまで繰り返す、実験のリストだ。

市場進出計画も、ユーザー獲得計画も、海外展開へのビジョンもすべて、それぞれがうまくいくまでの実験だ。

20の異なる機能を考えているなら、実験を20回行なう必要がある。ただし、うまくいくものが見つかったら、その時点でストップする。

起業家は、プロダクトやアプリにはたくさんの機能が必要だと考えがちだ。だがそれは話が逆だ。機能を追加すればするほど、複雑さは増す。

「必要十分」の最大の敵は「完璧」

失敗の旅には、どのくらいの時間をかけるべきか。答えは、「何年も」だ。やり方がまずいわけではない。**スタートアップの成功には、運と正しい実験という2つの要素が関連する**からだ。もちろん、最初の挑戦でうまくいけば、もっと早く動ける。運はいつでも助けてくれる。

フランスの哲学者ヴォルテールはかつて、「完璧は善の敵」と言った。

スタートアップの世界に向けて少し言い換えるなら、**「完璧は『必要十分』の敵」**だ。**「必要十分」は、市場で勝つには十分なことが多い。**

必要十分な商品が市場にあると想像してみよう。プロダクトは実際に使われ、顧客は戻ってくる。さて、あなたがそれよりもよいプロダクト、つまり完璧なプロダクトを作っているとしよう。一番の課題は、乗り換えてもらうことだ。今使っているものが十分なら、ほとんどの人は乗り換えない。

俊敏性（アジリティ）は、社内の誰もが持つべきマインドセットだ。研究開発やプロダクト開発チームだけに限らない。

常に新たなことに挑戦し、それと同時に、失敗に備えることが必要だ。それは個人にも企業にも言える。起業家として最も重要な心構えは、非常にシンプルだ。つまり、**「これを試してみて、うまくいくか様子をみよう」**である。

なぜイスラエルは人口あたりの起業家数が多いか？

失敗への恐怖は文化的なものでもある。失敗が許容されない国では、国民1人あたりの起業家数がほかの国より少ない。例えば、失敗が許されるイスラエルでは、国民約1400人に対して1社のスタートアップがあるが、ヨーロッパでは2万人に1社だ。シリコンバレーも失敗への恐怖が小さく、人口あたりの起業家数が多い。

失敗への恐怖が大きな文化では、すすんで挑戦する人が少ない。だが、失敗への恐怖が小さな文化では、すすんで挑戦する人の数が増える。

計算式はとてもシンプルだ。**失敗への恐怖と変化にともなうコストを足したものより情熱が大きければ、人は起業家への道を選ぶ。**

私が育った家では、父にアイデアの話をすると、それがどんなに途方もないアイデアだったとしても、「試しにやってみようか？」と言われた。うまくいかなくても、白黒つけることはなく、ただ「何を学んだ？」と聞かれる。そうした環境で育ったことで、失敗への恐怖は薄らいだが、それだけではなかった。それにより自信が高まり、自分を信頼する力がついた。これを実践するにあたり、忘れてはいけないこと。それは、決して白黒つけないことだ。

もちろん、それだけが起業家を作るわけではない。必要なものはほかにもある――好奇心、知性、何事も当たり前と考えない態度、そしておそらく問題児であることだ（私は高校時代、教師に嫌われていた。授業から追い出された回数は、サボった回数に次いで多かった）。

繰り返す。失敗を恐れることは、すでに失敗なのだ。その旅はそれ以上続かないからだ。スタートアップの起業でも、それ以外のことでも、同じことが言える。

私は起業家向けにさまざまな講演会やイベントで話をする。ラテンアメリカでは3～4回、こうたずねられた。「どうしたらスタートアップ国家イスラエルのように、人口あたりのスタートアップの数を増やせますか？」

「何をすべきか」は比較的簡単だが、まず理解すべきなのは、10～20年はかかることと、行動や決断に忍耐を要することだ。結局は、失敗への恐怖を和らげる文化的な変化を体系的に見直すことになる。そのためには、起業家を後押しする公共的、規制的、社会的な取り組みが必要となる。
例えば、次のような取り組みが行なわれるべきである。

- 起業家が必要とする規制作りを行なう。アメリカの投資家がテルアビブのスタートアップに投資しても、投資家にはイスラエルで税金がかからない。だが、ブラジルのスタートアップに投資すると、ブラジルでは税金を払う必要がある。さらにひどいことに、失敗すると投資家が責任を負わされる恐れもある。
- メディアは起業家精神を称えるべきである。起業家は世界を変えようとする真の英雄であることを伝えなければならない。誰が成功したかではなく、誰が挑戦したかを伝えるべきだ。
- 起業家を導くメンターシッププログラムを導入する。
- 起業家を支援する国家・政府系・公共ファンドを作り、例えば、新たなスタートアップへの1対1のドルでの投資リスクを分担するため、スタートアップが資金調達できたら、政府がマッチングファンド（民間ＶＣが投資した残りの資金を政府が提供する）を提供し、結果として投資家により有利なエコシステムを作る。
- エンジニアになる人を増やす。若者がエンジニアリングを学ぶことを推奨する。それと同時に、エンジニア移民が地元のＩＴ企業で働くことを許可する。

計算式を思い出そう。起業家が起業の旅に踏み出すのは、失敗への恐怖と変化にともなうコストの合計よりも、情熱が大きくなったときだ。

失敗に関して言えば、スタートアップは大企業や行政機関とは、まったく異なる組織体だ。

行政機関では、変化を生み出さなくても解雇されない。それどころか、新たなことに挑戦して失敗すれば、クビになるかもしれない。

一方、起業家は毎回同じ熱意を胸に、今度はうまくいくと信じて、新たな取り組みに挑戦する。それまでに何度挑戦し失敗していようとも、今度はうまくいくと確信している。

その**情熱、熱意、そして、今度こそはと思い込む力こそが、失敗の旅の原動力だ。その信条がスタートアップの本質**だ。

どの実験をいつ行なえばよいかについては、次の章でも見ていくとおり、常にPMFを見つけることからはじまる。そこから、成長、スケール、ビジネスモデルを追加していく。

失敗に備えること、そして、早く失敗することは、ビジネスを立ち上げるときに習得すべき、最も重要な考え方だ。例えば、仮説の10％しかうまくいかないとしよう。最終的に1つが成功すれば、それで十分だ。マインドセットを変化させるのだ。

失敗は人ではなく出来事である

何かを計画して、それがうまくいかなかったとしよう。「誰の責任だ」と問いただせば、責めるべき人を探すことになる。そのアプローチでは、失敗の旅は前に進まず、さらなる実験にも乗り出せない。その代わり、「何が起こり、そこから何を学んだか？」と問えば、会社のDNAはまったく異なるものになる。

誰の責任かを問いただせば、失敗を恐れるDNAが生まれる。新たなことに挑戦して失敗したら、自分が責任を負わされるのだと、そこにいる誰もが感じ取る。

実際には、その逆であるべきだ。つまり、挑戦者こそが勝利する。**失敗の旅が会社のＤＮＡに組み込まれたら、会社では誰かが常に「新しいアイデアがあるんだ。試してみよう」と声を上げる。**

それこそが起業家の求めるべき行動だ。新たなアイデアに耳を傾け、最終的には、そのアイデアを実践するようにチームのメンバーを促そう。たとえそれが——とくにそれが、失敗するアイデアなら。何より重要なのは、誰かが新しい何かに挑戦しようと決意することだ。

成功を祝おう

長い失敗の旅では、祝うことが重要だ。たとえ小さくても、成功を常に祝おう。最初の従業員、最初のユーザー、最初のバージョン、最初のオフィス、何もかもの最初を祝おう。それに続いて、10人目の従業員、10人目のユーザー、１００人目のユーザー、１０００人目のユーザーと、次々に祝うことができる。

さらに重要なのは、ネガティブに思える出来事も祝うことだ。例えば、特許権侵害で訴えられたとする。それは、あなたが影響力を持ちはじめたことを誰かが気にしている証拠である。単なる「ネガティブ」な特許訴訟ではない。むしろ、あなたが正しい道を進んでいるので、誰かがその動きを止めなければと考えたのだ。

もう１つの祝うべき例は、負荷がかかってシステムがダウンし、ユーザーが悲鳴を上げたときだ。つまり、あなたにはユーザーがいて、あなたのシステムはユーザーにとって重要なのだ。最も祝うべきなのは、自分がしたことに、ありがとうと言われたときだ。自分がもたらしたメリットに感謝されたら、あなたは自分が価値を生み出したのだとわかる。役立つものが作れた証になる。

サファリの時間

スタートアップに早く失敗するDNAを組み込むことは、非常に重要だ。おそらく次の物語が役立つだろう。

あるとき、2人のイスラエル人がアフリカのサファリに出かけた。サファリでは、野生動物から身を守るため、夜はロッジで過ごすものだ。

だが、その2人は自信に満ちていた。軍の戦闘部隊で3年間を過ごしたあとでは、ロッジは生ぬるく思えた。守られた場所にある快適なベッドで眠っても、アドレナリンは放出しない。

そこで2人はテントを張り、ロッジの外で夜を過ごすことにした。

すると案の定、真夜中にライオンのうなり声で目を覚ました。おそらく近くにいる。外で寝るのは大間違いだったと気がついた。

テントからロッジまでは、わずか数百メートルほどだった。

「ロッジまで走るか？」と1人が言った。

「いい考えだ」もう1人が答え、スニーカーを履きはじめた。

「本気か？」と最初の男が言った。「ライオンより速く走れると思うのか？」

もう1人の男が答えた。「いやいや、そうじゃない。俺はお前より速く走ればいいだけだ」

早く失敗するとは、市場より早く、競合より早く、誰よりも（あるいは何よりも）早く失敗することだ。

「早く失敗する」アプローチで重要なのは、どの理論や実験がうまくいくかではない。実験の回数を重ね、その結果、成功の可能性を高めること（その結果として、うまくいくものが見つかる）が重要なのだ。

アルバート・アインシュタインの言葉を思い出そう（とても重要なので、ここでも繰り返したい）。「一度も失敗したことがない人は、新しいことに挑戦したことがない人だ」

裏を返そう。新しいことに挑戦すれば失敗する。それでいい。

第2章まとめ

- 失敗を恐れる時点で、すでに失敗だ。挑戦することに失敗しているからだ。それではコンフォートゾーンに留まりすぎている。個人にも、企業にも、国家にさえも言えることだ。
- 早く失敗しよう。それこそが成功の可能性を高める方法だ。早く失敗するほど、同じ予算と時間内で実験できる回数は増える。失敗の旅は何年も続く。
- ロードマップやマーケティングプランなど、すべてはうまくいくものが見つかるまで繰り返す一連の実験だ。うまくいかなければ、次の実験へ進もう。
- 失敗は出来事で、人ではない。組織が失敗を受け入れ、次の実験に向けてすばやく回復できる、唯一の思考法だ。
- 二度目の起業家は、一度目よりもはるかに成功の可能性が高い。案内人やメンターとして、スタートアップの起業経験者に意見を聞こう。

第3章　創造的破壊を受け入れる

iPhoneが大きな市場シェアを獲得するチャンスはない。
――2007年、マイクロソフトCEO、スティーブ・バルマー

2007年、マイクロソフトのCEOスティーブ・バルマーは、初めてiPhoneを手にした。いつものわめき立てるスタイルで、マイクロソフトが発売する予定のプロダクトと比較して、アップルの新プロダクトをこきおろした。iPhoneには「チャンスがない」とバルマーは言った。「500ドルの販売助成金付きアイテムだ。たくさん儲かるだろう。だが、13億台の携帯端末市場のうちの60%、70%、80%には、(マイクロソフトの)ソフトウェアを搭載したい。アップルが獲得するのは、2%か3%だろう」

バルマーの虚勢は、真に破壊的なものが登場したときによく見られるものだ。最初はたいしたものではないと一蹴されるが、次第に一蹴した側の市場シェアが侵食されていく。

マイクロソフトのもう1人の元CEO、ビル・ゲイツはこう言っている。「私たちは遠い未来を過小評価し、近い未来を過大評価する」

その理由はシンプルだ。遠い未来がやってくるまでには、想像をはるかに超える革新が起こるからだ。想像できるほどの変革なら、自分で起こしているはずだ。

創造的破壊者（ディスラプター）が歩む道のりは常に同じだ。最初は笑われ、次は邪険にされ、それから勝利する。

必ず勝利するとは限らないが、挑戦しなければ勝利への道は開けない。

本章では創造的破壊（ディスラプション）の全体像――つまり、スタートアップが成功すると市場はどのように変化するか、スタートアップの影響力はどれほどの大きさになるかを説明する。創造的破壊が（変革を見越していなかった）イノベーターや既存企業の目にどう映るのか、創造的破壊とはいったい何かを見ていこう。創造的破壊について最も重要なのは、テクノロジーではないことだ。**創造的破壊とは、行動の変化やそれにともなう市場の均衡の変化のことである。**

破壊者の重要性を見誤った最たる例は、2000年に駆け出しのスタートアップだったネットフリックスが、ビデオ業界の巨人であるブロックバスターにアプローチしたときのことだ。当時、ブロックバスターの店舗は至るところにあり、店舗数は現在のスターバックスを超えていた。一方、ネットフリックスは創業わずか2年目で、その年だけで5700万ドルの損失が出る見通しだった。

ネットフリックスのCEO、リード・ヘイスティングスは、決して断られないと確信を持って、ネットフリックスの5000万ドルでの買収を、ブロックバスターのCEO、ジョン・アンティオコに持ちかけた。買収後にはネットフリックスのチームがオンラインビデオレンタル部門のブロックバスター・ドットコムを立ち上げて運営すると提案した。アンティオコは、ヘイスティングスの話を断った。「ネットフリックスはきわめて狭いニッチ産業だ」と断言した。ブロックバスターの経営会議では、「彼らに何ができようとも、私たちのほうがすぐれたことができる」との発言で議論が終わった。ここから先はご存じのとおりだ。

ネットフリックスは２００２年に上場した。２０１０年、ブロックバスターは倒産した。その後の10年で、ネットフリックスは動画配信の代名詞となっただけでなく、本格的な映画スタジオを建設し、２０２１年の時価総額は２５００億ドルと、ブロックバスターの最高額の約40倍を記録した。

自分たちの市場を破壊したことを考えると、ネットフリックスの物語はやや例外的だ。創業当初、ネットフリックスはレンタルＤＶＤを郵送していた。基本的には郵便システムをうまく活用していた——郵便局は24時間以内に荷物を配送し、郵送料は定額制に含まれていた。配信のモデルを採用し、料金はさらに手ごろになったのだ。

さらに、コダックの物語もある。

コダックの24歳のエンジニア、スティーブン・サッソンは、１９７３年にデジタルカメラのコンセプトを思いついた。経営陣にそれを見せると、ＣＥＯのウォルター・ファロンは、「すばらしい。だが、誰にも言うな」と言った。サッソンが開発したフィルムのいらないテクノロジーが、コダックの主要事業を破壊する可能性を持つことに、ファロンは気づいていたのだろうか。コダックの経営陣が保守的な態度を取り、サッソンの発明品の欠点ばかりに目を向けたことを考えると、気づいていたのかもしれない。カメラはあまりに重く、解像度は低く、１枚の写真を処理するのに時間がかかりすぎた。だが、口封じをしても、革新は止められない。コダックはデジタルカメラ技術の特許を取得していたが、２００７年に期限が切れた。コダックは何年も特許を抑えつけていた。「われわれは紙と薬品の業界にいる」と同社は繰り返した。「コダックの主要事業にデジタルカメラはまったく関係ない」。コダックはより機敏な競合に出し抜かれた。その後、スマートフォンがその競合さえも破壊した。コダックは２０１２年に経営破綻した。

グーグルは創業当初、資金調達に苦労していた。共同創業者のセルゲイ・ブリンとラリー・ペイジは、スタンフォード大学に戻って学業を続けたかった。

１９９８年、彼らはヤフーにアプローチし、グーグルのページランク（検索エンジンに用いられる中心的なアルゴリズム）を買収してほしいと依頼した。たった２００万ドルで。20億ドルではない。2兆ドルでもない。２００万ドルだ。

ヤフーはノーと言った。しかも2回。

2回目は２００２年で、買収額はその時点で50億ドルにまで跳ね上がっていた。

ヤフーの理由はこうだ。ヤフーはグーグルのように、検索エンジンからサードパーティのサイトにトラフィックを誘導したくなかった。ユーザーをヤフーにとどめておきたかった。サードパーティが支払う広告収入の重要性にヤフーが気づいたときには、ときすでに遅しだった。

ヤフーはグーグルを倒そうと、別の検索エンジン、インクトミを買収したが、功を奏することはなく、最終的にベライゾンに買収され、傘下のＡＯＬネット事業に統合された。買収額は44億８０００万ドルだった。

その後の結果を今考えると、どれも大きな間違いだったと言いたくなるだろう。だが、イエスと答えていたら何が起こったかはわからない。私たちはすべて同じままだと思い込んでいる

破壊された視点

ブロックバスター、ネットフリックス	「ネットフリックスはきわめて狭いニッチ産業だ」 **ブロックバスターCEO、2000年**
マイクロソフト、iPhone	「iPhoneが大きな市場シェアを獲得するチャンスはない」 **マイクロソフトCEO、2007年**
コダック、デジタルカメラ	「すばらしい――だが、誰にも言うな」 **コダックCEO**
ヤフー、グーグル	200万ドルでの買収を断る

が、必ずしもそうとは限らない。

グーグルが2013年にウェイズを11億5000万ドルで買収したあと、同じことを聞かれた。正しい決断だったかと何度もたずねられた。数年後に売却すれば、もっと価値が上がっていたのではないか。私の答えは常にシンプルだ。**決断には2種類しかない。正しい決断をするか、決断をしないかだ。決断して道を選んだら、選ばなかった道の先に何があるかは、誰にもわからない。**

ウェイズは現在、3億ドル以上の売上高で、ユーザーは世界中に約10億人いる。1000万ドルの売上高で、5500万人のユーザーだった2013年よりも、価値は上がっているだろうか。もちろん、上がっているだろうが、あの決断がなかったら、ウェイズが今の姿になっているかはわからない。

そのため、ヤフーが200万ドルで（あるいは数年後に50億ドルで）グーグルを買収していたらと考える代わりに、「ヤフーのリーダーシップやビジョンのもとで、グーグルは今の姿になっていたか」と考えてみよう。

その答えはわからない。つまり、決断についての考えが正しいか間違っているかはどうでもいい。正しい決断をするか、決断をしないか、2つに1つだ。選ばなかった道で何が起こるかは、予測がつかないからだ。

創造的破壊とは何か?

破壊的テクノロジーはいつでも話題になる。これまでになかったものを作り出し、市場リーダーを押しのけるのは、テクノロジーだと思われがちだ。

だが、創造的破壊はテクノロジーとはほとんど関係ない。創造的破壊とは、行動や市場の均衡の変化のことであり、すなわち、ビジネスのやり方の変化である。

Gメールについて考えてみよう。グーグルがメールサービスを開始するまで、インターネット上にメールボックスを持つにはお金がかかった。インターネットにアクセスするためにISP(インターネットサービスプロバイダー)に毎月の料金を支払い、メールアドレスを作るには、さらに毎月の料金が上乗せされる。グーグルがGメールを立ち上げたとき、最初は十分ではなかったが、何度か開発を繰り返し、必要十分なレベルになった。しかも無料だった。必要十分なプロダクトが、さらに無料だと、そのプロダクトに勝てる者はいない。

私の初めてのメールアドレスはヤフーだった。その後、グーグルがGメールを立ち上げたので、Gメールも同じアドレスで登録した。

私がこんな話をするのには理由がある。

創造的破壊

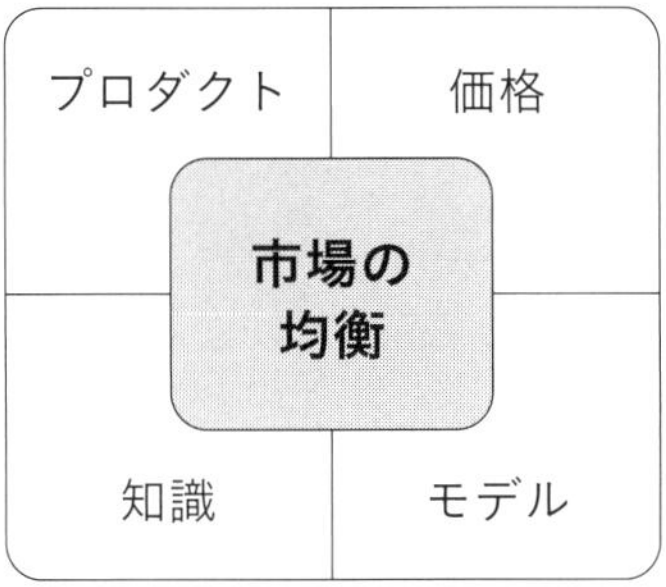

ヤフーのメールアドレスを作ったのは、おそらく1995年ごろだったが、今から数年前に、メールアドレスを教えてほしいと頼まれたことがあった。私がヤフーのアドレスを教えると、その人は私をじっと見てこう言った。「今でもヤフーのアドレスを使っている人は2人しか知らない。あなたと……私の祖母だ」

グーグルはメールでもヤフーを破壊した。創造的破壊を引き起こすのは、新たなプロダクト（新たなテクノロジーから生まれたプロダクト）や、新たなビジネスモデル（電動キックボードのシェアリング事業者であるウィンド、バード、ライムなどのサービスにより、自分で電動キックボードを購入する必要がなくなった例）、そしてGメールの事例のような、新たな価格が提供されたときだ。

Gメールだけの話ではない。ウーバーはタクシー業界を破壊した。ウーバーの背景にはすぐれたテクノロジーがあるのだろうか。そんなことはない。ただ単に、それまで活用されていなかった知識を世に出しただけだ。ウーバーの場合、その知識は需要と供給、つまり、誰がどこへ行きたいか、どのドライバーがどのエリアにいるのかである。

ウーバーが提供したこの透明性は、顧客よりドライバーに重要だった。顧客は車がどこにいるかを正確に知る必要はなく、ただ5分後に乗車できるとわかればいい。だがドライバーは、顧客が見つかるまで走り回って時間を無駄にするよりも、確実に乗る顧客の位置を特定できることが重要だ。

エアビーアンドビーはホテル業界に混乱をもたらした。数えきれないほどのエアビーアンドビーの物件が市場にあふれ、ホテルは低い価格と競争しようと慌てふためき、アメニティを増やしたり、食べ放題の朝食に力を入れたりしている。ウーバーと同じく、エアビーアンドビーにも急進的なテクノロジーは使われていない。需要と供給に透明性を与え、よりシンプルな取引の場を創造しただけだ。

iPhoneの創造的破壊はデバイスそのものではなかった。もちろんデバイスもすばらしいが、本当の破壊はそのエコシステム（生態系）、つまり、アップストアとその開発者コミュニティ、そしてストアでの決済にあった。その原型はiPhoneより前のiPodからはじまっていた。iPodでは、お金を払って1曲から音楽をダウンロードできた。

これまでに3つの主要な創造的破壊、つまり、無料（Gメール）、マーケットプレイス（ウーバー、エアビーアンドビー）、エコシステム（アップル）を見てきた。ほかにもカテゴリーはいくつかあるが、結局はどの企業も、既存市場の何十倍も大きな市場を作り出した。

問題児としての起業家

創造的破壊者は常に新参者だ。失うものが何もないので、より多くのリスクを取る。**既存企**

業、なかでも市場リーダーが創造的破壊をしないのは、失うものが多すぎるからだ。

だが本当の理由はほかにもある。何かを破壊するには、今していることが間違っていると、自分で認める必要がある。それは個人でも難しい。企業ならどれほど難しいか、想像してほしい。たいていは不可能だ。自分が間違っているとは誰も認めたくない。破壊的なアイデアが提案されたら、経営陣は反射的に「それはうまくいかない」と言う。それは創造的破壊に対する「DNA的な制約」であり、失うものの多さが革新を制限しているのではない。

創造的破壊を企業の内側から起こすのは難しい。既存企業にできるのは、自分たちのいる市場を破壊する新たな組織やスタートアップに投資することだけだ。

起業家はたいてい問題児だ。すべての常識を疑ってかかる。「真面目な社員」ではない。コダックのエンジニア、スティーブン・サッソンは、最初のデジタルカメラの開発へとつながったプロジェクトについて、「私がほかのことでトラブルを起こさないよう作られたプロジェクトにすぎなかった」とコメントしている。

問題児は大企業のDNAになじめないことが多く、たいていはそのまま去ってしまう。何かに挑戦したくて去る場合もあれば、単に厄介払いされる場合もある。

私は勤めた企業をことごとくクビになった。最終的にはいつも、私には自分が望むやり方があって（私は明らかに正しいと思っている）、企業には企業のやり方がある。そして、「これはこういうものなんだ」と言われることになり、私は「それはおかしいから違う方法でやるべきだ」と言い返す。それが終わりのはじまりとなる。

最も長く勤めたのは、通信関連のソフトウェアやソリューションを扱うコンバース・テクノロジーだったが、11年勤めた末にクビになった。しばらく経ったころ、役員の1人から連絡があった。

「社内でも有数の創造性の持ち主を手放すなんて、いったい何があったんだ」

私は答えた。「手放されたんじゃない。クビにされたんだ！」

会社が成長していたころは、そこに私の居場所があり、会社は問題児の相手ができた。だが、会社が成長を止めたとたん、私のような問題児の居場所はなくなった。

私の祖父は生涯にわたり1つの仕事をし続けた。今では、多くの人が次々と仕事を変える。コンバースでの11年間は、私のこれまでのキャリアで最長だが、おそらく今後も最長のままだろう。企業は問題児を追い出す方法を探し出す。一般的には、犠牲者、悲劇のヒロイン、反逆者の3種類の人が追い出される。ただし、たいていのスタートアップは反逆者の手によって生まれるのだ。

より大きな市場

幸いなのは、創造的破壊を「市場の均衡の変化」と定義できることだ。そう定義することで、新たな市場はそれまでの市場よりもはるかに大きくすぐれたものとなる。そうでなければ、均衡は変化しない。それが創造的破壊のすばらしいところだ。つまり、**創造的破壊によって脅威よりもチャンスのほうがずっと増える**。

ウーバーがオンデマンド型のモビリティビジネスに創造的破壊をもたらしたのち、市場は10倍に成長した。10倍になった市場には、ウーバーのほかに、リフト（Lyft）、中国のディディ（DiDi）、東南アジアのグラブ（Grab）、ヨーロッパのキャビファイ（Cabify）、ラテンアメリカの99タクシー（99 Taxi）が参入している。そして現在、メダリオン・タクシー（通常のタクシーサービス）の乗車数は、ウーバー以前の3倍となった。世界中のタクシー会社がウーバーの市場参入に抵抗しようとしたが、実際には通常のタクシーは脅威よりもチャンスが増えたのだ。

オンラインでの旅行チケットの販売も、同様の方向へ向かった。旅行代理店は混乱した。以前なら、「こちらがチケットです」と言うだけでよかった。価格が比較されることもなかった。インターネットが普及する前には、比較する術がなかった。今ならそれができる。

透明性は、おそらくほかの何よりも、創造的破壊を生み出す。情報は誰もが入手できる。最初は収益性が下がる不安があるだろうが、透明性はそれまでよりも大きく、はるかに需要の高い市場を生み出すことが多い。

情報が欠けた市場

ただ単に創造的破壊を必要とする市場もある。そうした市場は、情報が欠ける傾向にあり、非対称性があり、意味のない規制に悩まされている。

自分が支払う金額や、何の料金を支払っているのか不明な部分について考えてみよう。アメリカの医療サービスは、ドイツより約5倍高額だ。アメリカの医療のほうがすぐれているわけではない。単に金額が高いのだ。間違いなく、これは創造的破壊が必要な業界だ。

地図や位置情報のサービスを提供するオランダの企業トムトムのハロルド・ゴダインCEOは、かつて私にこう言った。「創造的破壊は、起こるべくして起こる。重要なのは、あなたが市場とともに破壊されるか、新たに拡大した市場を享受するかだ」

ゴダインがそう言ったのは、ウェイズの創業初期、私がマッピングとナビゲーションの会社のCEOである彼に、交換条件の取引を持ちかけたときだった。2010年時点での私のオファーはとてもシンプルだった。彼はラテンアメリカの地図を要求した。「いいでしょう」と私は言った。「私たちに足りないアメリカとヨーロッパの地図を提供してくれるなら、ラテンアメリカの地図を提供しましょう」。CEOはしばらく思案したのち、「いや、私たちのアメリカとヨーロッパの地図は、あなたのラテンアメリカの地図より、はるかに価値が高い」と言った。私はこう答えた。「おっしゃるとおり、私たちにはアメリカとヨーロッパのほうがはるかに重要だ。だが、あなたはどうでしょう。交換しなければ、ラテンアメリカ全体を失うことになる」

2回目の交渉は2012年に行なわれた。ウェイズはそれまでに、アメリカとヨーロッパで大きな支持を得ていたが、トムトムはアメリカでの最大の顧客、グーグルを失っていた。トムトムは渋滞情報を要求した。

「わかりました。地図を提供してくれたら、渋滞情報を提供しましょう」と私は言った。私はさらに付け加えた。「私たちが渋滞情報を改善できるよう、リアルタイムでのGPSトレースを提供してくれたら、地図業界での重要性を保てるよう、地図のアップデートも提供しましょう」と、私は持ちかけた。トムトムはまたしても思案したのち、再びノーと答えた。「あなたのフリーマップに地図を提供したら、私たちは自分たちの市場を破壊することになる」とCEOは言った。「あなたの消費者市場はすでに存在しない」と私は答えた。「今では無料のグーグルマップとウェイズがある。無料ではないあなたの消費者向けアプリは、どの道消える運命だ」。「わかっている」と、CEOは私の考えを渋々認めた。「だが、息の根を止めるのは私たちではない」

　市場の変化は明らかだった。ウェイズがどのように機能するかに気づいたとたん、より多くのユーザーがよりよいデータを作成し、よりよいデータがさらにユーザーをつなぎとめる好循環が生まれることが明確になった。重要な問題は、どうすればより多くのよりよいデータを投入して、その勢いを加速できるかだった。

　ウェイズは自ら地図を作成するが、それには時間がかかる。既存の地図に頼り、それを最新の状態に更新して維持することができれば、より早く行動できる。そのため、私たちは重要な事業開発の一環として、小規模な現地の地図製作会社と交渉を重ねてきた。ラテンアメリカで自動車テクノロジー企業のロケーションワールドとパートナーシップを組んだのも、そうした流れの1つだった。

　毎回同じ話をした。ウェイズがどのように機能するか、いかに情報をクラウドソーシングして地図を作成するかを説明し、それから提案に入った。

「地図を提供してもらえませんか。その代わり、定期的にアップデートした地図を提供し、地図と渋滞情報を販売した利益を分配します」

　このアプローチを使うのは、ウェイズの地図が必要十分なレベルに至っていない地域だ。結局のところ、すでに必要十分なレベルなら、わざわざ地図を提供してもらう必要はない。

　最初の反応はたいがい同じだった。返事はノー。相手には強みがあり、こちらにはない。システムにも実績はない。

「そのとおりです」と私は言った。「私たちの地図は、エクアドルでも、ラトビアでも、チリでも、コロンビアでも、イスラエルでも、イタリアでも、マレーシアでも、その他数えきれないほど多くの国で、最初は必要十分ではありませんでした。ですが、今では必要十分になりました。この地域でも、必要十分になります。そうなってしまえば、このオファーはもはや意味をなしません」。説得材料はほかにもあった。

「地図制作に多大なリソースを注ぎ込める大手企業（ノキアやトムトム）、とくにグーグルには、今後対抗できなくなります。地図を最新に保つことに関しては、私たちに将来性があります」

それでも話がつかなければ、最後の手段に出る。

「道は2つです。私の主張が正しくて、ウェイズがこの地域で成功するなら、あなたが生き残るためにはウェイズに協力するしかありません。私の主張が間違っていて、ウェイズがこの地域で失敗したら、そのときはどちらにしても（大手企業が市場を支配するので）関係ありません。打つ手をみすみす見逃しながら、市場で力を失ってもいいのですか？」

最終的には、インドやブラジル、ほかのラテンアメリカの国々やヨーロッパで、多くの企業がデータ提供のパートナーとなった。さらに、たくさんの車両管理会社とも契約した。そのときの交換条件は、「GPSデータを提供してくれたら、お返しに渋滞情報を提供する」だった。それがうまくいかなくても、生データを販売してくれることもあった。生データは変換すれば非常に貴重な渋滞情報となる。この生データは、文字どおりニッケル・アンド・ダイム［ニッケル・アンド・ダイムは、5セント硬貨と10セント硬貨、つまり「はした金」の意］だった（自動車のアクティブGPSにかかるコストは、1台につき月5〜10セントほどだった）。

ウェイズの創造的破壊

地図やナビゲーションの大手企業は、ウェイズをこき下ろした。

「あなたのプロダクトは十分によいとは言えない」と彼らは言った。

なぜだろうか。

「私たちと同じ検証メカニズムを使っていないからだ」と、トムトムの事業開発担当者は言った。ノキアからも同じことを言われた。

つまりはこういうことだ。ウェイズの地図はクラウドソーシングで作成されるので、誰かが間違ったデータを入力しても、それを知る方法はない。

私は答えた。

「問題のあるエリアにたくさんの人がいれば、誰かが気づいて修正する。反対に、地方のエリアでほとんどユーザーがいなければ、誰もその問題を気にしない」

「だからあなたのプロダクトは、いつまで経っても不十分なのだ！」と返ってきた。

創造的破壊は起こるべくして起こる

ウェイズもいつかは破壊されるかもしれない。ウェイズはドライバー向けのアプリだ。自動運転車が普通になって、ドライバーがいなくなれば、ウェイズはもう必要ない。

トムトムは今のウェイズをどう思っているのだろうか。数年前、トムトムのＣＥＯと会う機会があった。「やってくれたな」と言われた。だが、その口調はうれしそうだった。

「怒っていないのですか？」と私はたずねた。

「創造的破壊は、起こるべくして起こる。起こしたのがあなたでうれしい」と彼は答えた。「今では市場が大きくなった。あなたのおかげで、スマホのアプリや、ほかのナビゲーションデバイスとの競争以外の部分に目を向けられた」

例えば、ウェイズのスマホアプリは見事に機能しているが、まだ成長の余地はある。大画面の車載スクリーンでウェイズを起動させたい人は多い。それにより市場は拡大している。カーナビを搭載した車はかつてないほど増えている。

今いる市場が破壊されるかもしれず、変化を受け入れ、破壊に向けて準備をしたい（言い換えれば、将来的に持続可能な何かを作る可能性を高めたい）既存企業は、「創造的破壊は、起こるべくして起こる」と自覚しておけば、この先へ向けて強固な立場に立てる。

そうした未来を迎え入れるために、考えるべきことは以下の2つとなる。

- この先の5年で、会社の重要性を下げるものは何か。その答えがわかるなら、そして、ほかの誰かにもわかるなら、その誰かはすぐにでもスタートアップを立ち上げて、あなたの価値を貶める。答えがわかったら、今すぐ破壊的な方向へと新たに足を踏み出す必要がある。
- あなたが持つ強みで、違う方向に転がったら、現在よりも大きくなりそうなものは何か。違うほうへ転がって大きくなりそうな強みがあったら、すぐに事業化すべきだ。ただし、その事業はスピンオフする「切り離して独立させる」か、主体となる企業の外側で行なう必要がある。取り得る方法は以下の2つしかない。

――会社をスピンオフする。

――それらの質問に実際に答えられる外部のスタートアップに投資する。


いくつか例を見ていこう。

あなたがコーヒーショップを経営しているとしよう。その地域には、ほかにもコーヒーショップはあるが、エスプレッソの味では負けていない。ショップではただコーヒーを販売していたが、近所のコーヒーショップは、顧客に割引券や10杯で1杯無料のポイントカードを配っている。

そこで、あなたはビジネスモデルをすっかり変え、「好みに合わせて世界中のコーヒーが飲める」サブスクリプションでの販売をはじめた。これはビジネスモデルによる創造的破壊だ。コーヒー好きはこぞってあなたの店にやってくる（だが、ほかの商品は買ってもらえるかもしれないし、もらえないかもしれない）。

あなたは、店内で長時間仕事をする客が多いことにも気づいた。コーヒー1杯で半日以上も席を陣取っている。

あなたはこう考えた。「もっとほかの客にもきてもらいたい。もっと商品を注文してほしい。だから、席の利用を1時間に制限しよう」

私はまったく別の考え方を提案したい。

あなたの客には、別の目的がある。「好みに合わせて世界中のコーヒーが飲める」サブスクリプションのビジネスモデルを推進すれば、その客はいなくなってしまう。その代わり、もっと使いやすいデスクと座り心地のよい椅子を用意して、通話もできるプライベートな「電話スペース」を設け、さらにはプリンターなど、「オンデマンド型のオフィス」に必要なものをすべて準備するのだ。

そうすれば、今度は別のビジネスモデルが試せる。例えば、1日や月単位での定額料金を設定する。電源と高速インターネットを提供すれば、強みを活かしてお金を稼ぐ別の方法が見つけられる。

既存企業はなぜ変化できないのか

既存企業はなぜ自分たちの市場を破壊できないのか。失うものが多いからだと想像はつくだろうが、さらに詳しく説明しよう。既存企業は、自分たちの事業を気にしているわけではない。事業ではなく、組織を気にしているのだ。

組織にとっての難題は、次の3つとなる。

- **DNA**――大企業にはリスクを減らそうとするDNAが組み込まれている。当たり前の決断をすればクビにはならない。
- **起業家不足**――思い出そう。起業家は問題児が多い。大企業では長続きしない。すでに厄介払いされているか、自ら退社している。
- **エゴ**――10億ドルの事業があって、地域別部門が3つあり、プロダクトラインが2つあり、トップの経営陣が5人いる（5つの事業部）と考えてみよう。あなたは彼らに何と言うだろうか。会社の未来のために新たな事業部を設立し、その未来が本業よりも重要になると言うのか。それとも、もう１つ事業部を作り、今後5年間の損失を容認してほしいと言うのか。リーダーシップのジレンマだ。新たな部門を重視すれば、ほかの部分に問題が生じる。重要にならないなら、新たな部門は損失を出し続け、やがては潰れる（そのときには手遅れだ）。

以前、ある会社のＣＥＯが、自分たちのいる市場は今後破壊され、現在のプロダクトは5年後には重要性を失うだろうと言った。

「その予測はすごい」と私は言った。「今から変化に対応できる」

驚いたことに、彼はこう言った。「無理だ。経営陣にそんなことはさせられない」。私は協力を申し出た。経営陣と会って話をしてもいいと思った。だが、彼は言った。「とんでもない！変化しなければ終わりだと話すことになる。そんなことを言えば、経営陣は怒り狂う。尊敬すべきリーダーたちに、方向転換しなければ未来はないと言うのか。そんなことはできない」。ほかに案はないかとたずねられた。「ある」と、私は言った。「会長を辞任させるのだ」

オファーの機会を4回逃したテルマップ

ウェイズで初めての（初期段階のシードラウンドでの）資金調達をしているとき、テルマップのチームに連絡をとった。目的はテルマップではなく、その主要投資家だった。地図業界に興味を持つ人だったので、ウェイズにも投資してもらえないかと考えたのだ。

その投資家は、テルマップの主要株主で、イスラエルの地図製作会社マパの主要株主でもあった。そこで私たちは、テルマップの投資家とマパのＣＥＯとともに、テルマップのチームを訪れた。今度は投資に興味を持ってもらえると思ったが、投資家はただ、私たちが彼らの競合かどうかを確かめるばかりだった。

あとになって、テルマップが私たち3人のコンセプトに100万ドルのオファーを検討していたと聞いた（2007年のことで、まだ会社も設立していなかった）。面白いのは、当時、そのオファーで夢が築けるなら、イエスと言っていたことだ。

テルマップに向けてピッチをするのは2回目だった。1回目は1年前、テルマップの地図にクラウドソーシングの渋滞情報を利用しないかとCEOに提案し、渋滞情報は実用性がないし誰も気にしないと言って却下されたときだ。

3回目の面談は2009年、イスラエルでウェイズを発表し、数万人のユーザーを獲得したあとだった。当時のテルマップには、地元の通信事業者を通じて15万人以上の利用者がいた。私たちはオファーを携えて臨んだ。「ユーザーのGPSデータを共有してくれたら、渋滞情報を提供しましょう」と、私はトムトムとの話し合いを参考にして提案した。だが、ウェイズはまだ若く、テルマップはこれから訪れる変革を予期できなかった。テルマップの答えは、今度もノーだった。

テルマップが私たちを競合とみなさなかった理由の1つは、ウェイズのイスラエルの地図が、大部分においては必要十分だったが、細かい部分ではまだ不十分なところも多く、テルマップのオフィスの場所に不具合が生じていたからだ。テルマップのオフィス（イスラエルのヘルツリーヤ）の近くにはT字路があって、テルマップのビルはT字路のすぐ左側だった。その通りの番地はまだすべて追加されていなかったので、テルマップのオフィスはT字路のすぐ右側だろうと大まかに見積もった。そのため、ウェイズを使ってテルマップに行こうとした人は、「左折」ではなく「右折」と案内された。「十分と言える状態ではない。完璧でなければだめだ」CEOはそう言って、テルマップの決断を正当化した。

2010年、最後の対話を行なった。ウェイズは海外市場を視野に入れるようになり、テルマップはメキシコに顧客を持っていた。テルマップの基盤をメキシコへの展開に活用できないかと考えた私たちは、協力の可能性を探ろうと、テルマップにアプローチした。今回は興味を持ってもらえたが、条件が1つあった。それは、イスラエルでの競合をやめることだった。

つまり、自分たちのホームグラウンドでプレーできなくなる。この時点では、ウェイズはイスラエルでのユーザー数でテルマップを上回り、急速な成長を遂げていた（明らかに「十分と言える」状態だった）が、テルマップはユーザーの流出が止まらなかった。

もちろん、この条件には同意できず、私たちはノーと答えた。

まったく新しいものを生み出すと、最初は笑われる。その次に無視され、最後は勝利する（見方を変えれば、相手が負ける）。

IT業界の創造的破壊者は、ほぼ例外なく、世界のどこでもこうした反応を受ける。最初の返事はいつも「そんなものは絶対にうまくいかない」だ。テスラにそう言ったBMWも、初期のiPhoneをこき下ろしたマイクロソフトも、ネットフリックスが何をしようと、自分たちのほうがすぐれていると確信していたブロックバスターも、みんな同じだ。既存企業はあなたのすることがうまくいくとは考えもしない……手遅れになるまで。

渋滞情報――さらなる創造的破壊を求めて

最後にもう1つ、ウェイズの創造的破壊について書いておこう。渋滞の問題に対処し、ドライバーが渋滞を避ける手助けをしようと、ウェイズの旅をはじめた。2007年のことだ。だが、今でも渋滞はなくならず、2007年の時点より渋滞の量は増えている。そのため、私はある程度、自分のミッションに失敗している（あるいは、まだ完了していないと言うほうが正しいかもしれない）。

先日、ウェイズは渋滞をむしろ増加させていると非難を受けた。ウェイズのせいでドライバーの運転意欲が高まり、運転が苦手な人まで運転するようになったと言うのだ。これが本当なら、私はますますウェイズを作ってよかったと思う。人の意欲を高めることには、時間の節約よりも、間違いなく価値がある。

それでは、既存企業は常に消えゆく運命なのか。もちろん違う。既存企業は進化している。例えば、マイクロソフトを考えてみよう。同社の稼ぎ頭は、初期のOSであるMS－DOSから、ウィンドウズ、オフィスと変遷し、現在は多岐にわたる。同社は創造的破壊の波に乗れるのだろうか。簡単ではないが、スピンオフや破壊者への投資なら可能だろう。

第3章まとめ

- 創造的破壊とはテクノロジーのことではなく、市場の均衡の変化、あるいは私たちの行動やビジネスの変化のことである。

- 無料は最大の破壊である。
- 破壊者は常に新参者である。既存企業は破壊しない。失うものが多すぎるからだ。
- 創造的破壊はよいものだ。脅威よりもチャンスが増える。
- 破壊者は何度も同じ意見を耳にする。「そんなものは絶対にうまくいかない」

第4章　フェーズごとの取り組み

一番大切なのは、一番大切なことを一番大切にすることだ。

——スティーブン・コヴィー

ＰＭＦ（プロダクトマーケットフィット）を達成しなければ、企業は死ぬ。だが、ちょっと待ってほしい。資金が調達できなければ、そもそも生きることができないし、ビジネスモデルがなければ、誰も投資しない。ユーザーを呼び込めなければ、ＰＭＦを達成しても仕方がない。

本章では、スタートアップのさまざまなフェーズを整理し、とくに１つのフェーズから次のフェーズへと移るタイミングや方法について説明する。すべてのフェーズにおけるキーワードは「**集中**」だ。１つのフェーズに取り組んでいるときには、ほかのフェーズに取り組んではいけない。

「全体像フェーズ」

「恋をする」サイクルへと突入したら、新たな冒険の旅について複数の観点から検討する。つまり、問題、解決策、市場、ビジネスモデル、資金、市場進出戦略（GTM:Go To Market）といった観点だ。すべてを頭の中で整理すれば、すぐに計画を立てられる。

その次は、人に会いに行く。

最初は友人や、おそらくは同僚や会社経営者だろう。私はこれを「全体像フェーズ」と呼んでいる。ごく初期に、すべて（会社、チーム、プロダクト）を頭の中で捉えようとする段階だ。

前提とする仮説のところですでに話したとおり、この時点で会う人には、あなたのアイデアはうまくいかないと言われる。そう言う人にはたいがい、それぞれにその人なりの理屈がある。

例えばこんな感じだ。

- 「私はその問題を抱えていない」と言われるなら、1人の人間のサンプルとして理解できる。だが、たいていその問題は、「誰もそんな問題は抱えていない」、「そんな問題を抱えている人など1人も知らない」と抽象化・一般化される。
- 「その解決策では、問題に対応できない——○○と□□と△△が必要だ」、あるいは、「そんなに簡単ではない」
- ビジネスモデルについては、「私はそれにお金を払わない」と言われる。あるいは、「誰もそれにお金を払わない」と抽象化・一般化される。
- 「まったく同じことをすでにやっているスタートアップを見たことがある」
- 「グーグルならすぐにできるだろう」、あるいは、「友人が○○のエンジニアで、すでにそれに取り組んでいる」

その次は、自分の主張を裏づけるものを見つけ、それぞれの反対意見に対応し、問題や解決策、市場、ビジネスモデル、競合を実証するステップだ。この段階では、ストーリーの準備ができたと考え、投資家に会いに行く。

私は数多くのスタートアップを立ち上げてきたが、大切なのはマインドセットだ。少しだけ検証をして、大まかな答えを手に入れ、次の部分の検証に移る。ここではまだ、すべてが理論でしかなく、「理論」と「現実」の違いは、理論の中よりも現実でのほうがはるかに大きい。

そのため、頭の中ではすでに、PMF、GTM計画、ビジネスモデル、スケール、成長、海外展開など、数多くの難題に向けてすぐれた答えを持っているが、どれもまだ検証はしていない。

そして、投資家に会うと、起業家は混乱する。投資家は、こんなことを言う。「このビジネスモデルはうまくいくとは思えない。今回は遠慮しておこう」

彼らは正しいかもしれないし、間違っているかもしれない。それは問題ではない。**問題は、起業家が実際に言われた言葉と投資家の意図がまったく異なること**だ。

例えば、「ビジネスモデルが見つかったら、イエスと言おう」と言われても、それは言葉どおりの意味ではない。ただ単にノーと言っているのだ。

あるいは、「ユーザーを1000人獲得できたら、イエスと言おう」と言われても、「ユーザーがまだいないからまだ待とう」の意味だったりする。

難しいのは、解釈を誤らないことだ。投資家はノーと言っているのに、あなたの耳には「ユーザーが獲得できたら、有料ユーザーが獲得できたら、あの市場やこの市場でうまくいくバージョンができたら、イエスと言おう」と聞こえてしまう。そうなると、自分の計画に確信が持てなくなる。ビジネスモデルが信用できないと言われたら、今すぐ証明する必要があるのか。

あるいは、当初の計画どおりPMFからはじめるべきか。

イスラエルでは市場がないと言われたら、カリフォルニアからスタートすべきか。それとも計画を変更したほうがよいのか。

ここで混乱する。それではいったい、何に取り組めばいいのか。

プロダクト？

ユーザーの獲得？

ビジネスモデルの実証？

競合は恐れるほどではないと証明する？

その中のどれか1つを突き詰めればよいのだろうか。それとも、全部並行して進めるのがよいのか。

さらにひどいシナリオもある。あなたはプレシード、あるいはシードラウンド（初期段階での投資）ですでに資金を調達し、PMFに取り組んでいる。まだ到達はしていないが、かなり近づいていると思っている。

シードラウンドの調達で投資家に会いに行くと、投資家は、ビジネスモデルや競合、成長、海外展開などについて、さまざまなアドバイスをくれる。あなたは投資家を満足させなければならないと考える。

それはだめだ！

起業家の仕事は結果を出すことだ。投資家を喜ばせることではない。

だが、こうも言える。結果を出せば、投資家は喜ぶ。

投資家に、「これが私の計画で、PMFで、ビジネスモデルで、成長で、5年後に海外展開します」と言うべきだ。自分のやっていることがわかっていると示すことで投資家を説得し、そのとおりにやり遂げれば、投資家は喜ぶ。

各フェーズの順番や時期、とくに、どのフェーズが最初にくるかが決定し、自分の計画に確信が持てたら、「全体像フェーズ」は終わる。そのあとは、誰が何を言おうと心は揺れない。前提とする仮説へのフィードバックは十分に集まり、これこそがうまくいく方法だと確信している。それが正しいかどうかは問題ではない。このフェーズでは、ただ確信を持てばよい。

スタートアップが失敗の旅であることを思い出そう。前提とする仮説の実証はあとで行なう。問題の実証や解決策の認識、ビジネスモデル、GTM計画、競合、予算などについても同じように、確信を持ち、初期の段階で想定される質問に答えられるよう準備する。

そうすれば、競合について質問されたら、競合となる会社の名前を3〜4社挙げ、あなたがどう違うか（すぐれているかではなく違うか）を説明できる。あるいは、ビジネスモデルについて聞かれたら、エクセルで5年予測を確認し、最終的には、1ユーザーあたり1カ月1ドルと答えられる。何も実行する必要はない。ただプレゼンテーション資料と、エクセルのシートと、ほかの関係書類を作成すればよい。

場合によっては、ユーザーによる実証を行なう。

例えば、ある駐車場ソリューションについて、ティンブクトゥでフェイスブックを使ってユーザーを集められると思えたら、試してみよう。プロダクトがあるように見せかけて広告を出し、ユーザーが興味を示すか様子を見よう（検索時間の節約のためにティンブクトゥの場所を説明すると、西アフリカのマリ共和国にある都市で、ウェイズのユーザーがいる）。

集中がカギ

実際の計画は簡単だ。フェーズに1つずつ取り組み、各フェーズに集中する。

創業して間もない2009年、私たちはウェイズでビジネスモデルを確立しようとしていた。当時は、データや地図、そして、モビリティの改善に大きく役立つ渋滞情報を販売していくつもりでいた。

自治体のチーフエンジニアに何人も会い、こんな話をした。「市内のすべての信号について、左折にどのくらい時間がかかるのかが、毎日24時間、リアルタイムでわかります。渋滞管理システムを見直して、市内の渋滞を大幅に改善できます」

また、物流会社と面談して、こんな話をすることもあった。「当社の渋滞情報は、配送時間や燃料の効率化に役立ちます。トラック1台あたり15％配達量を増やせます」

イスラエルのある物流会社が、このアイデアを気に入った。

「専用のタブレットにウェイズをインストールして、トラックの運転手が使うのはどうだろうか？」と、物流会社はたずねてきた。

ここではタブレットと言っているが、2009年のことなので、より正確にはウィンドウズモバイルOSを搭載したPDAのことだ。

私たちもこのアイデアが気に入り、取引の準備はほぼ整った。幸い、特別何かをする必要はなかった。PDAでの使用に向けて、デバイスが垂直になってもディスプレイが水平を保つよう、傾斜機能を追加したくらいだ。物流会社はトラック1台あたりでの年間契約を準備していた。それほど高額ではなかったが、トラック１台あたり１年に10ドルで、かなりよい金額ではあった。

物流会社には５０００台のトラックがあり、１年なら５万ドルになる。

ここまでは、すばらしい話に思えた。物流会社は（文字どおり）テスト走行を開始した。そして、２日後にやってきて、うまくいかないと言った。

「何がうまくいかないのですか」と私はたずねた。

「ウェイズは『トラック進入禁止』の道を案内する」が１つの答えだった。

「高架下の高さが十分でないルートがある。地図にそのデータが必要だ」が、もう１つの答えだった。

計画の段階まで戻ると、ウェイズのモデルではそのデータを提供できないことに気づいた。ウェイズは通勤者用のアプリで、トラック運転手が気にかける情報は、通勤者がまったく気にかけないものだった。

物流会社との話し合いでは、私たちにはデータがないため、要望には応えられないと返事をした。気が重いやりとりだった。私たちのビジネスモデルは地図や渋滞情報の販売で、まさにそのために多額のお金を支払う準備のできた顧客が目の前にいたのだ。

物流会社は粘り強かった。年間の契約金額を10倍にして提示してきた。私たちはそれでもノーと言った。

その後、物流会社が魅力的なオファーを持ってきた。

「営業担当者の移動で使えるアルゴリズム（営業担当者が１日に20件の場所を訪問するのに必要な、複数の目的地を含む最短経路を求めるプログラム）が作れるなら、２倍の金額を払おう」

1年で100万ドルだ。イスラエルは比較的小さいので、自分たちですべての陸橋や高架下の高さを地図に追加し、ほかの情報源からトラック進入禁止の情報を入手すれば、実現できると気づいた。営業担当者用のアルゴリズムは、（1日に最大20カ所のため）小規模で行なえる。

私たちは経営会議を行なって考えた。「やるべきか？」

「開発にそれほど手間はかからない。それで1年に100万ドルだ」との意見が挙がった。

だが、別の意見もあった。「私たちのミッションは通勤者の渋滞回避を支援することだ。引き続き、通勤者の問題に集中すべきだ。今は世界展開のフェーズで、収益を上げる段階ではない」

数日にわたって議論は続いた。「ちょっと待った。これはトラック会社1社での話だが、アメリカには400万人のトラック運転手がいる。全員が1年に100～200ドル払えば、大きなビジネスだ」と言う人もいた。

こんな反論もあった。「バリュープロポジションやターゲット顧客を変えるなら、それは新会社かピボットだ。自分たちが当初解決しようとしていた問題をもはや信じていないことになる」

最終的に、私たちはノーと言った。トラックも、自転車も、歩行者も、公共交通も、通勤者以外はすべてノーだ。2009年に取り損ねた100万ドルは、ウェイズの2009年、2010年、2011年の収益よりも大きく、2012年、2013年になって、ようやくほぼ同じ桁の収益となった。

長いあいだこの話を語ってきて、必ず聞かれる質問がある。「なぜ両方しなかったのか」。答えは非常にシンプルだ。つまり、集中である。

スタートアップが成功するためには、唯一の正しいことだけを行なう必要がある。それができるようにするためには、しないことを決める必要がある。自分がしていることだけでなく、しないことにも集中する。ノーと言うのは難しい決断だ。

一番大切なのは、一番大切なことを一番大切にすることだ。

会社にとって最も重要なステージは何か。プロダクト開発？　資金調達？　ユーザーの獲得？　事業開発？

その答えはこうだ。それらのどれもが、完了するまでは最も重要で、完了したら重要ではなくなる。

集中とは、一度に1つのことをすることだ。

資金調達をしているときは、それ以上に重要なことはほかにない。だが、銀行に入金があった翌日、資金調達は重要ではなくなる（次のラウンドまでは）。

初めてプロダクトを作るときには、チームの最重要人物は、プロダクト開発リーダーだ。だが、プロダクトが完成し、ＰＭＦを達成したら、それまでと同じプロダクト開発体制は必要ない。会社はマーケティングや事業の創出へと舵を切る。だが、これだけは言っておきたい。確かに、プロダクト開発が終われば、ＰＭＦの達成やユーザーへの価値の創出といった重要なフェーズは完了するが、プロダクト開発は終わりのない物語でもある。

ＩＴ業界以外でも同じことが言える。自転車の乗り方を一度覚えたら、補助輪はもういらない。ただ単に重要ではなくなる。

フェーズごとに取り組む

このような集中を1点に絞る考え方を「フェーズごとの取り組み」と呼んでいる。**最初に決めるべきことは、何に集中するかだ。つまり、「最重要事項（MIT：Most Important Thing）」を決定する。これが決まらないと、次のフェーズに移れない。戦略やリーダーシップでは、MITの決定が重要になる。実行の段階では、MITの達成が重要になる。**

資金調達の例で考えてみよう。スタートアップにおいて最も難しいフェーズと言える。このフェーズで失敗すれば、たいていは死ぬ。会社の一生におけるほかのフェーズとは、大きく異なる点だ。あまりにもたくさんの集中力とエネルギーが必要なため、この期間にほかのことをするのは非常に難しい。アドレナリンが大量に放出し、そして、終わる。0か1かで考えたくなることもあるが、実際にはその中間がいくつもある。例えば、調達額が希望より少ない場合だ。

スタートアップの資金調達は、旅に出る前に車にガソリンを入れるのと似ている。十分な（あるいはいくらかの）燃料がなければ、旅は終わる。

だが、**旅の目的はガソリン（資金）を入れることではない。目標はどこかへたどりつくことだ。**ガソリンを入れるのは、単なる避けがたい事態である。必要なだけガソリンを入れたら、しばらくは心配いらない。

スタートアップの旅における資金調達のフェーズでは、次から次へと投資家に会い続け、ひたすらノーと言われ続け、気づいたときには6～9カ月が経っている。最終的に契約を結ぶと、精神的に追い詰められてきた日々を含め、この9カ月間に経験してきたすべてのことが、もはや重要ではなくなる。その次にはもう、プロダクト開発が待っている。

フェーズごとの取り組みは、マニュアル車の運転にもたとえられる。ギアを切り替えるのにクラッチを踏まなければ、ギアボックスが抗議して悲鳴を上げる。スタートアップのギアを切り替えるときには、すべてを調整し直す必要がある。まずは新たな最優先事項、つまり新たなMITを設定する。その次は、チームのメンバーとその役割について考えるのだ。

PMFからはじめる

スタートアップの戦略は、PMFからはじまる。詳しく説明しよう。PMFを達成すれば、スタートアップは生き延びる。達成できなければ死ぬ。PMF以降のフェーズは順不同だ。各フェーズには約2～3年かかる。PMFの達成後は、いくつかのフェーズを並行して進められる。

PMFの達成前にスケールすることは可能だろうか。想像してみよう。数百万人のユーザーを呼び込むことができるのに、プロダクトがユーザーに対して価値を生み出していない。その状態ではユーザーは解約してしまう。

PMFの達成前に、ビジネスモデルは見つかるだろうか。それは難しい。プロダクトにお金を払うよう説得できたとしても、その後も安定して価値を与えなければ、ユーザーは解約し、支払いをキャンセルしてしまう。

それぞれのフェーズにおいて、会社の最も重要になる部門は異なり、最も重要になるメンバーも異なる。例えば次のような具合だ。

- 収益化を考えている時点では、最高収益責任者が最も重要だ。
- スケールアップに取り組んでいるなら、最高マーケティング責任者が最も重要だ。

1つのフェーズが完了すると、非常に重要だったポジションが、社内で不要になったり、重要性が変化したりする。そのポジションにいた人は、新たな職務に移るだろう。

フェーズの移行は、MITの変更をともなうので、大がかりになる。社内の誰かの重要性が高まり、ほかの人の重要性が低くなることは避けられない。前日までMITに深く関わっていた人でさえ、その翌日には重要でなくなる。

フェーズの達成にかかる年数を伝えると、こんな反応が返ってくる。「7～10年もかかるとは、どういうことでしょう。もっと短いと思っていました。私の事業計画では、5年で1億ドルに達する見込みだったのです」

では、ここ40年で創業した大手IT企業について考えてみよう。グーグル、アマゾン、ネットフリックス、テスラ、フェイスブック（メタ）など、ほかにも50社ほどある。それらの成功したIT企業の価値をすべて合算したと考えてみよう。**最初の10年で作られた価値は、そのうちの何％程度だろうか。答えは4％だ。それだけだ。96％もの価値が、PMFやビジネスモデル、成長を達成したあとに生み出されたものなのだ。**

ＰＭＦフェーズ

あまりにも重要なので、もう一度繰り返そう。会社の発展にとって最も重要なフェーズはＰＭＦだ。ユーザーのために価値を生み出せば、あなたは正しい道を進んでいる。そうでなければ、あなたは死ぬ。

ＰＭＦは１つの重要な基準によって測定される。顧客維持率だ。ときには、月間アクティブユーザー数（MAU：Monthly Active Users）など、ほかの指標が使われることもある。

このフェーズでは、ユーザーへの価値の創造に向けて、すべての力を集中させる必要がある。それ以外に重要なことはない。事業開発やマーケティングなど、ほかの部分ですべきことはほぼ何もない。その結果、組織はとてもスリムになり、予算も少なくなる。このフェーズでのプロダクトのロードマップは、顧客維持率の向上（たいていは顧客維持までのコンバージョンとなる）に集中することになる。このフェーズはとても大がかりなので、第８章で語ることにしよう。

複数のＭＩＴを同時に扱う

１つのフェーズにおいて、複数のＭＩＴを扱うことは可能だ。もちろん、カギとなるのはＰＭＦだが、それだけでは十分ではない。顧客維持率とコンバージョン率を同時に向上させる必要があるかもしれない。あるいは、ＰＭＦを達成する前に、資金を調達する必要があるかもしれない。あるいは、国内ではPMFに到達しているが、ほかの国では部分的な微調整や全体的な再設計が必要な、独自の課題が生じるかもしれない（1つのアプリを中国とアメリカでリリースすると考えてみよう）。

一方、**同時に複数のフェーズに取り組むのは、仕方なく必要な場合もあるが、とくに初期のフェーズでは、ほぼ間違いなく災いのもとになる。PMFしていない段階で、さまざまなタスクにお金を使いすぎることになる。**さらに、マーケティングやセールス、サポートなどで、組織を強化しなくてはとプレッシャーを感じる。

そのため、ただ支出が増えるのではなく、どんどん支出に傾倒していくことになり、そのペースを落とすのは難しくなる。

それまで10人だったメンバーが20人になれば、毎月のバーンレート［資金燃焼率：会社経営で1カ月あたりに消費するコスト］は2倍になる。現金が続く期間は半分になる。PMFする前にこの状態に陥り、振り出しからやり直すことになると、気づいたときにはもうランウェイはすべて使い果たしている。

フェーズごとに取り組まないと、使ったお金は無駄になり、前進もできない。

PMFに達していなければ、おそらくそれ以上の資金は調達できない。シードラウンドの段階では、投資家にCEOとストーリーを気に入ってもらうことだけが必要だったとしても、会社が成熟するにつれ、CEOがストーリーを実現できると信じてもらうことも必要になる。

もはや重要なのはストーリーではない。前進させることだ。

重要な注意事項：PMFに達しなくても、（シリーズAやBのラウンドではなく）別のシードラウンドの資金調達は可能だ。その後、潜在顧客のところへ行って、何をするか、何を変えるかについて話そう。たいていは正しい方向へ向かっていると感じられるはずだ。だが、この段階で先走って、何かを作るのは間違っている。

早すぎる採用に注意

PMFのフェーズでは、CMO（最高マーケティング責任者）やCRO（最高収益責任者）を採用する理由はない。何もすることがない段階で優秀な人材を雇っても、時間と才能の無駄だ。単に会社を去ってしまうか、さらにひどいと、早々と彼らの目的を達成してしまう。

例えば、事業開発担当バイスプレジデントが、今はまだ必要でない結果をもたらす企業と関わりを持ったせいで、PMFに到達するのが遅くなることもある。

事業開発担当バイスプレジデントが営業パートナーを連れてきて、そのパートナーが何百人ものユーザーを連れてきたとしよう。次に何が起こるだろうか。まだプロダクトがないため、ほとんどのユーザーは解約し、営業パートナーは腹を立てる。

創業チームがいると、さらに話は大ごとになる。考えてみよう。その人材は本当に今すぐ必要だろうか。投資家が行動を急かし、たくさんの人を採用するようプレッシャーをかけてくることは多い。それでも、必要な人材だけを採用すべきであり、その人にこれからの90日で何を期待するかを正確に把握すべきである。

スタートアップにとって最も危険な瞬間は、本当はまだ到達していないのに、PMFに到達したと思い込んでしまうときだ。だが、それに気づかず、「よし、それでは営業に取りかかろう」と言って、営業組織を立ち上げはじめる。営業担当バイスプレジデントを採用し、最高収益責任者を採用し、営業スタッフを大量に採用してしまう。

　すると、バーンレートは以前の3倍となり、現金はどんどんなくなっていく。さらに、顧客は必要十分でないプロダクトに不満を抱き、研究開発からやり直しだ。だが、どうしたものか、6カ月もの時間と資本の3分の2を費やして営業組織を育ててきたのに、営業スタッフは顧客が喜ばないプロダクトは売りたくないと言っている。

　これにより悪循環が生まれる。お金を使いすぎ、営業スタッフには売るプロダクトがなく、現金は底を尽きる。だが、それに気づいたときには、バーンレートを下げようと策を講じても、すでに手遅れであることが多い。

営業担当者を1人でも採用するのは、何度も検証サイクルを繰り返してからだ。それまでは、CEOが営業に取り組み、市場へ出かけてフィードバックをもらう。だが、営業組織や、さらに言えば、セールスマシン（営業チームと営業の仕組み）を作るのは、まだ早すぎる。まずはPMFを達成することだ。

　スタートアップでは、最初の5件ほどの取引（とくにB2B向けのプロダクト）は、たいていCEOがまとめる。それらの最初の取引が終わってはじめて、そのプロセスを繰り返す営業組織の立ち上げを検討すべきだ。

どのフェーズにいるかによって、MITは常に変化する。プロダクトの開発に優秀なエンジニアが2人必要なら、そのときはその採用がMITになる。

シンプルさがカギ

ＰＭＦに達すると、価値が生まれる。だが、すでに説明したように、そこへ到達するために、何かを実際に作る必要はない。最近聞いた話によると、アメリカ人の78％が、トランザクション完了までにアプリのダウンロードが必要になると、トランザクションを完了させない。その数値に多少の偏りはあるだろう。とはいえ、手順が１つ増えるごとに複雑さは確実に増し、複雑さはユーザーへの障壁となり、ユーザーはますますいなくなっていく。

顧客（や見込み客）と話をしよう。顧客は、あなたの会社が達成しようと目指すものが、顧客の抱える重要な問題であり、解決にお金を払う問題だと教えてくれる。そうした**顧客の声は、解決に値する問題かどうかを判断する明確な指標となる**。

例えば、渋滞は大きな問題だ。私がそれを解決しようと言ったら、プロダクトを何も見せなくても、あなたは「はい」と答えるだろう。

さらに難しいのは、**価値へのアクセスをとことんシンプルにする**ことだ。あなたのプロダクトに３つの機能があっても、それぞれの使い方がすべてユーザーに伝わるわけではない。プロダクトが複雑すぎることもある。

シンプルに至るには、複数の検証が必要だ。プロダクトを使う前に情報の登録を求めるのはよいアイデアだと思うかもしれない。結局のところ、マーケティングや広告のために、ユーザーの情報はほしい。だが、登録の目的がわからず、まだ個人情報（もしくはどんな情報でも）を提供するのは気が重いとユーザーが感じるせいで、あるいは単に手続きが長すぎるせいで、

50％のユーザーを失っているとしたら、あなたのプロダクトはシンプルに使えるプロダクトではない。

Ｂ２Ｂのプロダクトで、顧客と10万ドルの契約を結んだばかりなら、現場でのトレーニングでプロダクトの使い方を説明すればいいだろう。だが、それ以外のすべての人、とくにＢ２Ｃでは、**シンプルさが何より重要だ。そうでなければ、誰も使わない。**

10年前に新しい携帯電話を買ったときのことを思い出してみよう。箱を開けると分厚い説明書があって、その下に端末が入っていた。

iPhoneの箱を開けたときのことを思い出してみよう。説明書は一切入っていない。これがシンプルさだ（ユーザー理解におけるシンプルさは第7章で詳しく説明する）。

フェーズの切り替えは確かにストレスだ。ようやく目標に到達し、価値を生み出すプロダクトを手に入れ、誰もが幸せを感じている。それなのに、再び気合いを入れ直して、すべてを一からはじめるのだ。これまで達成したものにみんなが喜んでいても、旅の次のフェーズでは、必要ないかもしれない。

フェーズの切り替えへの対処方法を理解することは、成功と失敗とを分けることにもなる。

消えたバンプ

２００９年、連絡先交換アプリのバンプ（Bump）は、モバイルデバイスプロダクトとして、過去最高の成長を遂げたアプリの１つとなった。２０１１年までには、アップルが集計したこれまでで最も人気のあるiPhone無料アプリのランキングで8位に入った。大手投資会社のセコイア・キャピタルやアンドリーセン・ホロウィッツも、この流れに飛び乗った。２０１３年には、『タイム』誌の「ベストアンドロイドアプリ50」に選ばれ、合計で１億２５００万回のダウンロードを記録した。

だが、２０１４年のはじめ、バンプはサービスを停止し、iPhoneからもアンドロイドからも完全に姿を消した。何が起こったのか。簡単に説明しよう。バンプはＰＭＦを達成していなかった。見かけ倒しのアプリだった。バンプを使うと、２台の端末同士を物理的に「バンプ（軽くぶつける）」するだけで、連絡先情報（や写真）を交換できた。一般受けがよく、簡単に使えて、楽しかった。その後のバージョンでは、スマホとキーボードをバンプすると、パソコンと写真が共有できた。だが、それを使い続ける理由がなかった。バンプの価値はごく限られていた。まさしく一発屋のように、１つのことしかできなかった（１つのことには十分長けているが、それだけでは足りない）。

バンプが取り組んだのは流通だ。バンプは急速に広まった。だが、それだけではプロダクトの欠点は補えなかった。

しかし、結果はそれほど悪くなかった。バンプは２０１４年にグーグルに買収され、チームはグーグルに移り、新たなプロジェクトに取り組んだ。

バンプはなぜ、一流のベンチャーキャピタルをそれほど魅了したのか。繰り返すが、スタートアップの起業は失敗の旅であり、その旅の各フェーズがそれぞれ失敗の旅である。ここでは、その旅を登山だと考えてみよう。山頂までたどりつくのは大変で、登り切るまでさまざまな道を試してみる。だが、登り切ってはじめて、これは自分が目指していた山ではなかったと気づく。頂上へ向かう途中にある１つの山にすぎなかったのだ。だが、それがわかるのは、最初の山頂にたどりついたときだけだ。気持ちを切り替えて新たな山に登るが、そこでもまた、この山ではなかったと気づく――尾根の向こうには、さらに険しく、さらに厳しい別の山が見える。

ＰＭＦの達成は必須だが、最も達成が難しいフェーズは成長――つまり、いかにユーザーを連れてくるかだ。バンプがそこまで魅力的だった理由はそこにある。バンプはユーザーを連れてくる方法を知っていた（別の道から山頂へ登った）。おそらく、バンプは価値を見つけ出すことができただろうが、一度クチコミで急速に広まってしまったら、間違いなく大成功するとみなされ、身動きが取れなくなったのだろう。

ユニコーンを生み出す――運命の星を並べる

市場リーダーやユニコーンになるには、すべての星を並べる必要がある。

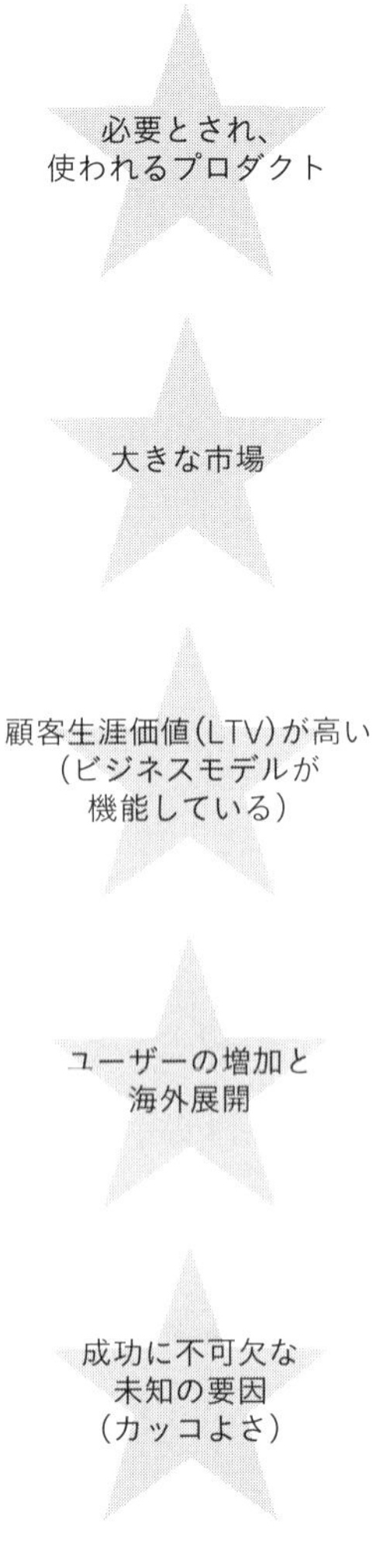

とてもシンプルに見えるが、実際はもっと複雑だ。なぜなら、スタート時にはすべての星がばらばらの状態だからだ。

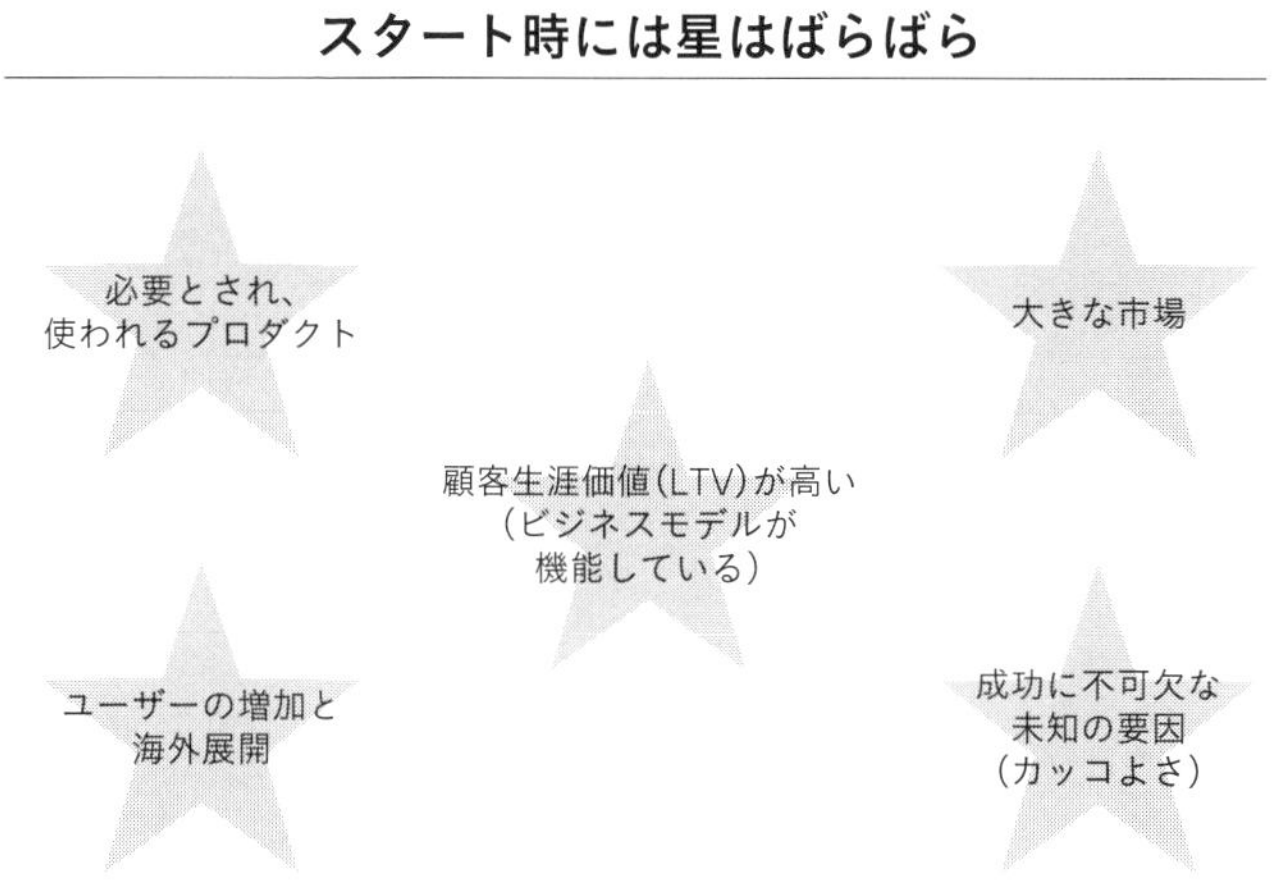

これらの星をすべて並べるのは簡単なことではない。1つひとつの星について、長期にわたってたくさんの労力をかける必要があり、たいていは1つの星そのものが失敗の旅となる。

星は1つずつ並べていく必要がある。それぞれの星が、失敗の旅の各フェーズを表す。1つの星を安定させたら、次の星へ向かう。それと同時に、以前の星の位置がずれていないか注意しなくてはならない。

PMFを達成しなければ、次の星へは絶対に進めない。

最初にどのフェーズがきて、次はどのフェーズがくるのだろうか。若いころ、父はこう言った。**革命を正当化する理由は、最後に成功することだけだ**。

ほとんどの消費者向けサービスは、PMFのあとに成長に向かう。成功すれば、成長にもとづいて資金を調達でき、比較的早くユニコーンになれる。成功できない場合は、成長の資金にできるよう、ビジネスモデルを引き続き検討する。

B2B企業は、成長の前にビジネスモデルを見つける必要がある。ビジネスモデルがある程度、PMFの一部となることもある。

B2C企業の主な指標がリテンション（顧客維持）だとすると、B2B企業の主な指標は、顧客が戻ってきて二度目の購入をするかどうかだ。例えば、試用期間後の購入や、契約期間後の再契約などがあれば、顧客のエンゲージメントが高まっているとわかる。二度目の契約は、PMF達成の兆候だ。

海外展開は、最初に事業を起こす国によって事情が異なる。アメリカやロシア、ブラジル、日本、中国、ドイツ、インドネシア、インドのような、市場の大きな国なら、自国を出て拡大する戦略を検討する必要はない。少なくとも、今すぐにはない。市場の大きさが十分なため、5年以内のどこかの時点で「どこへ展開するべきか？」と質問したとしても、その答えは「ここ」である。

一方、イスラエルやスウェーデン、エストニア、オランダといった小さな国では、海外展開に早く取り組むことが重要になる。小さな市場にいる場合、選択肢は多くない。起業した初日から、海外展開を考える必要がある。結論としては、小さな国のスタートアップのほうが、より早く海外展開しているケースは多い。

星を並べるのは、時間と労力のかかる作業だ。一度に全部の星はつかめない。一度に1つを達成し、それから次に進める。

さらに、**星を並べるプロセスでは、星は常に動いている**と覚えておこう。ギアを切り替えて、旅の次の行程に集中すると、取り組みをシフトした結果として、サービスレベルやユーザー満足度が下がると考えられる。

幸いなことに、その影響はそれほど大きくはなく、ユーザーを失うとしても、その数は多くない。

海外展開のプロセスでもこれは起こる。最初の市場よりもはるかに大きな市場へ進出すれば、最初の市場にはすでに注力していないため、そこでの牽引力は失うことになる。

使用頻度

消費者向けプロダクトでは、PMFを達成したら、次のフェーズはたいてい成長だ。成功のカギは、使用頻度だ。プロダクトの使用頻度が1カ月に数回以上なら、3カ月後には30%の顧客維持率を目指すべきだ。

つまり、1月に初めてプロダクトを使った顧客のうち、4月になっても使い続けている顧客が30%いる。この目標はぜひとも到達したい。数字が近いなら、改善の余地を見つければ、そこまで到達できる可能性は高い。

だが、3%しかないと、これから先はまだ長い道のりになる。数字を細かく分けて好きなように分析することもできるが、ユーザーの目はごまかせない。価値を提供していなければ、ユーザーは戻ってこない。

使用頻度は、さまざまな理由から影響力がとても大きい。まず、プロダクトが頻繁に使われれば、ユーザーに価値をもたらしているのは明らかで、その結果、顧客維持率が高まり、

PMFする機会も高まる。次に、クチコミの力によって、誰かがサービスを使うたびに、別の誰かにサービスのことが伝わる機会となり、成長を達成できる可能性も高まる。

誰かと車に乗っていて、あなたがウェイズを使っていたら、その人は「それは何?」とたずねる。あなたが教えると、その人も夢中で使うようになる。運転するたびにウェイズを使ったら、誰かとシェアする機会はその分増える。

公共交通乗り換え案内アプリのムービットも、まったく同じだった。乗り換えの停留所にバスを待つ人がいて、誰かがムービットを使って「3分後にバスがくる」と言ったら、そこにいる人は「なぜわかるの?」とたずねる。

プロダクトの使用頻度が高いなら、PMF達成の次に取りかかるのは成長のフェーズだ。だが、使用頻度が低いなら、成長ではなく、ビジネスモデルのフェーズに取りかかるべきだ。なぜか。あなたは常にユーザーを獲得しなければならない。だが、使用頻度が低いので、クチコミは期待できない。成長の達成には時間がかかるが、そこへたどりつくまでの資金はおそらく足りない(クチコミが発生し使用頻度が高ければ、成長の達成はより短い時間ですむ)。

資金のランウェイが3年あれば、使用頻度が低くても、まだ成長は可能だ。だが、クチコミが使えなければ、ユーザーの獲得にお金がかかる。ランウェイが12〜18カ月なら、ビジネスモデルに取りかかれば、さらに資金を調達でき、それから成長のフェーズへと向かえる。

ウェイズやグーグル、ワッツアップ、フェイスブック、ウーバーなど日常的に使うアプリについて、初めて存在を知ったときのことを思い出してみよう。「誰かに教えてもらった」人は90%に上る。これがクチコミの力だ。実際に、クチコミはごく頻繁に使われるサービスやアプリでしか発生しない。

B2Bでの価値創造

ここでは「ビジネスモデル」を次のように構築しよう。顧客から、何に対して、いくらお金を払ってもらうか。一般的に、この2つはあなたが生み出す価値につなげる必要がある。大まかに言うと、あなたは自分が生み出した価値の10~25%を手にするべきだ。

例えば、企業のコスト削減に役立つプロダクトを提供するとしよう。1年に100万ドル削減すれば、あなたの取り分は10万~25万ドルのどこかとなる。モデルそのもの（顧客が何に対してお金を払うか）は、説明しやすいようシンプルであるべきで、できれば時間の経過とともに（ユーザー数や使用頻度に換算して）増えていくことが望ましい。

その数字が決まったら、今度はビジネスモデルに結びつける。次の問いに答えよう。

- このモデルで、市場の大きさは十分か。
- 収益を出せるか。
- 経済的に意味があるか（ユニットエコノミクス［顧客1人あたりの採算性］とも呼ばれる）。

購入予定者の頭の中には、次のような計算式が浮かんでいる。価値と価格の比率は妥当だろうか。妥当だと思えば、購入予定者はプロダクトを試してみようと思うはずだ。

それを定量化するには、どうすればよいか。考えてみよう。顧客に何を約束しているか。収益の増加？　コストの削減？　市場投入までの時間の短縮？　それらはすべて価値だ。

フライト予約サービスのフェアフライは、B2B向けソフトウェアとして、まさにそれを行なった。出張担当マネジャーがフェアフライを使って出張経費を見積もってモニタリングし、出張予算を最大10%削減できた。大企業なら年間の出張予算は数億ドルになることもあり、削減コスト（フェアフライが生み出した価値）は数千万ドルとなる。

ビジネスモデル（Xドルを削減したら、その一部をください）と同じく、バリュープロポジションも非常にシンプルだ。

バックエンドのソフトを開発していて、そのソフトによって顧客の売上が100万ドル増えるとしたら、そのうちの10〜25%を受け取る権利を主張してもよいだろう。

新規の顧客をつかむなら、価格を一律にしないほうが、メリットがあると思うかもしれない。例えば、とくに旅をはじめたばかりのころなら、顧客が削減できたコストに応じて、価格を提案しようと考えるかもしれない。

顧客企業のCEOは言うだろう。「それはいい。リスクを共有できる。あなたが価値をもたらさなければ、あなたは何も手にしないことになる」。だが、見込み客のCFOは、さらに用心深いかもしれない。「翌月の支払額がわからないのか。私は定額がいい。毎月いくら払えば終わりとわかっていたほうがいい。削減額が増えたり、取引を増やしたりするときには、取り分はあらためて交渉しよう」

B2Bの世界では、各社ごと取引に少しずつ違いがあるが、しばらくすると、同じ種類の取引が現れてくる。数社は定額料金、数社は出来高払い、そのほかは最小取引額や最大取引額を設定しておく、といった具合だ。モデルは時間が経つにつれ単純明快になっていくが、例外は必ずある。しばらくは損失の出る取引もあるだろうが、少しずつ減っていくことが望ましい。

Ｂ２Ｂの取引は、Ｂ２Ｃの既製品とは違い、一度に１件ずつ交渉する。

フェーズとユニコーン

ものすごい成功を収めるまでには――つまり、評価額10億ドル以上のユニコーン企業になるまでには、どのくらいの時間がかかるだろうか。

イスラエルの大手経済紙『カルカリスト』が２０２０年12月にまとめたイスラエルのユニコーンのリストによると、ユニコーンになるまでの平均年数は13年だ。10年以内にユニコーンになった企業は１社もない。大成功した企業でも、すべてのフェーズを完成させるまでには、次のように長い時間がかかっている。

- マイクロソフトは、ＰＭＦの達成までに5年かかった。会社の創業は１９７０年代半ばだが、真価を発揮するのは１９８０年になってからだ。
- ネットフリックスはＰＭＦの達成までに10年かかった。
- ウェイズは２００７年に開発をスタートした（前身であるフリーマップまでさかのぼれば２００６年だ）。ＰＭＦに達したのはいつか。２０１０年の終わりだ。わずか3年半で、比較的早いほうだ。

ユニコーンになるのが目標でなければ、時間は短くてすむだろうか。残念ながら、それはない。時間は必ずかかる。ウェイズはグーグルに買収されるまで、ビジネスモデルを見つけていなかった。そのため、独立企業としての旅はわずか6年（公式な発足から買収日までを数えると5年3カ月）で終わったが、買収されていなかったら、ビジネスモデルに到達するまでには、さらに何年もかかっただろう。

ウェイズの買収時点での収益は、1年で約100万ドルだった。2020年には、4億ドル（$400million）以上へと急増した（比較のために書いておくと、グーグルは4億ドルを$0・4billionと表現した）。

各フェーズに2～3年もかかるのはなぜか。それは、失敗の旅だからだ。仮説を立て、検証し、うまくいけばすばらしい。フェーズの時間も短くできるだろう。だが、たいていはうまくいくまでに、何度も挑戦する必要がある。

スピードを上げる方法はあるだろうか。ある。早く計測するのだ！　計測すれば、見えてくる。旅のあいだに何かを試してみる前に、指標を分析すれば、気づくはずだ。自分が計測すべきものを見つけよう。そうすれば、プロダクトの開発に取りかかる前に、ツールを手にすることができる。

私の父の言葉を思い出してほしい。革命を正当化する理由は、最後に成功することだけだ。この言葉は正しい。革命がうまくいったときにだけ、あなたは尊敬される。だが、何が起こるかを前もって知ることはできない。やり抜く強さを手に入れるには、自分の行ないには崇高な理由があると信じる必要がある。何よりうれしいのは、この方法を試したら、次の革命が成功する可能性が飛躍的に高まることだ。

スパムオフ：うまくいきすぎた事例

数年前、私の息子のイドがイスラエルで起業し、スパム業者を訴えるサービス、スパムオフをはじめた。当然ながら、私はメンターを務め、資金を提供した。目標はSMSで受信するスパムメールの撲滅だ。私たちは意気揚々と旅に出た。私たちがこの不正を正すのだ！

イスラエルでは、スパムメールを送信するのは違法で、メールの受信者は被害を証明することなく、メール1通につき1000シュケル（約300ドル）を求めて送信者を訴えられる法案が可決されたばかりで、私たちはそれを活用し、プラットフォームを作成した。

行政が市民にサービスを提供すると、たいてい複雑すぎるものができあがる。私たちのプラットフォームはプロセスを簡素化し、SMSでスパムメールを受信したイスラエル人がほぼ自動的に訴訟を起こせるようにした。メールのスクリーンショットをアップロードするだけで、システムが少額裁判所に書類を提出してくれる。プラットフォームはまだ開発中で、コンセプトを証明している段階だったので、プロセスの一部は手作業で行なっていた。

2015年にサービスを開始し、フェイスブックのページでフォロワーに利用の機会を提供した。手応えは圧倒的で、大勢の人がスパムオフで訴訟を起こしたいと言ってきた。間もなくして、イスラエルのIT系ウェブサイト、ギークタイムが私たちのサービスを見つけ、記事を掲載した。すると、一度に何千人ものユーザーが押しかけた。その時点で会社が対応できる人数をはるかに超えていた。つまり、私たちには早すぎた。ニーズがあることはすぐにつかめた。

私たちのスタートアップは、すぐに抵抗を受けた。スパム業者はもちろんこのモデルが気に入らなかった。以前なら1日に何百万通のメッセージを送って、訴訟が起こるのは10件程度だったのが、私たちは最初の1カ月で200件の訴訟を起こし、ついには怒涛の如く1カ月1000件にまで達した。スパム業者のビジネスモデルに波風を立てた。

さらに、思わぬところからも反発を受けた。裁判所と裁判官の仕事が増えすぎたのだ。1カ月に1000件の訴訟は、裁判所が扱う訴訟の約15～20％に相当する。裁判所は突如として、この15～20％分の訴訟をすべてスパム業者のために行なわなければならなくなったのだ。

少額裁判所の訴訟の15～20％が今では機械――私たちの機械――によって起こされるようになり、裁判官は困り果て、あらゆる理由をつけては、私たちが起こした訴訟を棄却しようとした。プロセスが自動化されているせいで何らかの欠陥が生じると言われたこともあった（ちなみに、訴訟の大部分は裁判所の外で解決するため、件数が増えたとしても、当時彼らが思ったほどひどい事態ではなかった）。

私たちは戦おうとしたが、資金が足りなかった。長い期間がかかるだろうし、実際に、訴訟のうちの1件はイスラエルの最高裁判所までもつれこんだ。最終的には私たちが勝利したが、すでに遅かった。スパムオフは事業停止を余儀なくされた。

スパムオフは、フェーズごとに取り組みながらも、それだけでは十分でないことがわかるよい例だ。スパムオフでは、規制と司法制度が成功を阻む主な障壁だった。

前回の失敗を踏まえて、それでもスパムオフを立ち上げるかと聞かれたら、私はもちろんとイエスと答える。なぜなら、遂行に値する戦いだからだ。今度はどんなアプローチを取るだろうか。おそらく、行政と事前に手を組んで、一緒にサービスを作るだろう。

スパムオフはある意味では大成功で、イスラエルを発信源とするＳＭＳのスパムメールは、わずか10％となった。ただ1つの後悔は、唯一の投資家だった私の資金が尽きたことだ。

ラテンアメリカにおけるフェーズの移行

ウェイズがイスラエルから国外に拡大したとき、最初は悪夢だった。いくらかのトラクション［事業の成長を感じさせる伸びや勢い］を得られた数少ない地域の1つはラテンアメリカだったが、それはエクアドルのすばらしいパートナーが、コロンビアやベネズエラ、チリへの進出にも手を貸してくれたおかげだった。当時はラテンアメリカで最も一般的だったスマートフォンのブラックベリーに力を入れていた。

そのパートナーとは、ネットワークに接続した車のテレマティクス［通信システムを利用したサービス提供のこと］を専門とするロケーションワールドだった。ロケーションワールドはマッピングも行なっていたため、その地域でのウェイズの地図はすぐに正確性を増した。彼らがいなければ、私たちは死んでいた。彼らは未来へ飛躍する足場を与えてくれた。

ロケーションワールドとの取引では、私たちが地図を作り、彼らがそれを販売した。ウェイズのために積極的に事業開発を行なってくれた。

だが、私たちがビジネスモデルを変更し、広告販売で収益を上げるようになると、ロケーションワールドの重要性は完全になくなった。広告の販売は彼らの得意分野ではなかった。前向きに挑戦はしてくれた。だが、データやユーザーを育てていた初期のころ、彼らがすばらしいパートナーだったように、今度は広告の分野での経験豊富なパートナーがほしかった。

彼らは不満だった。「丘の上まで馬車を運んだロバの気分だ。今度は下り道で、あとは自分たちで丘を下れるから、もう私たちは必要ないと言われている」と、文句を言った。「これまでのすべてに感謝している」と私は言った。「だが、こう考えてみてほしい。私たちの馬車はロバよりも速く丘を下れる。あなたが脇にどかないと、馬車があなたをひいてしまう！」

私は別の取引を提案した。「こちらへきて、一緒に馬車に乗りましょう。あなたは当社の株を持っている。それで成功するでしょう」。そして実際、長年にわたってウェイズと関係を保ち、彼らはたくさんの収益を上げた。私たちは今でも友人だ。

世界で最も重要な市場はアメリカだと思うかもしれないが、当時の規模から考えれば、ウェイズ（とムービット）は、ラテンアメリカで、アメリカをはるかに超える成功を達成した。

この物語のポイントは、異なるフェーズが正しいタイミングでやってくることだ。2010年、ロケーションワールドはウェイズの成功に欠かせない存在だった。2011年には非常によいパートナーとなり、2012年にはあまり重要でなくなった。会社が前進するにつれ、彼らの重要性は不要なレベルにまで下がった。社員や部門、マネジャー、創業者についても、ギアを切り替えるタイミングで同じことが起こりやすい。

スタートアップはオーケストラ

CEOが直面する最大の課題は、組織がフェーズとともに変化することだ。その意味では、CEOはオーケストラの指揮者に近い。スタートアップのオーケストラの各演奏者——営業、マーケティング、プロダクト開発——はそれ自体が重要で、正しいタイミングで仕事をする。まずはピアノが演奏をはじめ、そこへバイオリンが加わり（この時点でピアノは100％の音風景ではなくなる）、そのあと打楽器や管楽器も加わる。残りの演奏にピアノが必要なければ、ピアニストは幕間に帰るだろう。成熟した組織は、すべてのピースが定位置にある。それらがハーモニーを奏でる必要がある。各演奏者は、自分のしていることが、全体の一部だとわかっている。

1つのフェーズから次のフェーズに移行できず、大きな変化の流れに乗れず、正しいリズムを奏でるために正しいタイミングで奏者を配置できないことが、スタートアップが失敗する最大の原因の1つだ。

ギアを切り替えるタイミング

次のうちのどれかが起こったときは、ギアを切り替える準備ができたときだ。

- 指標・数字が正しい。
- ＰＭＦで顧客維持率の目標が達成された。
- ビジネスモデルが見つかり、販売サイクルが短くなった。
- ユーザー獲得コストがゼロになるか、ＬＴＶ（顧客生涯価値）よりずっと低くなった。

適正な数字は何か。それは、ＰＭＦ、成長、ビジネスモデルの章で紹介しよう。直感ではなく数字に従って行動し、数字が正しいときにギアを切り替え、会社を導くことが求められる。次のフェーズへの移行が早すぎたり、遅すぎたりした企業を、私はたくさん見てきた。

第4章まとめ

- スタートアップで最も重要なステージはどれか。すべてのステージだ。ただし、重要なのは一度に1つのステージだけだ。
- 成功したスタートアップや起業家は、たいていは一度に1つ、フェーズごとに取り組みを行なう。ＰＭＦは常に最初にくる。
- 各フェーズには2～3年かかる。ＰＭＦのフェーズのあとは、たいていスケールアップや収益化（事業計画）だ。
- 複数のフェーズに一度に取り組むのは、ほぼ間違いなく災いのもとだ。資金を無駄に使い、前にも進めずに終わる。
- ＭＩＴ（最重要事項）を決めることからはじめよう。フェーズの移行が大がかりなのは、ＭＩＴが変わるからだ。
- 創業者を含め、すべての人員が次のフェーズに参加するわけではない。
- 早すぎる採用に注意しよう。そうしないと、優秀な人材が手持無沙汰で去ってしまう。
- 最初の顧客が2回目を購入したら、ＰＭＦのよい兆候だ。
- 顧客に請求できるのは、あなたが提供する価値の10～25％だ。

第5a章　資金調達のジェットコースターに乗る

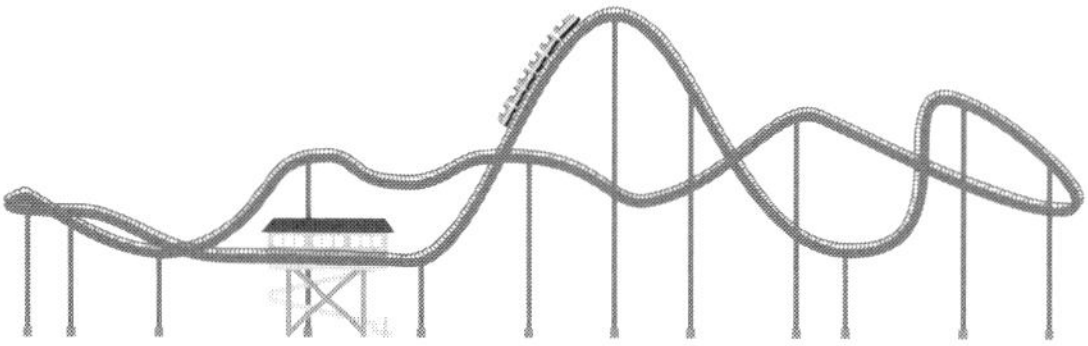

スタートアップの起業がジェットコースターだとすると、資金調達は暗闇を走るジェットコースターだ。何が起こるか予想もつかない。

　イスラエルのベンチャーキャピタルであるバーテックスベンチャーズの「パートナー全員」とのミーティングは、２００７年11月下旬の木曜日の朝に予定されていた。ウェイズはそれまでにも投資家とミーティングを何度も重ねていたが、バーテックスとのミーティングは3回目で、相手側に興味があることがうかがえた。

　ウェイズはシードラウンドの資金調達を目指していて、その時点ではまだ、会社として組織化されておらず、給料を支払う社員もいなかった。私はすでに、資金調達のミッションにフルタイムで取り組んでいた。端的に言えば人材を採用し、ギアを入れて旅に出る資金が必要だったのだ。

　11月のバーテックスとの会議は、すべてのパートナーが参加する初めての会議だった。それまでは、私たちの担当者であるエフド・

レヴィや、数人のメンバーと会っていただけだった。

エフドは、プロダクトにとても興味を持ってくれたが、社内のほかのメンバー、とくに同社のファンドマネジャーで唯一の意思決定者であるヨラム・オロンを説得する必要があった。

ほかのベンチャーキャピタルからは、すでに数々の「ノー」を受けていた。これまで断られた理由はどれもあいまいで、誰に何を言われたのかさえ定かではない。

そうした理由の多く――そもそも理由があればだが――は、私たちが語ったストーリーとはまったく無関係だった。

意味をなすものもいくつかあった。

「一般のドライバーが、ナブテックやテレアトラスよりも、すぐれた地図を作れると思っているのか？」と、当時の大手GPS地図メーカー2社の名前を挙げる人もいた。

「私の家がどこかわからないなら、満足できる地図には絶対にならない」と言う人もいた。

「ユーザーが間違った情報を入力しないとなぜわかるのだ。すべてを検証する人間が必要ではないのか？」

「ユーザーは決して現在地を共有しない。プライバシーの問題だ」

「なぜこの世にさらにもう1つ、ナビゲーションアプリが必要なのか？」

そして、私自身には、「自分がリーダーとして適任だと思う理由は何か？」と質問された。

ベンチャーキャピタルの意思決定における重要な要素の1つは「ユーザーの視点」だ。**ベンチャーキャピタルのパートナーが、自分が使わないと思うものに投資することはまずない。**これまで会ったほとんどの投資家は、クラウドソーシングのコンセプト全体にまで理解が及んでいなかった。

「集団は個人より賢い」、「群衆の知恵」といった考え方への理解は十分に受け入れられたが、地図やアプリが未完成な状態で、誰かが積極的にアプリを通じて貢献するといった考え方は、彼らの心に響かなかった。

ヨラムが「まるで魔法だ」と思うような、あっと驚く効果を生み出す必要があった。彼自身が積極的に地図作りに貢献する気にならなくても、誰かが貢献するだろうと思ってもらう必要があった。

私はあるアイデアを思いついた。

「パートナー全員の自宅が地図に表示されるようにしよう」と、ウェイズのほかの2人に言った。「そうすれば、自宅まで案内してほしいと頼まれても、問題なく実演できる」。むしろ何か頼んでほしかったし、頼まれなければ、頼む方向へそれとなく誘導するつもりでいた。私の計画では、会議中に、自宅はどこかとエフドにたずねて、彼の家を地図に表示させる。それに続いて、ほかのパートナーが自分もやってみたいと言ってくれるのを期待した。

エフドにバーテックスのパートナーの住所を教えてほしいと頼んだ。当然理由を問われたので、デモで実際にパートナーの近所が表示されたら、リアルに感じてもらえるからだと答えた。「テストをするのに一番に思いつく住所は、自宅と会社だ」と私は説明した。デモを終えたらデータは削除すると約束した。

エフドはその日の遅くに住所のリストを送ってくれた。それぞれのパートナーの自宅近くをシミュレーションで運転し、地図を作成した。地図編集の作業を何度も行ない、パートナーの自宅近くの情報を生成した。

それにより、パートナーの自宅の番地が地図に掲載されただけでなく、その通りにあるほかの家も、次の通りも、その次の通りでも、複数の家が表示されるようになった。その結果、「私の自宅は地図に載っているかな？」と、誰から聞かれても答えられる準備ができた。

私たちは早めに到着し、ステージを整えた。私はいつもステージを整える。スクリーンの前に席を陣取って、私がプレゼンするあいだ、みんなが私に注目するようにする。そして何より、みんながスライドの資料を眺めているあいだ、私が彼らの様子を確認できるようにする。

まずは地図とナビゲーションを大画面で表示した。

「それでは、私の自宅が地図に表示されるかもしれないのだね？」と、マネージングパートナーのヨラム・オロンは言った。待ちに待った瞬間だった。

「どちらにお住まいか知りませんが、住所を教えていただければ、探してみましょう」と私は答えた。

ウソではない。私自身は、ヨラムがどこに住んでいるか知らないのだ。だが、彼の自宅が地図に載っているのは知っていた。

ヨラムの住所を入力した。すると、まさに魔法のように、彼の家が画面に表示された。ヨラムは地図を見つめていたが、私はヨラムを見つめていた。彼の表情を観察した。彼の家が地図に表示された瞬間、彼の目つきが変わった。両方の口角が上がった。ビジネスチャンスを見つけたときの顔になったのだ。

この調達はものにした、とわかった瞬間だった。

1週間後、バーテックスから200万ドルのタームシートを受け取った。

だが、それで終わりではなかった――終わりどころではなかった。その後3カ月間契約が実行されず、そのときまでに、ほかにも2人の投資家が加わり、投資額は1200万ドルへと跳ね上がった。

スタートアップがジェットコースターで、資金調達が暗闇を走るジェットコースターなら、クロージングは暗闇の中を後ろ向きに進むジェットコースターだ。そのジェットコースターは楽しかったか？　私はスピードとエクストリームスポーツが好きだ。そして、私がそのとき学んだことは、ウェイズのあとに創業した数多くの会社のためにも、かけがえのないものだったとわかった。

初めての資金調達を目指しているなら、この章は必読だ。資金調達は、これまで見てきたどんなものともまったく異なっている。「運命の人」を見つけるのに、100人と会う必要があると想像してみよう。資金調達は、まさしくそれと同じだ。常軌を逸することが必要なのだ。この章では、そんな常軌を逸した資金調達ができる起業家になる方法をお伝えしよう。

結局のところ、**投資家が新たなスタートアップや起業家に投資するのは、CEOを気に入って、さらにストーリーを気に入ったときだけだ。あなたのストーリーを輝かせよう！**

面白い話をする

ウェイズが買収された2013年、イスラエルで有数のベンチャーキャピタルのパートナーとミーティングをしていた。起業家を気に入るかどうかを判断するまでに、どのくらいの時間がかかるかとたずねた。

「本当の答えと正しい答えのどちらが知りたい？」と彼はたずねた。「本当の答えが知りたい」と私は答えた。「正しい答えは、もう何度も聞いてきた」

私たちは小さな会議室にいた。彼は私を見た。それからドアを見た。そして、もう一度私を見て、もう一度ドアを見た。

「このくらいだ」と彼は言った。「席に着く前には決まっている」

第一印象はこれほど早く決まる。その印象を固めるか変えるかは、その後数分間の問題だ。

これが本当なら、あなたが語るストーリーでは、最初に最も強烈なポイントを持ってくる必要がある。そうでなければ、そこに至るまでに、彼らは心を決めてしまう。

これまでに何度か、アーリーステージの企業について、投資家にたずねる機会があった。「このスタートアップや、あのスタートアップに投資しようと決めたのはなぜですか」と聞くと、いつも答えは同じだった。「前のスタートアップからCEOを知っていた」あるいは「ストーリーもCEOも気に入った」

ここから、次の2つの結論が導き出せる。

1. ストーリーが気に入った：面白いストーリーを語る方法を学ぶ必要がある。面白いストーリーとは、事実ではなく、感情移入できるかどうかだ。私たちがバーテックスを「魔法」で驚かせたように、あなたのプロダクトがほしいと投資家に思わせる。

2. CEOのことが気に入った：あなた自身を最高の状態にする必要があり、見た目や印象も重要だ。そこで、CEOは最初のミーティングに1人で行く。そうすれば、ステージ上で誰かにスポットライトを奪われることはない。

ストーリーを語ることについて、かつて同僚が貴重な話を聞かせてくれた。

「私の友人が、昨晩ビーチにランニングに出かけた。8キロほど走ったところで、地中海へ飛び込んだら最高に気持ちいいだろうと思いついた。時間も遅かったので、ビーチには誰もいなかった。誰もいないなら、裸で泳いでクールダウンできると思った。そこで、服を全部脱いで――腕時計まで外して――海に飛び込んだ。数分後、突然サメが現れた。彼はナイフを取り出してサメを刺し……」

私はそこで話を止めた。

「待ってくれ」と、私は言葉を挟んだ。「ナイフはどこから出したんだ？」

「ストーリーが聞きたいのか、それとも事実が知りたいのか？」と彼は答えた。

この話は重要なポイントを伝えている。**事実を話すなら、聞き手に考えさせる。ストーリーを語るなら、聞き手に想像させ、感じさせる。投資してほしいなら、投資家に想像させ、感情移入させる必要がある。**

どうしたら面白いストーリーが語れるか。そのためには、感情移入を呼び起こし、聞き手に自分がストーリーの一部だと感じてもらう必要がある。したがって、ストーリーは真に迫るものでなければならない。「使用事例」――一般的な事業計画と、プロダクトのユーザー像や使用方法を事細かに記したマーケティング文書――を作成しただけではうまくいかない。

ほかの誰かの使用事例を語っても、真実味は生み出せるが、最も重要なのは、聞き手（ここでは投資家）に自分もストーリーの一部である（つまり、「自分にも起こるかもしれない」）と感じてもらうことだ。聞き手はストーリーを「感じる」必要がある。たとえすべてが真実ではないとしても。

ジーク：電子レンジからはじまった

店舗限定のクーポン券を最大限活用するのに役立つスタートアップであるジーク（Zeek）を立ち上げたとき、いくつかの使用事例をプレゼンしたいと思っていた。

使用事例は非常に役立つツールだが、無味乾燥で、ストーリーではない。

私はジークの会長で、ダニエル・ゼルキンドは共同創業者でCEOだった。ダニエルは、新たな会社の使用事例をストーリーに変える方法を私にたずねた。私はストーリーを1つ作ってみせた。はじまりはこんなふうだった。

わが家のキッチンには、作りつけの棚があって、電子レンジ用のスペースが設けられている。レンジのまわりには木枠があって、ドアと操作ボタンだけが見えている。

ある日、電子レンジが壊れて、私は妻（今は元妻）に、急いで新しいものを見つけるようにと言われた。すぐに必要なことはわかっていたが、レンジは木枠よりも小さいサイズでなければ収まらないので、私は慎重にサイズを測ってから、新しいレンジを買いに行った。運がいいことに、必要なサイズの最新型のレンジが見つかった。家に持ち帰り、箱から取り出して、棚から木枠を取り外し、古いレンジを引っ張り出し、新しいレンジを設置した。それから、木枠をもとに戻し、古いレンジを新品が入っていた箱に入れ、レンジの入った箱をゴミ捨て場まで引きずった。そして最後に、新しいレンジが動くかどうか確認しようとした。

そこで気がついた。レンジのドアが木枠より3ミリ大きい。

この話をするときには、両手を使って木枠の幅を表し、重たい箱をゴミ捨て場に運んだ様子を表現し、ゴミ捨て場にいた野良猫の大きさを示して見せる。この時点で、聞き手には、自分も物語の一部だと想像してほしい。ストーリーの真実味を感じ、不満を共有してもらうのだ。

だが、物語はそこで終わらない。店にレンジを返品に行ったが、店員の対応が散々だった。「ご希望のサイズのレンジは当店には置いていません」と店員は言う。その代わり、返品した品物と同額のクーポン券を渡すと言う。「このクーポン券をどうしろと言うのだ」と私は言う。「このサイズに収まるレンジが必要なのだ。でも、このお店には置いていない。それなら、この店で買うものはない」。結局、別の店で2台目のレンジを購入した。今、私には2台のレンジがある。1台は自宅に、もう1台は「クーポン券」として。

すべてをまとめると――やるせない気持ち、時間とお金の無駄、予想どおりの妻のリアクション――クーポン券のマーケットプレイスがなぜ必要なのかを説明する、完璧なストーリーができあがる。

これがジークのはじまりだった。このストーリーがうまくいったのは、細部がすばらしかったからだ。実際、活字で読むと、細部が多すぎると感じるかもしれないが、この細部こそが、ストーリーを真に迫るものにする（ストーリーを語るときには、メッセージが伝わるなら、ある程度細部を削ってもかまわない）。

さらに、ストーリーに含まれる失望感が、真実味を生み出し、感情移入させる。同じ状況に自分が置かれたらと、たやすく想像できる。実際のところ、話があまりに本当らしく聞こえたため、ダニエルでさえ作り話であることを忘れ、「電子レンジの大失敗のあと、奥さんは何と言ったのですか」と、私にたずねるほどだった。

ダニエルは、すべてのピッチでこのストーリーを使いはじめた。どこかの時点で、ダニエルはおそらく、この話が自分自身に起こったことだと思いはじめたようで、その影響はブーメランのように私のところに返ってきた。

私はダニエルにベンチャーキャピタルのセコイアを紹介した。ダニエルが会ったのはパートナーのギリ・ラナンだった。ギリとはイスラエル国防軍の8200部隊で知り合って以来、ムービットの取締役会を含め、いくつかの場所でともに時間を過ごしてきた。

私は以前、ギリに電子レンジの話をしていた。そして、ダニエルもギリに同じ話をした。ピッチの感想を聞くと、「面白かったよ」とギリは言った。「CEOは君とまったく同じ電子レンジの話をした。しかも、手の動きまで一緒だった！」

ストーリーがどうやって生まれたかは重要ではない。**CEOが自分の「すべて」をストーリーに注ぎ込めば、真実味が増し、感情移入が生まれ、投資家たちはストーリーに入り込む。おそらくは、がっかりしたり、怒ったり、復讐を誓ったりする。**それが非常に重要だ。

私が以前、投資家はユーザーでもあると言ったのを覚えているだろうか。あなたが投資家だったとして、起業家がピッチしている商品を自分は使わないと思ったら、あなたは投資しないだろう。

そのため、ストーリーを作るときには、あなたが会う予定の投資家について、前もって情報が得られないかを確認しよう。プロダクトが子ども向けのアプリなら、同年代の子どもがいるか投資家にたずねよう。姪や甥ならいるかもしれない。**投資家が知っている誰かがプロダクトを使うところを想像させる**のだ。

リファンディットのストーリー

リファンディットのストーリーは、ある意味ではジークのストーリーよりも強力だ。なぜなら、リファンディットが扱うのはVAT（付加価値税）の還付（免税と呼ばれることが多い）であり、まったく別の不満を引き起こすものだからだ。

第1章でも述べたように、EUに住んでいない人がEUを訪問すると、訪問中に購入した商品に支払ったVATを取り戻せる。だが、取り戻せないケースは90％に上る。たいていは、税関に長い行列ができていたり、購入店に申請書が置いていなかったり、空港の窓口が閉まっていたりする。取り戻すまでの過程で、必ず何かがうまくいかない。

リファンディットはこのプロセスを簡素化した。お金を取り戻すために必要なのは、アプリを使って、レシートとパスポートと搭乗券をスキャンすることだけだ。

このストーリーを投資家に話すと、それが引き金となって、投資家は必ず自分自身が抱いた不満を思い出す。どんな体験をしたのか話してくれる。それはまさに、リファンディットのCEOであるジヴがユーザーと話をして、ベルギーでサイクルトレーナーを購入したときに、体験したことだった。

ストーリーを語るときに最も重要なのは、フィードバックに耳を傾けることであり、投資家が一度興味を持ったら、そのつながりに光を当て、力づけることだ。

例えば、以前投資家にこう言われたことがある。「私は一度も払い戻しをしたことはないが、妻はいつも手続きをするんだ」。そのフィードバックに対しては、こんなふうに答えられる。「そうですか！　それは余計に大変ですね。少なくとも奥様には立ち止まる理由があって、うまくいけばお金も戻ってきますが、あなたは何もしないでただ待たされるのですから。まったく時間の無駄です。リファンディットなら、奥様を待つあいだの時間と不満を解消できます」

デモとスライド資料

緊張しやすい人や、人前で話すのが苦手な人は、どうすればよいか。ピッチをしに行ったとき、プロダクトの機能を説明するデモ動画を投資家に見せればよいだろうか。それはだめだ。投資家を苛立たせ、あなたの口から直接ストーリーを語る90秒のチャンスを逃してしまう。どんな第一印象を与えることになってしまうだろうか。

だが、ストーリーをメールで送るときには、動画はとても有効だ。あなたが会う投資家は、たいてい単独の意思決定者ではない。投資家には彼らをサポートする組織がある。うまく活用すれば、投資家が組織内で情報共有するのに、動画は最適なツールとなり得る。

動画によるデモについて、少し話をしよう。最近ではますます一般的になっている。私が気づいたのは、言葉でストーリーを語る代わりに、退屈なBGMを流している動画が多いことだ。これは恐ろしいほど時間と機会の無駄だ。注意を向けてもらえる時間が90秒間あって、そこで退屈な音楽を聞かせるとは、どういうことか。そんな動画が送られてきたら、動画の作成者は誰かと聞くことにしている。名前を聞いたら、その人は解雇すべきだと伝えている。

実際のデモでは、状況はまったく異なる。あなたは物理的にそこに存在し、聞き手を見て、感じて、話すことができる。ストーリーを語る大事な機会だ。重要なアドバイスを伝えておこう。**聞き手がスクリーンで目にするものと、あなたが自分の言葉で語ることは、完全に分けたほうがいい。聞き手がプロダクトを見ているあいだ、あなたはストーリーを語るのだ。**最終的には、ストーリーを聞き終えて、聞き手に納得してもらう。マウスを動かしながら、聞き手が見ているものやあなたがしていることを説明しようとしてはいけない。それではチャンスを逃してしまう。その代わり、感情移入を生むストーリーを語ろう。

だが、宣伝用の動画（デモ動画ではなく）は作成する価値がある。作成するときには、ストーリーが語られるのに合わせて、テロップを加えよう。そうすれば、静かな場所でも動画を見てもらえる。

スライド資料を作るとき、最も重要だが見過ごされがちな2枚のスライドは、最初と最後のスライド（つまり、タイトルのスライドと締めのスライド）だ。おそらく予想もしなかった部分ではないだろうか。私が見てきたプレゼンでは、タイトルのスライドは、タイトルと日付しか書かれていないものがほとんどだ。1枚のスライドを除き、ほかのどのスライドよりも長い時間表示されるこのスライドで、何も伝えない手はない。

タイトルのスライドでは、簡単で力強いメッセージを1つ伝えよう。問題を説明したり、機会を提示したり、あるいは、あとで語るストーリーが本当だと思ってもらえるように、簡潔な文章を書いておいたりする。例えば、「4000億ドルの壊れた市場に対応します」、「私たちが誰よりも的確に対処します」、「90%の人が歯医者へ行くのが嫌いです」といった具合だ。

タイトルのスライドについて、「1枚のスライドを除き」と言ったのは、たいていは「ありがとうございました」とだけ書かれた最後のスライドが、一番長く表示される可能性が高いからだ。**最後のスライドは、重要なメッセージを思い出してもらうのに使おう。**この2枚のスライドは、最も長い時間人目に触れる。聞き手に覚えておいてほしいことを伝えよう。

最後になるが、**ストーリーで問題を解決するときには、「誰が」と「なぜ」からはじめて、最後に「何を」に至るようにしよう。**第1章で説明した、解決に値する大きな問題を特定するのと同じプロセスだ。この問題を誰のために解決するのか。ここでは聞き手にあたる。なぜあなたはそれを作るのか。これは問題に該当する。そして、「何を」は解決策だ。

投資家への最初のピッチでは、ミーティングにはCEO1人だけで参加することを思い出そう（投資家がとくにチームでの参加を求めない限り）。エゴの問題ではない。ベンチャーキャピタルが投資を決めるのは、CEOのことが気に入り、ストーリーが気に入ったときだからだ。ほかの人を連れていくと、何が起こるのか。可能性は2つある。その人が積極的に参加したことで、CEOに向けられるべき時間、注目、輝きが奪われる。あるいは、その人が一言も発せず、こうたずねられる。「あの人は何をしにきたのですか？」

100回のノーのダンス

どんなスタートアップも、最初は資金調達に苦労する。シードラウンドまで進めるスタートアップ（すでに会社を設立していて、おそらくエンジェルからプレシードの資金調達を完了している）は、わずか15％だ。

バーテックスがイエスと言うまで、ウェイズはたくさんのノーを受け取った。これは「**100回のノーのダンス**」と呼ぶことができる。

なぜ100回なのか。こう考えてみよう。ベンチャーキャピタルのパートナーは1年に

100〜200社と面談する。だが、投資するのは1年にわずか1〜2件だ。つまり、99％がノーで、1％がイエスとなる。そのため、99回ピッチをするのは、悪い事態ではない。ただ単にそういうものなのだ。

PMFを見つけるときとは大きく異なる。20人と話をして、「あなたが提起する問題は、私には問題ではない」と全員が言ったなら、あなたの問題認識は間違っている可能性があり、それ以上前に進む理由はない。だが、20人の投資家と話をして、全員がノーと言っても、何も問題はない。ただ坂道を登り続ければいい。だが、誤解しないでほしい。もちろん気が滅入る仕事ではある。スタートアップについて知識があると思われる人たちが、あなたに向けて続けざまにノーを繰り返すのだ。だが、がっかりしてはいけない。改善策を探して、次へ進もう。

実際、あなたは2つの面で成長している。ストーリーが改善され、立ち直る力と忍耐力が増している。

あまりにも重要なポイントなので、繰り返して言わせてほしい。バスケットボールで、コートの4分の3の位置からシュートを打つと想像してみよう。エンドラインに立ち、反対側のゴールをめがけてシュートする。1回で決まると思うなら、スタートアップを起業せず、NBAでプレーすべきだ。だが、100回挑戦すれば、最後にはシュートが決まる可能性はある。

ベンチャーキャピタルがそれほど慎重なのには理由がある。ハーバードビジネススクールの調査によると、ベンチャーキャピタルが支援したスタートアップの75％は失敗する。イスラエルでは、ベンチャーキャピタルが支援した企業の40％は投資利益が出ない。**アメリカでは、わずか6％の企業が投資利益の90％を生み出している。**

だがベンチャーキャピタルは、ときとして成功を見つけ、ユニコーンさえも見つける。ベンチャーキャピタルは、ある企業を探している。いずれ10億ドルの価値となるか、数十億ドル市場のプレーヤーとなる企業だ。それがすべての損失を埋め合わせる。ユニコーンとスタートアップの比率は、２０１４年には１：１５００で、２０２１年になると、はるかに比率は上がるが、それでも１：８００で、（おおよそで考えれば）１０００件に1件のスタートアップがユニコーンになる。

ベンチャーキャピタルのパートナーは、５００万ドルの投資を倍にするだけの会社は求めていない。10倍、20倍、１００倍のリターンを求めている。彼らはこうした投資先を「ファンドメーカー」と呼ぶ。ファンドメーカーになる可能性がないと考えれば、ベンチャーキャピタルは投資しない。

ストーリーの冒頭に最も強力なポイントを置く重要性はここにもある。ベンチャーキャピタルの仕事が99％のケースでノーと言うことであるなら、彼らの忍耐力は次第に低下し、たいていは一足飛びで結論を出すようになっていく。ベンチャーキャピタルの結論が正しくなるよう、最も強力なポイントからはじめよう。

ベンチャーキャピタル企業の誰にアプローチするべきだろうか。起業家と話すのが仕事である最も手近なアソシエイトなら、すぐに手が届く。だが、それはやめておこう。**イエスと言えるのは、ベンチャーキャピタルのパートナーだけだ。それ以外の誰と話しても意味はない。**アソシエイトに言える最大限はノーだ。

投資家のウソに注意

100回のノーのダンスを踊っているときには、投資家のウソに注意しよう。「どんな取引でも、これはこうするものなんだ」と言われても、本当にそうだろうか。わが家の子どもが学校から帰ってきて、「でもお父さん、クラスのほかの子のお父さんはみんな、あれもこれもさせてくれるよ」「全部」「絶対」「いつも」「誰も」——と言ったときには、文字どおりに受け取ってはいけない。投資家でも同じだ。

「こういうものには絶対に投資しない」や、「この価格では決して投資しない」は、「投資したことはあるが、言わないでおこう」と解釈すべきだ。初めての起業だと、経験豊富な投資家のウソを見抜くのは非常に難しい。**「すべて」や「絶対」は、ほぼ間違いなく投資家のウソ**だ。

「誰もダウンロードしない」

「市場の成長軌道は減速するだろう」

「あなたのプロダクトは、これこれこういうタイプの投資家向きで、私たち向きではない」

これらの言葉はみんなウソだ。投資家は、「アイデアが気に入らない」か、あるいは「あなたが気に入らないが、あなたには言いたくない」と思っている。

すべての起業家がいずれかの時点で耳にする、最も一般的なウソの反対理由は、「グーグルならできる」だ。だが、これも本当であるはずがない。グーグルは、自らの事業開拓に集中している。あなたの事業のことは気にしていない。もしグーグルがあなたの利益を奪おうと決めたのなら、あなたと同じか似たような道のりをたどってあなたの今いる場所にたどりつく必要があり、あなたが正しいＰＭＦに到達しているなら、それは大変な道のりだ。

ムービットの共同創設者でＣＥＯのニル・エレズは、２０１２年の最初の資金調達で、投資家から何度も同じ反対理由を聞かされた。その１つは、ウェイズが公共交通機関の市場に進出する可能性が高いことだった。その時点ですでに、ウェイズは通勤者向け渋滞情報のクラウドソーシングを完成させていた。

「ウェイズならすぐにできる」と投資家は言った。

おかしな話だ。なぜなら、私はすでにムービットの取締役だったからだ。

そこで、私は投資家にずばりと言った。「いや、ウェイズはすぐにできない。ユーザーがまったく違う。ウェイズのユーザーは車を運転するが、ムービットのユーザーは運転しない」

グーグルと同じく、集中の問題だ。そして、集中とは、私たちが何をするかではなく、私たちが何をしないかが重要だ。ウェイズが集中するのは通勤ドライバーだ。つまり、公共交通も歩行者も馬車も扱わない。スキーヤーも自転車乗りも扱わない（私がどちらにも乗るとしても）。

会社を動かすのは顧客だ。言い換えれば、私たちが何をしているかではなく、誰のために、なぜしているかが重要なのだ。ウェイズとムービットが競合だと考える投資家もいたが、それは違う。

投資家との行ったり来たりの反論のやりとりが起こると、投資家が間違っていると証明しようとする起業家は多い。なぜ投資しないのかを説明する詳細なメールを受け取ると、起業家は投資家の主張が間違っている理由を返事に長々と書き連ねる傾向がある。

気にしてはいけない。ただ「ご検討ありがとうございます」と言って、１００社分のベンチャーキャピタルのリストをたどっていこう。彼らがノーと言うのは、ストーリーを気に入らないからか、あなたが気に入らないからだと覚えておこう。

ベンチャーキャピタルから、投資しない理由を丁寧に書きつづったメールが送られてくることもある。「ありがとうございます」とだけ返事して、「何かありましたらご連絡します」と言っておこう。ベンチャーキャピタルからメールの返事が来ないときは、どうすればよいだろう。そのときは、先へ進もう。投資をしたければ、電話がくる。

投資家重要指標

投資家が前に進むことに興味を持っているかどうか、どうすればわかるだろうか。以下は、私がＫＩＩ――「投資家重要指標（Key Investor Indicators）」――と呼ぶものだ。

- 投資家が投資契約の話をしたら、興味を持っている。
- ほかに誰がこの案件を検討しているかとたずねてきたら、興味を持っている。
- 既存の投資家は誰かと聞かれるか、資本政策（所有割合や株式の希薄化を示す）が見たいと言われたら、興味を持っている。
- プレゼンの仕方の変更点についてアドバイスをくれたら、ファンドのほかの誰かへのプレゼンを希望しているので、興味を持っている。

ウェイズはイギリスの大手ベンチャーキャピタルのアトミコへ４回訪問した。アトミコは毎回何らかの理由をつけて断った。はじめは「早すぎる」だった。実にまっとうな答えだ。つまり、今はまだストーリーを信じられないが、実世界でのデータでうまくいくことを示せば、了承してもらえる。

ラウンドの初期に資金調達はできなかったが、アトミコのことが気に入ったので、シリーズBでも訪問した。今度はこう言われた。「ここまでの成長はすばらしいが、バリュエーションが高すぎる」

バリュエーションとは、会社の価値を評価したものだ。ベンチャーキャピタルは、バリュエーションが低いときに一定の金額を投資すれば、バリュエーションが高いときに投資するよりも、会社の持分が多くなる。バリュエーションが高いと、既存の投資家――と会社の株主――の株式の「希薄化」が少なくなる。つまり、会社の持分率を高く維持できる。私たちはシリーズCでもアトミコを訪れると、今回も同じセリフが繰り返された。

「すばらしい成長だ」とアトミコは言った。「ここまでくるとは思っていなかった。前回のラウンドで投資すればよかったが、今回のバリュエーションはやはり高すぎる」

「わかりました」私は答えた。「でも、次回も同じことを言うのでしょうね」

アトミコが加わるより先に、ウェイズはグーグルに買収された。だがアトミコは、ブラジルでの事業開発に大きく手を貸してくれた。

残りわずか数カ月

実を言えば、少なくともセカンドラウンドでは、断られたのはアトミコだけではなかった。

ウェイズは資金調達に非常に苦労した。イスラエルでは大成功したが、アメリカやヨーロッパでは成長が鈍化し、トラクションを獲得できた国は、ラトビア、スロバキア、チェコだけだった。エクアドルやラテンアメリカでうまくいったのは、自動車テクノロジー企業のロケーションワールドがすばらしいパートナーとなってくれたおかげだった。

イスラエルのベンチャーキャピタルはすべてノーと言った。ベンチャーキャピタルをいくつも訪問し、これまでの成長を示し、彼らはウェイズのアプリを使っていた。それでも、グローバルな数字が十分ではなく、明確なビジネスモデルがなかった。

また、既存のベンチャーキャピタルも追加の投資に興味を持っていなかった。それほどまでに支援を得られずにいた。

「今、2000万〜4000万ドルで会社を売却できるなら、したほうがいい」と、初期の投資家の1人は言った。

ウェイズには苦難の時期だった。2010年のことで、シリーズAで調達した現金が底を尽きかけていた。私たちに残されたのは数カ月だった。全般的なコスト削減を避けるために経営陣全員が減給を受け入れ、ほかの社員への影響は回避した。

グーグルの予想外の動き

そのころ、ウェイズのCEOであるノーム・バーディンと私は、それまでに何度か会っていたシリコンバレーの大手ベンチャーキャピタルである、コースラベンチャーズのパートナーの1人と夕食をともにしていた。全パートナーとのミーティングが翌朝に控えていたため、私たちはその準備を行ない、シリーズBの資金調達に期待をかけていた。

全パートナーとのミーティングは、パートナーに投資への明確な意欲がある兆候なので、ミーティングに備えて打ち合わせをすることになる。そのパートナーは、自分たちの会社が私たちにどれだけの価値があるかを説明していた（これもまた、興味を持っていることを示す明確なサインだ）。

パートナーはそのとき、こう付け加えた。ウェイズの唯一の競合となるのはグーグルだろうが、グーグルの担当者と話をしたら、少なくともあと2年は、自社の地図やターンバイターンナビゲーションには手を出さないと言っていたので、何も心配はいらない。

翌朝、パソコンを開いて最新のITニュースをチェックし、愕然とした。グーグルがアメリカでのターンバイターンナビゲーションを発表し、トムトムに代わる地図情報源になると書かれていた。ノームと私は朝食の席で話をした。

「こんな事態になってもまだ、全パートナーとのミーティングに出席する意味があるだろうか」と、ノームは本気でたずねた。

ミーティングには出かけたが、ノームは正しかった。グーグルの発表により、大型投資家が抱いていたウェイズへの興味は、その場で消え失せた。

結局、シリーズBを終えるまでに、数十社のベンチャーキャピタルからノーと言われた。**シリーズBになると、ストーリーだけでなく、トラクションや実行力に、より比重が置かれる。**私たちのチームは最高で、モデルも（機能する部分は）すばらしく、ストーリーは非常に強力だった。だが、重要な国でトラクションを得られないことが何より厳しかった。

だが、1社だけは違った。マイクロソフトだ。その巨大IT企業は、私たちにうってつけの不安を抱えていた。グーグルが地図機能を拡大しているからには、マイクロソフトもいずれ、自社の地図プロダクトが必要になるかもしれない。グーグルがマイクロソフトへの地図のライセンス供与を拒否したら、どうすればいいのか。

マイクロソフトの不安は、私たちへの救いだった。同社はそのラウンドをリードし、半導体大手クアルコムの投資部門クアルコムベンチャーズを含め、7000万ドルのバリュエーションで、3000万ドルの調達となった。私たちの希望よりも多い金額だった。

こうして、大惨事――グーグルのアメリカでのターンバイターンナビゲーションの発表――のせいで、他社が地図作成の競合を探すことになり……その競合として選ばれたのがウェイズだった。

そのおかげで、地図内の検索でグーグルに張り合おうとするのではなく、グーグルマップの強みではない、通勤に役立つ機能に集中できた。

報告の必要なラインを下回ったので当時は公表されなかったが、マイクロソフトの投資はぎりぎりだった。会社をたたんで全員を解雇するまで、あとちょうど1カ月だった。こうしてシリーズBは終了し、十分な資金が調達できた。

資金調達戦略におけるFOMO

私はクアルコムにFOMO――「取り残されることへの恐れ（Fear of Missing Out）」――の力を使った。クアルコムは当初、バリュエーションが高すぎると言った。彼らが躊躇するあいだ、私は彼らとたくさんの時間を過ごした。あるミーティングで、彼らはバリュエーションがわずか5500万ドルだったときに、ツイッター（現X）への投資の機会を逃したと話した（2021年の執筆時点で、ツイッターは344億ドルだ）。

1週間後、全パートナーが出席する電話会議に参加するよう求められた。私は最後のスライドに、次の言葉だけを書いておいた。「時間を巻き戻せるなら、5500万ドルのバリュエーションでツイッターに投資しますか？」

FOMOがうまくいくケースはたくさんある。

マイクロソフトは検索エンジンのビング（Bing）におけるナビゲーションプロダクトを発表したが、その地図はナブテック（そのときにはノキア）のもので、私たちのものではなかった！

100回のノーのダンスは心身をひどく消耗させる。次から次へとノーを聞かされると、参ってしまうこともある。あまりにたくさん言われる前に、あきらめたくなるかもしれない。

最初はこう思うはずだ。「私はメンタルが強いから、50回ノーと言われてもあきらめない」。だが、20回ノーと言われるころには、自分が壊れたと感じる。

それではまだ早い。**ストーリーが面白くて、あなたが好かれる起業家なら、あなたに必要なのは100回に1回のイエスだ。**

タームシート

タームシートは、投資家があなたの会社への投資条件をまとめた書面だ。究極の目標だと感じられるかもしれないが、資金調達ラウンドの道のりでは、単なるマイルストーンにすぎない。

ほとんどは資金調達に至るが、その先の道のりはまだ長い。

投資家との交渉は、とくに初めての起業なら、最初から不公平な戦いだ。なぜなら、経験がゼロの状態で、百戦錬磨の相手と対峙するからだ。

それだけではない。投資家がすでにＣＥＯとストーリーを気に入り、投資を希望してタームシートを準備しても、あなたは自分の経験不足のせいで、投資家の熱が冷めないかと心配になる。最も恐ろしいのは契約を失うことなので、冷たくはねつけるのがよいのか、言いなりになるのがよいのか、正しいアプローチがわからないのだ。

初めて家を購入すると考えてみよう。不動産業者から住宅ローンの契約書を受け取ったが、半分は何が書いてあるのかわからない。

恐れずに助けを求めよう。実際には、求めるだけでは足りない。**資金調達のプロセス全体を通してあなたを導いてくれる、信頼できる人物からの助けが必要だ**（少なくとも初めてのときは）。

時間を取ってすべてを説明してくれる弁護士がすでにチームにいるだろうか。弁護士なら、タームシートの条件の各項目や、一般的な取り決めの範囲を説明してくれる。

あるいは、タームシートを確認した経験のあるほかの会社のＣＥＯに見てもらうのもいい（案内役には、仲間のＣＥＯが適任だ）。そうでなければ、交渉の余地のある条件がどれなのか、どうすればわかるだろうか（答え：ほぼすべて）。とくにうれしいのは、タームシートを手に入れても、まだほかのベンチャーキャピタルと「交渉」でき、最終的には複数のタームシートを受け取れることだ。これは、あなたが思うよりよくあることだ。

投資家としては、ある案件に投資したいと思っても、より大きなベンチャーキャピタルから、さらによい投資案件の話があれば、リードするより参加するほうがうれしいこともある。エゴマネジメントの問題だ。投資家は、より名声のあるベンチャーキャピタルの案件に喜んで参加する。案件の成功率が高くなり、将来可能となる資金調達が増え、そして何より、知名度の高いすぐれたベンチャーキャピタルと共同投資することで、自分たちの評判が高まる。

タームシートのプロセスには3つの段階がある。

1つ目は、「タームシートの議論」の段階だ。ベンチャーキャピタルがタームシートを提示したいと申し出て、特定の条件を強調する。準備ができていないと、圧倒されてしまう。ベンチャーキャピタルは、あなたが聞き慣れない話について議論する。承諾してよいものかと不安に感じる。あなたにどうだったかとたずねても、「ベンチャーキャピタルは、X百万ドルのバリュエーションで、Y百万ドルの資金提供をしたいそうだ」としか答えられず、それ以外の条件については、当惑して首をかしげるばかりとなる。

一方、ベンチャーキャピタルのパートナーに結果を聞いてみると、「CEOは残余財産優先分配権や拒否権など、こちらの求めた条件にすべて合意しました」と言う。

2つ目の段階では、ベンチャーキャピタルが実際にタームシートを提示する。「タームシートの交渉」の段階だ。あなたがサインをするまで、効力はない。これをもとにさらなる調達先を探すことができるため、このタイミングは会社の立場を向上させる、おそらく最大の機会となる。負けることはないとわかっているため、強気の立場からほかのベンチャーキャピタルと交渉できる――タームシートはすでに手にしているのだ！　この状況では、すべてのピッチを練習と考え、より高みを目指そう。

3つ目の段階は、タームシートにサインしたあとに訪れる。たいていはノーショップ条項が含まれるが、そのラウンドにほかの投資家を参加させられる場合もある。サインしたタームシートには、正式な拘束力はないが、取り消されることはめったにない。通常なら50回に1回、状況の厳しい時期なら10回に1回ほどだ。とりわけ例外的だったのはCOVID-19の流行の期間で、どんなことでも起こり得た。パンデミックの期間中は、今までのキャリアでも見たことのないほど、タームシートが撤回された。

タームシートにサインをしても、よりよい契約で（よりよい条件でも、よりよいファンドでも）新たな投資家と交渉したり、新たな投資家を引き入れたりすることは可能だ。常に最初の投資家と条件を交渉できる。

もう1つの選択肢は、ノーショップ条項の期限が切れるまで3～4週間待って、新たなタームシートを入手することだ。ノーショップ条項の効力はかなり弱いと付け加えておこう。この条項に違反して、あるいは投資を受け入れなかったために、投資家が会社を訴えた話は聞いたことがない。

ほしい契約を手に入れるには、ほしくない契約にノーと言う必要がある。

若いスタートアップのメンターを務めたとき、ストーリーの練習のため（とノーと言われるのに慣れるため）に、投資しないとわかっている（ファンドの投資期間が終わっていたり、私のことを嫌っていたりする）投資家のところへ送り出したことがある。交渉に精神力や時間を注ぎ込むほど、契約から立ち去りがたくなる。その影響は両者に働く。投資家もまた、契約を手放せなくなる。あなたの立場からだけ考えるのをやめ、投資家の立場からも考えてみよう。あなたが投資されたら、彼らも投資されている。あなたが時間と労力をかけたら、彼らも時間と労力をかけている。

タームシートを受け取ったら、すべてを詳細に説明してくれる人とすぐに話し合おう。だが、難しいのは、タームシートを受け取る前のミーティングだ。ほとんどの投資家は、タームシートの内容について話し合うため、あなたとミーティングを行なう。次ページからの表では、タームシートの重要な項目やその解釈、慣例的なやり方、不利な条件、好ましい条件について、大まかに説明している。

それでは、ベスティングとは何だろう。

投資家が創業者3名の会社に資金を投入して、翌日に創業者の1人が退職したと考えてみよう。退職した創業者はまだ主要株主だが、実際には、ほかの創業者や投資家を不安定にさせている。投資家は、チームが職務を全うすると信じていた。

だが、今となっては、職務を全うできるかわからないばかりか、チームがなくなったか、少なくとも、全員が揃わなくなった。そこで、たいていの投資家は、創業者が一定の期間内に退職したら、その創業者の株の一部が会社によって買い戻される、ベスティングの条項を要求する。

これは意味がある。従業員にも同じ対応をとれる。ESOP（従業員ストックオプションプログラム）やISO（インセンティブストックオプション）を提供し、3〜4年のベスティング期間を定め、退職したら、行使されなかったオプションはプールに戻すのである。そのため、創業者のベスティングは、タームシートで投資家から要求されるが、実際には、あなたが思うより、あなたに重要なのだ。物事はたいてい自分自身の観点からしか見ることができない。だが、少しだけ、考えてみてほしい。ほかの創業者が退職した、あるいは、ほかの創業者の1人

タームシート①

主要な項目	タームシートで注意すべき内容
投資額	投資される金額はいくらか。リード投資家しか参加しないラウンドなら、その投資家だけでラウンドをクローズできることを確かめたい。そのため、例えば、500万ドルを調達するつもりで、リード投資家が300万ドルを投資するつもりなら、タームシートには最低300万ドル、最高500万ドルと記載したい。そうでなければ、ほかの投資家を見つけるまでラウンドが終了しない。
発行証券	ほとんどの投資は、普通株式（あなたのもの）ではなく、優先株式となる。優先株式の優先権はたいてい、みなし清算の場合などの特別な権利に関するものとなる。詳しくはこの表のあとに説明しよう。
企業の バリュエーション	これは取引を構成する金額（「どれだけにいくら」）とともに、最も重要な取り決めだ。バリュエーションは、これまでに作り上げてきたものに、いくらの価値があるかを決める。方法論的な決め方はなく、あなたの競合にもとづいて交渉されることが多い。これまでに作り上げたものの価値はプレマネーバリュエーションとされ、それに資金調達額を加えると、ラウンド終了後の価値である、ポストマネーバリュエーションとなる。このバリュエーションは、PPS（1株あたりの株価）と株式総数（ラウンド前）を使って求められる。計算式は次のとおりだ。プレマネーバリュエーション＝PPS×ラウンド前の株式総数。その後、会社は同じPPSで投資家に投資額の総数にあたる株式を新たに発行する。 注意事項：ISO（インセンティブストックオプション）／ESOP（従業員ストックオプションプログラム）は、従業員を引きつけて留めておくのに重要だが、投資家はバリュエーションを下げるために使う。ISO／ESOPの割り当てには、さらなる株式の発行が必要となり、株式総数が増え、PPSが下がる。そのため、1000万ドルのプレマネーバリュエーションで、ISO／ESOPが10％だと、実際には900万ドル以下となる。ISO／ESOPは新規ではなく既存の株主から割り当てるのが一般的だ。より強い交渉力を持つためには、ほかにも競争力のあるオファーが必要だ。

タームシート②

主要な項目	タームシートで注意すべき内容
希薄化防止権	将来的にダウンラウンドが起こったらどうなるだろうか（起こる可能性が30％はある）。ブロードベース方式は一般的で、フルラチェット方式は不利になる。
優先引受権・ 優先交渉権・ 共同売却権	**優先引受権**――投資家は次のラウンドに参加して、持株比率を維持する権利がある。そのため、例えば、会社の10％の株式を保有する投資家が次のラウンドに参加したら、10％の比率を維持できる。比率を増やすだけが望みなら問題ないと思うかもしれないが、次の投資家を失望させる可能性がある。さらにひどいと、次の投資家にも同じ条件を要求される！ **優先交渉権**――投資家には、新規投資家と同じ条件で投資する権利がある。例えば、次のラウンドで、新規投資家がＹのバリュエーションでＸの金額をオファーすると、既存の投資家はこう言うかもしれない。「これが条件なら、私がリードする」 **共同売却権**――いずれかの株主が株式を売却する場合、投資家は同じ条件で売却に参加する権利がある。創業者の株式（セカンダリー）は共同売却権から確実に除外することが非常に重要だ。そのため、創業者が売却しても投資家には共同売却権はない。
残余財産優先分配権	清算する場合、投資家は普通株式（や劣後株式）よりも優先される。つまり、後入れ先出しだ。残余財産優先分配権には、４つのレベルがある。 １．残余財産優先分配権なし――すべての株式が同じ扱い。 ２．非参加型――投資家は、投資金額か、普通株に転換した額かを選べる。 ３．１倍参加型――まずは投資家が投資額を受け取り、そのあとで、持株比率の分配を受ける。 ４．Ｘ倍参加型――投資家は投資額のＸ倍を得て、そのあとで、持株比率の分配を受ける。 　これは不利になるかもしれない。一般的なやり方は、１倍非参加型だ。そのため、イグジットのときに、投資家は、投資額か、普通株に転換した額かを選ぶことになる。表のあとで詳しく説明しよう。

タームシート③

主要な項目	タームシートで注意すべき内容
取締役会	投資家が会社の取締役会に参加するのはよくあることだ。最近では、すべての情報を受け取るためにオブザーバーとして取締役会に参加し、議決権や責任を持たない投資家もますます見かけるようになった。あなたの目標は、取締役の数を最小限に保つことだ。取締役会に参加する人数が増えるほど、全員を満足させる答えを提供しなければと感じ、取締役会がいっそう負担になる。
議決権・保護条項	これは取り扱い注意だ——投資家の拒否権を示す。理に適うものもある。例えば、普通株式が過半数の株式でも、投資家の権利は侵害できないため、投資家の残余財産優先分配権は解除できず、また、あなたは取締役会と株主の過半数として、あなたの賞与を決定したい。 それ以外の議決権は、会社の円滑な運営を妨害する可能性がある。それらについては反対すべきだ。単一の主体の手に拒否権が渡るのは、何が何でも避けたい。
売却禁止	これは厳しい。あなたがセカンダリー株式をいつ、どれだけ売却してよいかを定めている。だが、投資家が投資して賭けに負けたあと、あなたがすぐに株を売却しないのは、筋が通っている。一般的なのは、1年に一定の金額、一定の総額（30%が適当）までは売却を可能とすることだ。
創業者のベスティング	これはさらに厳しく見えるが、実際には、あなたが心から望むものだ。基本的には、創業者がすぐに退職したら、株式の一部しか受け取れないと示す、創業者のロックアップやリテンションの枠組みだ。これは衝撃的だ。表のあとでさらに説明しよう。
費用負担	待ってほしい。投資額の一部が、投資家の弁護士費用の支払いに使われる？　まさにそのとおりだ。不合理だと思うかもしれないが、よくあることだ。「最大Xドル」と書かれていたら、シンプルに「ぴったりXドル」に変えること。そうでないと、Xを正当化する時間が無駄になる。

が力不足で、退職してもらう必要がある。それなら、ベスティングの期間が必要だ。そうすれば、退職する創業者の代わりに、新たな経営者を雇えるだけの株式が手に入る。

今のチームをどれだけ信用しているかは忘れよう。これだけは覚えておこう。**創業者チームの約半分は3年続かない。今最も大事なことは会社の成功であり、退職した創業者ではない。**

私が立ち上げたスタートアップのいくつかは、ベスティング期間を延長した。旅が長くなると気づいて、相互のコミットメントが必要となり、3〜4年だった期間をさらに3年延長した。

タームシートにベスティングの条項がなかったら？　追加しよう。次のシリーズの投資家が追加するまで待っていたら、開始が次のシリーズになってしまう。今追加すれば、次の投資家が変更する可能性は低い。

これは、タームシートのほとんどの項目にあてはまる。残余財産優先分配権の項目がなければ、次のシリーズのリーダーが作成するのだから、この先も存続するだろう正当な条項は、今から作っておくのがいい。

残余財産優先分配権は、どのように機能するか。簡単な例を挙げてみよう。シードラウンドが500万ドル、シリーズAが2000万ドル、シリーズBが5000万ドル、すべて1倍参加型の残余財産優先分配権で、それぞれが会社の20％を保有し、普通株式は40％だったとしよう。そこへ1億ドルで買収のオファーがあった。

最初、普通株式が4000万ドルで、そのうちのX百万ドルが自分のものになると思った。人生が変わる出来事だ。だが、残余財産優先分配権を見て気がついた。7500万ドルは投資家に戻り、あなたにはその残りから分配される。そのため、2500万ドルの40％で、4000万ドルではなく1000万ドルだ。

残余財産優先分配権は、バリュエーションが非常に高い（ありえないほど高い）、強気の市場では役に立つ。例えば、１００億ドルのバリュエーションで5億ドルを調達しようとする会社があり、いかなる経済的合理性からもいくぶん切り離されているが、そこは強気の市場で、投資が成立した。投資家は、１００億ドルのバリュエーションで5億ドルをオファーするが、残余財産優先分配権は、（参加型もしくは非参加型で）2倍、あるいは3倍だ（2倍、3倍とは、投資家が少なくとも投資額の2倍、あるいは3倍を得ることを意味する）。この会社がのちに50億ドルのバリュエーションで株式公開された（もしくはその金額で買収された）としよう。バリュエーションは前のラウンドよりもずっと低いが、それでも最後の投資家は、たくさんの（2倍あるいは3倍の）稼ぎを上げたことになる。

旅の厳しい局面を支えてくれる投資家

サン・マイクロシステムズの共同設立者ビノッド・コースラは、かつてこう言った。「ベンチャーキャピタリストの70％か80％は、マイナスの評価を与える」。なんという洞察力だ。なぜ投資家はそれほどまでに容赦がないのか。それはおそらく期待の問題だ。あなたは投資家の主な仕事がスタートアップの支援だと期待する。だが実際には、まったく違う。ベンチャーキャピタルのパートナーの役割は、次のとおりだ。

- 投資するスタートアップを選ぶ。つまり、投資案件の流れをマネジメントする。
- 今回あるいは次回の資金提供に向けて、資金を調達する。

・そのあとではじめて、既存企業の支援をする。ただし、トラクションを示している企業のみだ。

あなたが苦戦を強いられていて、ベンチャーキャピタルの支援を期待しているなら、それは彼らの優先事項ではないのだと気づこう。さらに、投資家が以前、スタートアップの人間だったかにもよる。はるか昔、ベンチャーキャピタリストは、会社の管理人ではなく、お金の管理人だった。今では、ベンチャーキャピタル企業のパートナーは、元起業家が多い。そうしたタイプの投資家が望ましい。彼らは失敗の旅を経験し、理解している。簡単には恐れたりたじろいだりしない。起業家はすでにそれらをすべて経験している。

投資家と一度関係を持ったら、それはカトリックの結婚だ――投資家と縁を切る方法はない。投資家はたいてい、あなたよりも強い立場に立てるよう、あらゆる権利を持っている。負の側面に思いを巡らせ、こう考えるのは問題ない。物事がうまくいかなくなったとき、この投資家に会社の一部でいてほしいか。

投資家で、ウェブブラウザのネットスケープの創業者であるマーク・アンドリーセンは、**「取締役会に参加するような投資家は、結婚相手と同じくらい重要だ」**と言っている。あなたが交渉するあいだ、投資家はあなたをデューデリジェンスしている。信用照会を行ない、ストーリーの信憑性を確かめている。あなたも同じことをすべきだ。投資家のこともデューデリジェンスしよう。なぜなら、**スタートアップの旅の終わりには、投資家と創業者の関係は、愛し合うか憎しみ合うかのどちらかしかない**からだ。

経験豊富な起業家に、投資家とのカトリックの結婚を終えて、どう感じたかを聞いてみよう。

起業家は、「またいつでもお願いしたい」と言うか、「二度と頼みたくない」と言うかのどちらかだろう（ちなみに、投資家も同じことを言うはずだ）。すべての愛と憎しみの理由は、結果ではなく、個人的な関係にまつわるものがほとんどだ。

デューデリジェンスを行なうにあたってのヒントは次のとおりだ。対象とするベンチャーキャピタルから投資を受けたことのある会社の元CEOや起業家6人ほどと話す。すでに関わりのない投資家なら、自由に話すことができる。**答えがほしい重要な質問は、会社がトラブルにあったとき、ベンチャーキャピタルがどう行動したかだ。あなたも間違いなく苦難のときを経験する。旅の厳しい局面で、支えてくれる投資家が必要だ。**

特定の投資家についてどう思うかとたずねてくる起業家は多い。ほかのどんなアドバイスを求められたときでも同じだが、私は自分が得た知識にもとづくことしか言わない。頭の切れる人もいれば、印象のよい人もいるが、一緒に危機を乗り越えてみなければ、本当に思うところは話せない。

成功するCEOに最も重要なのは忍耐力であり、何物も恐れず、決してあきらめないことだ。私は起業家として、同じようにふるまう投資家が好きだ。

遅い動きと早い動き

ベンチャーキャピタルは投資契約でどれくらい早く動くか。その答えは、「たいていはあまり早くない」。あなたではなく、彼らの予定によって決まる。遅く動くほうが、彼らのメリットになるケースが多い。時間が経ってから、今でもまだ契約をしたいか、あらためて評価したいのだ。また、まずはほかの投資家が興味を持つかが知りたいのだ。

考えてみよう。タームシートの前に、すでにバリュエーションについて話はしている。サインするまでにはあと1カ月、クロージングまでには2〜3カ月かかるかもしれない。そのあいだに、ベンチャーキャピタルはさらに（膨大な）知識を仕入れ、ディールから手を引く決断をするかもしれない。その一方、あなたが成長しても、彼らには何の損もない。あなたが大きな成長を遂げたとしても、あなたがノーと言わない限り、条件はあなたに有利に変わることはない。

動きのスピードが一変するのは、投資家が投資案件を失いそうだと思ったときだ。そのときは、彼らは非常にすばやく動く。それはまさに、バーテックスからのタームシートを受け取った数日後、タームシートの交渉のあいだに、ウェイズに起こったことだった。私はマグマ（イスラエルの大手ベンチャーキャピタルの1つ）のパートナー、シュラガ・カッツと会った。高品質のライブ動画をアップロードするテクノロジーを開発したライブユーのCEO、シュムリク・ワッサーマンの紹介だった。私はライブユーの旅のはじまりでシュムリクを支援し、シュムリクは以前、シュラガの部下だった。

シュラガはとても興味を持った。土曜日の夕方に会い、翌朝マグマから電話がきた。マグマの共同設立者で、共同マネージングパートナーのヤハル・ジルカと話をした。

「資金調達の進捗はどうですか」とヤハルはたずねた。

複数の話し合いが進んでいてうまくいっている、と私は言った。すると、マグマもウェイズに興味を持っていると彼は言った。

「まだ大丈夫ですか？」と、彼は知りたがった。

「早く動いていただけるなら」と、私は答えた。

「どのくらい早く？」と、彼はさらにたずねた。

「週末までにタームシートにサインする予定です」と、私は言った。「それまでに間に合うなら、お会いしましょう」

私たちは、月曜日に会い、火曜日と水曜日にも会った。

木曜日にタームシートを提示し、交渉をはじめた。つまり、マグマは4日でタームシートを送付してきた。バーテックスは２００万ドルだったが、こちらは６００万ドル。はるかによかった。

バーテックスのエフド・レヴィに連絡し、２つ目のタームシートについて話した。「あなたにもまだ機会はある」と、私は言った。「ただし、前より高いバリュエーションだ」

エフドは怒ると思った。私たちに裏切られたと感じると思った。だが、彼はただこう言った。「送ってください。確認します」

驚いたことに、彼は10分で書類にサインし、返信してきた。

ここから学べる重要なことが２つある。
1．ベンチャーキャピタルは、投資契約を結ぼうとしているときは、早く動ける。
2．ベンチャーキャピタルは、契約を失うかもしれないと感じたら、バリュエーションも投資予定額も、何もかも忘れる。

ウェイズの「遅い動きと早い動き」のストーリーはこれで終わりではない。2007年にバーテックスとマグマのタームシートにサインし、年末にはクロージングすると予想していた。実際には、契約が完了したのは2008年の3月だった。

そのあいだに何があったか。まず、私たちは交渉をやめなかった。さらに別のベンチャーキャピタルと交渉を完了したが、その取引は断った。すると、デューデリジェンスの段階で、マグマは新たな要求を持ってきた。「600万ドル以上の資金が必要だと考えています」と、ヤハルは言った。「1200万ドルの資金調達ラウンドに金額を引き上げましょう。私たちが400万ドル、バーテックスが400万ドル、新たな投資家が残りの400万ドルを出し合うのです」

マグマがそれほど信頼してくれたのはうれしかったが、この新たな計画は、今回の資金調達ラウンド全体を危険にさらした。もう1人投資家を見つけられなかったらどうなるか。マグマから何社か紹介を受け、最終的に、2008年2月、バルセロナで開催された世界最大規模の移動通信展示会モバイルワールドコングレスで、ブルーランベンチャーズと会った。彼らはラウンドへの参加を決めた。

だが、書類の最終確認に入ると、彼らは怖気づき、退散した。

「地図のクラウドソーシングをする会社が、アメリカでほかにも見つかった」と、言い訳をした（資金調達は暗闇を走るジェットコースターだと言ったのを覚えているだろうか）。

結局、誰かが既存の地図データに賃貸や購入可能な不動産のレイヤーを追加していただけだったとわかったが、ある意味では、それはより厳しい後退だった。この程度で怖気づくなら、彼らは私たちのしていることがよく理解できていないのだ。

時間は刻々とすぎ、本当に契約できるのかと恐ろしくなってきた。
最終的には、ブルーランベンチャーズが戻ってきて、400万ドルで参加した。2008年3月、1200万ドルでラウンドがクロージングした。ついに会社を立ち上げる準備が整った。

資金調達の適切なタイミングはいつか？

簡単に答えよう。**資金調達が可能なときだ。そして、トラクションが好調で、さらに調達できるときには、調達しよう。**すればするほど楽しくなる。（トラクションや市場のせいで）困難なときは、手強さが増すだけだ。

結局のところ、資金調達はこの先の旅に向けて、車にガソリンを入れることだと考えよう。ガソリンがなければ旅は続けられないが、給油は旅の一部でしかない。そのすぐあとに、旅を続けるのに十分なガソリン（つまり資金）があるか、さらにガソリンが必要かを考えなくてはならない。

さらに必要なら、何とかすべき大仕事だ。考えてみよう。どうすれば次のラウンドで資金調達できるか。新たな資金調達までの時間と減速時のゆとりを持つために、十分な現金を手にして目的地にたどりつくには、どういった目標を設定すればよいのか。

第3章で話したことを思い出そう。資金調達をするときは、資金調達のほかに重要なことはない。銀行に入金があった翌日には、事業の実行に向けて完全にギアを切り替える。スタートアップの戦略において、それは最大のチャレンジの1つとなる。

次の状況を想像してみよう。あなたはCEOとして、この6〜9カ月、資金調達だけに集中してきた。大変な労力と注意力が必要で、資金調達に自分の150％を注ぎ込んだ。そして、調達が終わった。

翌日にはお祝いがしたくなる——するべきでもある——が、その翌日には、再び事業の実行や、プロダクト開発、GTM戦略作り、解雇と採用に飛び込まなければならない。

私が長年かけて学んだのは、CEOが資金調達のプロセスに気を取られながら、それと並行して、スタートアップの事業計画を維持することの重要性である。事業は絶対に軌道に乗せ続けなければならない。とくに、資金調達のサイクルを回すためには。ストーリーが気に入った投資家も、会社の成長を期待している。2カ月、3カ月、4カ月以内に成長を示すことができれば、ゲームは続く。できなければ、投資家はパスして、次の投資に移る。

どうすれば確実に成長できるか。経営陣を資金調達のプロセスに巻き込まないことだ。投資できない理由を経営陣が耳にする必要はない。聞けばがっかりしてしまう。100回のノーに耐えるべきなのはCEOだけだ。経営陣は事業に集中させよう。

いくらの資金調達が必要か。次の資金調達マイルストーンについて考えてみよう。そこに到達するのに、どのくらい時間がかかるか。その時間に6カ月を追加し、さらに予備として6カ月を追加しよう——それが調達すべき金額だ。旅の道のりでさらに調達できる機会があれば、追加で調達しよう！

夢物語のような資金調達はあるか。実際には、ある。調達のプロセスや、とくに調達直後の「ハネムーン期間」に、何の苦労もなく調達できるときがある。新たなラウンドのクロージングが数週間、あるいは1回のミーティングで決まった話もある。既存の投資家に電話をかけて、アイデアがあると言ったら、その場でイエスをもらったこともある。

だが、期待してはいけない。あなたがイグジットの経験がある成功した起業家なら、資金調達は容易になる。だが、そうでなければ、（一般的には）いつも大変だ。

第5a章まとめ

- 資金調達の最も重要なカギとなるのは、ベンチャーキャピタルがCEOとストーリーを気に入るかどうかだ。したがって、CEOは完璧になるまでストーリーを練習し、ミーティングには1人で行く。ストーリーを語るときに重要なのは、投資家の感情移入だ。投資家をストーリーに入り込ませたい。
- 投資家が起業家の第一印象を持つのは早い。起業家が席につく前の、わずか数秒だ。投資家が考えを固める前に、最も強力なポイントからストーリーをはじめよう。
- 無味乾燥な「使用事例」ではなく、真実味と説得力のあるストーリーを語ろう。
- 大きな市場のストーリーを語ろう。あなたが「ファンドメーカー」でなければ、ユニコーンになる可能性がなければ、ベンチャーキャピタルにとって重要性はない。
- 投資家はユーザーでもある。あなたのプロダクトは使わないと思えば、あるいは、使う人を思い浮かべることができなければ、資金調達できる可能性は低い。
- ベンチャーキャピタルの動きは遅い。ただし、投資案件を失うかもしれないと思うと早い。
- 資金調達は「100回のノーのダンス」だ。何度も何度も断られる心の準備をしよう。ノーに対するイエスの割合には、心が折れそうになる。
- 投資家重要指標に注目しよう。投資家が話を進めることに興味があるかどうかがわかる。

- 自分だけでタームシートの交渉をしようとしてはいけない。不公平な戦いになる。恐れず助けを求めよう。導いてくれるメンターを探そう。
- あなたが希望する契約でなければ、立ち去ろう。資金調達はカトリックの結婚だ――パートナーと別れる方法はない。
- ベンチャーキャピタルでは、パートナーに直接コンタクトしよう。手近なアソシエイトは、「ノー」と言うのが仕事なので、話をしても無駄だ。

第5b章　投資家をマネージする

スタートアップの起業がジェットコースターだとすると、資金調達は暗闇を走るジェットコースターだ。何が起こるか予想もつかない。クロージングは、暗闇のなかで、ひっくり返って後ろ向きに進んで……

資金調達は1回で完了するイベントではない。継続的で繰り返し発生する。シードラウンドを完了すると、そのあとには、A、B、Cとさらなるシリーズが続く。資金調達は、いわば「婚約」を交わした状態で、投資家や取締役会、利益相反、清算、セカンダリー株式などの問題が進行していく。今後の資金調達の計画に向け、戦略作りに役立つフローチャートを作成した（次ページ図参照）。

新たなラウンドの資金調達が完了し、山ほどの投資家と会ったあとに、何よりもしたくないことは、さらなる（もしくは同じ）投資家と会うことだ。だが、今と今後のパイプラインを築くためには、会い続ける以外、あなたに選択肢はない。

資金調達ラウンドが終わったら、投資家をマネージしなければならない。覚えておきたい注意事項を説明していこう。

資金調達戦略フローチャート

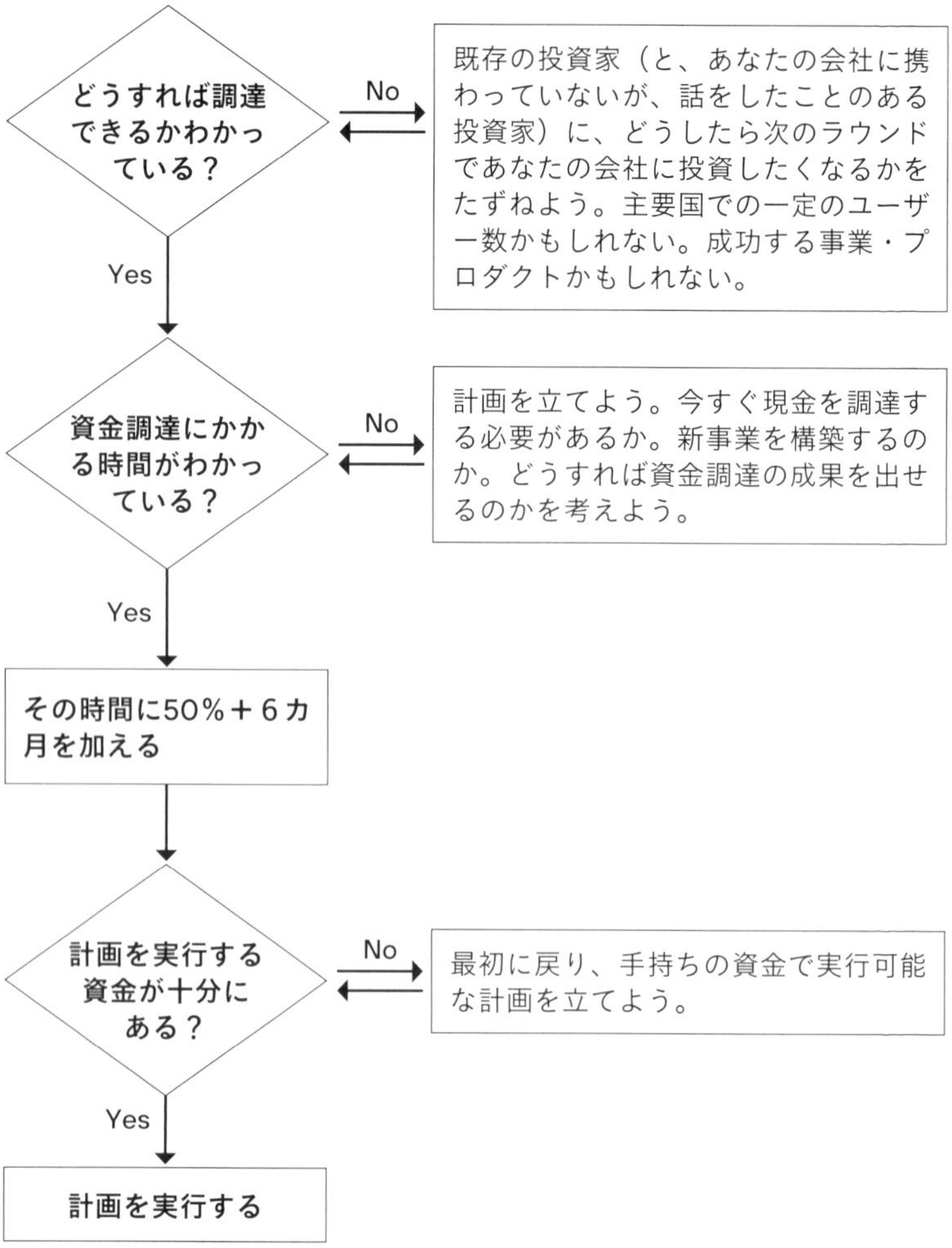
どうすれば調達できるかわかっている？
No
既存の投資家（と、あなたの会社に携わっていないが、話をしたことのある投資家）に、どうしたら次のラウンドであなたの会社に投資したくなるかをたずねよう。主要国での一定のユーザー数かもしれない。成功する事業・プロダクトかもしれない。
Yes
資金調達にかかる時間がわかっている？
No
計画を立てよう。今すぐ現金を調達する必要があるか。新事業を構築するのか。どうすれば資金調達の成果を出せるのかを考えよう。
Yes
その時間に50％＋６カ月を加える
計画を実行する資金が十分にある？
No
最初に戻り、手持ちの資金で実行可能な計画を立てよう。
Yes
計画を実行する

利益相反

私が見たり携わったりするスタートアップの旅では、創業者と投資家の利害は90％一致する。利害が一致するまでの考え方に相違があったり、たくさんのエゴマネジメントが必要だったりすることはあるが、最終的には、あなたと投資家の望みは同じだ。つまり、会社の成功と、（投資家としては）イグジットのさらなる成功だ。

とはいえ、あなたと投資家とのあいだで利害を一致させるのが難しい領域が、あと10％は残っている。

1．みなし清算——株式譲渡

イグジットや、セカンダリー株式の売却、新たな投資家の参加など、どんな出来事が起こった場合でも、創業者、普通株主、会社役員としてのあなたの利益は、ほかの株主や投資家の利益とは異なる。

これはややこしい話だ。どうしてアップラウンド（前回のラウンドより高いバリュエーションでの資金調達）なのに、機嫌の悪い人がいるのだろうか。

それにはいくつかの理由がある。

- 投資家は、いずれ数百万ドルを追加で投資して、会社の持分を増やそうと思っていたのに、それができなくなった。

- 投資期間の終わりで、新たに多額の資金調達をすると、イグジットがさらに先になってしまう。
- 希薄化されすぎて、現在のラウンドに参加するのに十分な現金がない。
- 新たな持分が、優先権の資格を下回った（例えば、取締役会に参加できなくなった）。
- 新たな投資家が創業者や経営陣に向けて「持株比率の回復」を求め、既存の投資家がさらに希薄化される。

持株比率の回復とは、創業者やＣＥＯ、経営陣の株式が希薄化されすぎたとき、ＩＳＯやＥＳＯＰの形で追加の株式を与えることだ。新たな資金調達ラウンドは、ラウンド後に予想されるあなたや経営陣の持株比率を見直すよい機会であり、必要ならば、持株比率の回復を検討したほうがよいと、新たな投資家にそれとなく伝えよう。

これらの問題を解決するのは決して簡単ではないが、資金調達はたいてい、会社の一番の利益となる。最悪の事態として、みなし清算は投資家との関係の終わりだと覚えておこう。

創業者と投資家の関係の終わり方は２つしかない。たいていは、利害が対立したときの創業者と投資家のお互いの態度によって、愛し合うか憎しみ合うかが決まる。旅の終わりに投資家を愛することは、あなたの計画には含まれない。会社を成功に導き、従業員の面倒を見る。それがあなたの本分だ。取締役会が優秀ならば、あなたの面倒を見てくれる。私が最近、取締役会の議長になった会社で、資本政策を確認したところ、ＣＥＯの株が希薄化されすぎているため、持株比率の回復が必要だとリード投資家に話した。彼はおおむね同意したが、すべてが落ち着いてから決断することにした。私は、ラウンドが終了するまでに、ＣＥＯと創業者の持株比率が適切にならないなら、取締役会に参加しないと言った。投資家に「事業の成否を分ける条件」かとたずねられ、私はそうだと答えた。CEOの持株比率は回復した。新規参入者はたいてい、既存の参加者よりも強い交渉力を持っている。

2.みなし清算──セカンダリー株式

セカンダリー株式は、あなた（創業者、経営陣、従業員）がほかの誰か（たいていは投資家）に売却する株式だ。本質的には、とくにあなたとチームのための、小規模版のイグジットとなる（会社の資金調達にはならない）。

セカンダリー株式を売却すると、あなたやほかの創業者、経営陣、従業員はお金が儲かるが、投資家は儲からない。これはエゴマネジメントのもう1つの例だ。

どのように解決すればよいか。「セカンダリー株式」の売却を資金調達ラウンドの一部にするとよい。資金調達をオーバーサブスクリプションにしよう。つまり、会社が希望する資金調達を超える投資を投資家が望む、超過需要にしよう。そうすれば、新たな投資家に、契約の一部をセカンダリー株式にすれば、さらに購入したい希望を満たせると伝えられる。新たな投資家は、オーバーサブスクリプションのため、希望を満たすにはセカンダリー株式を購入するしか方法がないとわかれば、既存の投資家にセカンダリー株式を売却する選択をオファーする。心配はいらない。既存の投資家はたいてい売却したくないので、あなたはまさに望みどおりの結果を得ることになる。

3.報酬

創業者はスタートアップの旅とミッションに献身的に取り組む。困難な状況でも立ち去らず、給料がなくてもあきらめない。すべての投資家はそれを心得ている。「創業者びいき」の投資家と、そうでない投資家を見分けるのは簡単だ。投資家がその知見を活用しているどうかを見れば、すぐにわかる。

理想的には、報酬は従業員に惜しみなく与えるものとして会社のＤＮＡに組み込むべきだ。この惜しみなさの精神は取締役会で強く主張する必要がある。なぜなら、投資家のＤＮＡは正反対だからだ。

4. みなし清算――イグジット

イグジットは最も利益相反が起こりにくいように思える。結局のところ、全員お金が儲かるからだ。だが、次のシナリオを考えてみよう。

シードとシリーズＡで、合計１０００万ドル調達した。直近のバリュエーションは３０００万ドルだった。創業者の持株比率が約40～50％、投資家の持株比率が40～50％だとしよう。10％は従業員のために確保する。会社を５０００万ドルで売却する機会が訪れた。エクセルのシートを開いて、創業者のあなたには約２０００万ドル以上が手に入ると気づいた。人生が変わる出来事だ。取引したい。

だが、シリーズＡの投資家としては複雑だ。投資家は、あなたの会社がユニコーンになり、投資家のお金が20倍、30倍、40倍になると考えていた。提案されたイグジットはわずか25％ほどだ。間違いなく、ファンドメーカーとなるイグジットではない。投資家は気に入らない。

もう１つ、別の展開を考えてみよう。イグジットがさらにすばらしい取引で、例えば２億ドルでの買収だったとしよう。投資家は喜んだが、買収者は言った。「ちょっと待った。買収のあと、チームに4年間残ってもらう必要がある。そのため、取引の25％は、株主（つまり投資家）ではなく、従業員のリテンション［従業員を引き留めるための金銭的なインセンティブ］に割り当てる」。この例では、買収とその翌日について考える必要がある。投資家は買収のことしか考えない。投資家に翌日はない。

セカンダリー株式のすべて

セカンダリー株式はいつでも売るべきだ。セカンダリー株式の売却は、ウェイズでもムービットでも、ほかのスタートアップでも行なってきた。これからも、意味のある場面では、どんな会社でも行なっていく（例えば、価格が適正である、売り手に大きな変化をもたらす、ラウンドがオーバーサブスクリプションになる、など）。あなた個人としては、数十万ドルから数百万ドルを手にすることが大きな意味を持つなら、行なうべきだ。

セカンダリー株式の売却は、ヨーロッパよりもアメリカの企業で一般的だ。株式を売買できるセカンダリーマーケットもある。

セカンダリー株式の売却は、シリーズBやシリーズCを行なうのと同じではない。新たな株式を発行するわけではない。そうではなく、創業者が事業を続け、幸せでいられるようにするものだ。懸命に努力し、結果を出し、会社が一定のバリュエーションに達した報酬だと考えよう。

セカンダリー株式の売却は、早すぎる企業売却に対する創業者のプレッシャーも取り除いてくれる。セカンダリー株式の売却ですでに数百万ドルを稼いでいたら、２５０万ドルで買収する準備があると言われても、そのお金が必要でなければ、気乗りしないかもしれない。セカンダリー株式の売却は、会社や創業者の事業の完遂や、大局的な視点からの考察の機会を意味する。

誰が売るべきか。答えは全員だ。セカンダリー株式を売却したいすべての株主が売るべきだ。とくに従業員には価値が高く、セカンダリー株式の売却が報酬やリテンション施策となり、雇用主と従業員とのつながりを強化する。

セカンダリー株式を売却するもう1つの重要な理由は、ラウンドがオーバーサブスクリプションになった場合、つまり、すでに述べたように、多すぎる人が「参加」を望んだ場合だ。これはすばらしい出来事だ。あなたの会社が成功への道を進むのに役立つ。資金調達もしやすくなるが、一番のメリットは、従業員にとって会社の魅力が増すことだ。

セカンダリー株式の売却をするときや、従業員にセカンダリー株式を売却する機会を提供するとき、従業員がノーと言うときがある。会社を信頼していない、会社への信頼が100%でない、と意思表示するのを避けるためだ。こうすべきだと伝えたり、何をすべきかアドバイスしたりすることはできないが、全社的や複数の従業員に向けた機会なら、あなたにすべきことは2つある。あなたが売却すると伝えることと、フィナンシャルアドバイザーやコンサルタントを連れてきて、社全員へ向けた説明をするか、希望者と1対1の相談をすることだ。セカンダリー株式については、第12章でさらに詳しく説明する。

投資家に最新情報を連絡する

既存の投資家をマネージする一番の方法は、情報を提供し続けることだ。**毎月、もしくは2**

カ月に一度、定期的に最新情報を送る。既存の株主には、手助けしてもらえる特定の業務について、支援を求めよう。潜在的な投資家にも、同じ最新情報を使うとよい。あなたにノーと言った100人の投資家全員と、連絡を取り続けよう。

投資家が、さらに頻繁に情報を求めてきたり、あなたの時間を奪ったり（私の知る投資家には、単に何もすることがなくてCEOの邪魔をする人もいた）したら、関わってはいけない。無視してもよいが、それでもだめなら、定期的な最新情報を参照するように言おう。

最新情報には何をのせるべきか。非常にシンプルだ。まずは、**進捗を伝える文章を2〜3文書く。**例えば、「この四半期はPMFに集中しています」、「今月はこの新聞に掲載されました」、「経営陣に新たなメンバーが加わりました」といった具合だ。

だが、おそらく**文章は誰も読まない。投資家が見たいのは、進捗グラフ**だ。ずっと同じフォーマットで作成すれば、同じ内容の項目について測定し、更新していることが明確になる。

どんなタイプのグラフが最も効果的か。もちろん、右肩上がりのグラフだ。時間グラフ――線グラフか棒グラフ――は、円グラフよりよい。見せるべき成長がなかったらどうするか。グラフを作って、送り続けよう。成長が見えなければ、投資家はそれ以上投資しないが、あなたが継続して、ゆっくりでも着実な増加を示すことができれば、最終的にはさらに投資してもらえる。「これだ！」と思ってもらえる瞬間が訪れたら、誰が見てもあなたは投資に値する。

長期にわたって一貫性を示すことができれば、投資家に対して劇的な効果を生む。一貫性は魔法だ。**人はまっすぐな線しか予測できない。そのため、過去3年間の一貫した成長を示せれば、ほとんどの人はあなたがこの先もその成長を続けると考える。これは投資家とは何の関係もない。単なる人間の性質だ。**

資金調達ラウンドで潜在的な投資家をマネージする

投資家は慎重な集団だ。誰も最初には飛びつきたくない。だが、最初の投資家が合意すると、興味を持つ投資家が次々とそれに続くことがある（ときには、あなたが必要とする以上に）。投資家がこう言うときもある。「このラウンドではリードしたくない。ほかの投資家が共同投資に興味を持つかもしれない」

一方、セコイアや、アンドリーセン・ホロウィッツ、クライナー・パーキンスといった大手の投資家を獲得すれば、そのラウンドに参加したいと騒ぎ立てる投資家が、すぐにたくさん現れる。そのときは何をすべきか。

- ラウンドの規模を大きくできるが、これはたいていうまくいかない。リード投資家が十分に資金のある大手ファンドだとすると、投資額を増やして持分を維持したいからだ。
- エクステンションラウンドに、投資家を振り分けるとよい。

アーリーステージとレイターステージの投資家には大きな違いがある。アーリーステージの投資家は、シードラウンドや、おそらくそのあとのシリーズAに参加して、そこでやめる。ただ単に、会社を支援し続けるために割り当てられる資金が十分にないからだ。アーリーステージの投資家の大まかな目安としては、最初のラウンドでX、エクステンションラウンドではXの1〜2倍を割り当てる。そのため、投資家が300万ドルでシードラウンドをはじめたら、そのあとは300万〜600万ドルで会社を支援していく。つまり、バリュエーションが大きく上がったら、持分を維持するだけの資金が足らず、その結果、希薄化される。

資金調達にかかる時間

資金調達は、ほぼ必ず悪いタイミングでやってくる。どちらかといえば、資金調達より会社の成長に時間を注ぎたいときなどだ。そして、希望どおりに進まなければ、非常に不利な条件で資金調達することになる。

私の経験からすると、**シードラウンドの調達には6〜12カ月を予定したい**。だが、市場やあなたのバックグラウンドにもよる。イグジットをしたばかりで、新たな会社を立ち上げたのなら、投資家はあなたを気に入って、1日でシードマネーを調達できるかもしれない。初めて起業する人は、もっと時間がかかる。その理由は、語るべきストーリーを考え出し、それを語るのに時間がかかるからだ。2007年12月のはじめ、ウェイズは3つのタームシートを持っていた。ラウンドのクロージングまで、そこから3カ月かかった。時間はあなたではなく、投資家に有利に働く。あなたからすると、誰もが早く動きたがると思うかもしれないが、投資家は引き延ばした時間を使って、あなたが成長するかどうかを確かめ、成長に満足できなければ、条件を再交渉することもある。

一般に、この3カ月のあいだ、あなたはノーショップ条項にしばられる。その一方で、投資家はあなたの会社や事業計画のデューデリジェンスを続ける。投資家は（自分たちに）何の影響も受けずに、手を引くことができる。

正式にはノーショップ条項の期間中でも、ほかの投資家と話を続けるよう、私がすすめる理由はそこにある。ほかの投資家からはタームシートを受け取れないかもしれないが、事態が悪化しても、選択肢は準備できる。

ほかの投資家と話していることが投資家に見つかったらどうするか。私はたいしたリスクではないと思っている。投資家に、「私には、あなたに手を引かれたときに、会社を存続させる責任がある」と伝えよう。

ノーショップの期間中に、ほかの投資家からオファーがあったらどうするか。その投資家に本当のこと——つまり、今はノーショップの期間で、何日後に期限が切れるので、そのあとで話を先に進めたいと話そう。もしくは、ノーショップ条項の期限が切れるのをただ待とう（たいていは30日）。これは実際にウェイズに起こったことだ。ただし、資金調達中ではなく、買収（M＆A）の手続き中のことだ。

買収者候補とのノーショップの期間中に、グーグルからオファーがきた（一方的にメールが届いた）。グーグルはほかのオファーを知り、買収者候補はグーグルによる買収を進めることを許可した。そうでなければ、ノーショップ条項が切れるのを待ち、それからグーグルとあらためて話をしただろう。

COVID-19の流行がはじまって、旅行ができなくなり、ＣＥＯが新たな投資家と会うのがほぼ不可能になって、たくさんの取引が再交渉された。バリュエーションはすぐに30～40％下がった。コミットメントを失った人や投資家が取引から次々と手を引いた。２０２２年の危機においても、投資家が消え、タームシートは再交渉され、バリュエーションは大幅に下がった。

資金調達の筋肉はトレーニングが必要

投資家とは常に会うことになる。ラウンドの前も、ラウンドの後も、直近の投資家へのアピールでも、会議の場でも。それらのミーティングは、次の資金調達ラウンドの基礎となる。ラウンドを完了したばかりで、すぐに資金調達をしないとしても、事業計画概要とプレゼン資料は常に最新にしておこう。そうすれば、投資家に何か送ってくれと頼まれても、すでに準備はできている。

だが、最も重要なのは、投資家をあなたのもとへ引き寄せることだ。ことわざにもあるとおり、物乞いは選ぶ人にはなれない。**選ぶ人になりたいなら、方法はただ1つ。複数のタームシートを手に入れることだ。**

すべての投資家、つまり、これまでに連絡したことのある投資家全員と、連絡を取り続けよう。毎月（あるいは2カ月に一度）、全員に最新情報を送るのを習慣にしよう。1ページに2〜3つの文章と2〜3個のグラフを掲載し、「会社の最新情報」と見出しをつけよう。グラフは常に同じものを使用しよう（例えば、ユーザー数や取引数など）。

以下を示すグラフを2〜3個取り上げよう。

- 常に成長が見られるグラフ。
- 業界水準を上回るグラフ。
- あなたの強みを示すグラフ。

- 時間とともに徐々に成長を示すグラフ。

文章には何を書けばよいか。

- 会社の紹介を一文（短く）。例えば、「私たちはフォーチュン500企業のXYZの問題に対応します」。この一文は、1～2カ月では変わらない。
- 直近の最新情報を一文。例えば、「販売担当バイスプレジデントを新たに採用しました」、「今月は新規顧客を3件獲得しました」。この文は1～2カ月ごとに常に変える。
- 3つ目の文はおそらく「お願い」となる。例えば「CFOを探しています。よい候補者を知りませんか」。あるいは、「フォーチュン500企業のCIOを紹介していただけませんか」

例に挙げた文章は、一般的でわざとらしく思えるかもしれないが、狙いは需要を生み出すことにある。

何が需要のきっかけになるかはわからない。

- あなたが示す成長かもしれない。
- 投資家が似たような会社で機会を失ったばかりかもしれない。
- 投資家がさらに現金を活用する必要性に気づいたのかもしれない。
- あなたのスタートアップに最適な候補者となる友人がいるかもしれない。

あなたのところにくるのが救いの手から要望に変われば、資金調達ラウンドの公算は1桁高まり、物乞いと思われるか、選ぶ人と思われるかの違いとなるだろう。

投資家や潜在的な投資家が一貫性を目にすることが、きわめて重要だ。その魔法が効果を発揮するには、毎月の報告と長期にわたる成長が必要となる。

取締役会をマネージする

私の会社のCEOの1人は、3倍の成長をもとに資金を調達した。みんながそれに興奮し、300%の成長はすばらしいと言った。以前、大手ベンチャーキャピタルセコイアはこう言った。2倍はまあまあ、2・5倍はよい、3倍はすばらしい、それ以上は驚異的。

みんなといっても、リード投資家は例外だ。

「前年比3倍はまあまあだが、十分ではない」と、投資家は嘆いた。「4倍か、さらに言えば10倍にすべきところだ」

「それでも、3倍で投資していただけたのですね」とCEOは答え、何とか投資家の機嫌を取りなそうとした。

投資家はたいてい、落胆する傾向にある。わざとではなく、あなたのせいでもない。**投資家にとっては常に不機嫌でいることが習慣の一部**なのだ。ある程度は、それに対する持論さえ持っている。

ウェイズにはすばらしく好調な時期があり、何もかもがうまくいっていたが、それでもある投資家は、取締役会でひどく不機嫌だった。会議が終わってから、私はその投資家に話しかけ、会社の成長の3〜4の局面について、どう思うかとたずねた。彼は非常に満足していると答えた。そこで、私は聞いてみた。「何もかもうまくいっているのに、なぜ取締役会で喜ばないのですか」

「不機嫌でいることが私の仕事だ。CEOにさらに努力し、成果を上げてもらうため、こうして発破をかけている」

「不機嫌になるより、励ましたほうが、よい結果が得られます」と、私は言い返した。

「このほうがうまくいく」と、彼は言い張った。「子どもにも同じようにしている」

「かわいそうな子どもたちだ」と私は思った。

確かに、CEOによい結果を出させることは、取締役会の大事な役割の1つだが、どういうことか、私は常に力づける側で、不機嫌な側ではない。だが、私が会った投資家は、異なる方法論を使う人も多かった。

取締役会をマネージするとき、CEOが従うべきルールは次の3つだ。

- サプライズをしない。取締役会のメンバーは予期しないことに驚くと、自分がバカにされたと感じて気分を害する（誰でも害する）が、それだけではない。取締役会全体を驚かせたとしても、全員は個人の集まりであり、全員が自分だけが驚いたと感じる。これはエゴマネジメントの問題となる。サプライズにならないよう、会議の前には、取締役会のすべてのメンバーに向けて準備しよう。
- 議論を通して（たくさんの準備もして）、取締役会のメンバーをあなたが望む決定に導こう。Yの選択肢が選ばれてほしいなら、Yが明確になるように、3つの選択肢を「x **Y** z」と提示しよう。Yを真ん中にして、強調して太字にする。選択肢が3つあると、人は真ん中を選ぶ傾向がある。あるいは、Aは過激すぎ、Cは保守的すぎにしよう。そうすれば、ゴルディロックス効果［3つの選択肢があると、真ん中の「ちょうどよい」ものを選びたくなる心理］が働いて、あなたが選んでほしい選択肢Bが選ばれる（選択肢が3つ以上あるときは、投資家に選んでほしい選択肢を上から2番目か下から2番目にする）！

- 取締役会のメンバーに反対されたら、「どうしたらよいでしょうか」と言おう。これは魔法の言葉だ。私はこの方法をライフコーチ［人生の目標達成を指南するコーチ］である妻のノガに教えてもらった。この質問ほど、議論の緊張を和らげるものはない。「ですが、どうしたらよいでしょうか」でもなく、「それなら、どうしたらよいでしょうか」でもなく、ただ「どうしたらよいでしょうか」である。

取締役会をマネージするために、会議の3日前──1週間前だとさらによい──には、資料を送って確認してもらおう。

だが、最も重要なのは、メンバーの準備に向けて電話をかけることだ。

幼稚園のクラスのようだと思うかもしれないが、少し考えてみてほしい。ベンチャーキャピタルのパートナーは、1年に1～2件、新たな投資を行なう。その割合でいくと、パートナーは5～6年で5～10社の取締役会に参加することになる。それに加えて、ベンチャーキャピタルでのメインの業務もある。そのため、あなたの会社やあなたが直面する問題をしっかり把握するのに、パートナーが十分な時間をかける可能性は少ない。

あなたからすれば、取締役会のメンバーは準備をして会議に臨むものだと思うかもしれないが、一般的には準備はしてこない。あなたは毎日あなたの会社で過ごす。だが、取締役会のメンバーは違う。

取締役会には、メンバーを驚かせる決断を持ち込まないほうがいい。投資家や取締役会のメンバーに反対され、また別の会議を予定する必要が生じてしまう。

例えば、以前はまずイタリアに進出すると言っていたのに、イタリアではなくドイツの市場に進出するとプレゼン資料に書かれていたら、もっともな理由があっても、取締役会は驚く。イタリアで成功すると思っていたのに、イタリアへは行かないと言い出した。理由は何だ。その会話は、取締役会の前に行なう必要がある。

先日行なわれた取締役会で、私が投資する会社のCEOが、間もなく広いオフィスに移転すると発表した。私は取締役会の前からその話を知っていた。実のところ、今のオフィスは狭すぎると2カ月前にCEOに提言したのは私だった。

だが、ほかのメンバーは驚いた。私よりも会社を訪問する機会は少なく、前回オフィスを訪れたのは、何カ月も前だった。反対はあまりに強かったが、その理由は驚いたからだけだった。取締役会のメンバーが腹を立てるのは、自分だけが蚊帳の外で、自分の話には誰も耳を傾けず、自分の意見など誰も気にしないと感じるからだ。そのため、もちろんメンバーは反対する。

会議の前に、それぞれのメンバーに1人ずつ個人的に説明する必要があるのは、1対1ベースでしかエゴを管理できないからだ。人前でエゴマネジメントができる（すべき）人はいない。

取締役会はあっという間に悪夢に変わる。一生懸命働いて会社を成長させ、ジェットコースターの旅で砂漠を乗り越えたのに……誰もあなたが達成したことを評価しない。少なくとも、取締役に対して何も準備をしていなければ！

最も重要なことを覚えておこう。**あなたの仕事は会社を成功させることで、取締役や投資家を満足させることではない。会社が成功すれば、誰もが幸せだ。**

正確に報告する

取締役会のマネジメントとは、常に真実を伝えることだ。つまり、事実だけを事実と報告し、考えは考え、希望は希望として報告する。取締役会で報告したことには、当然責任がともなう。プロダクト開発パイプラインの拡充や、X、Y、Zの顧客との交渉、ビジネスパートナー候補との面談について報告したら、その後の経過を期待される。次のミーティングでは、面談や交渉の結果がどうなったか、聞かれることになる。

どこどこのパートナーと一歩進んだ会話をしていると言っておいて、次の会議で同じ話をしたら、信頼を失う。

取締役や投資家は、成長や勢いが見たい。起こる可能性の低い話をしてはいけない。見込み客や協働候補先の名前をたくさん並べても、誰も興味はない。よく知られた名前なら、投資家が詳しく調べ、次回の会議で成果をたずねるかもしれないが、それ以外は名前を挙げる必要はない。それよりも、今回と次回の会議のあいだで、取引につながる可能性の高いことだけを話そう（そのため、取締役会は毎月ではなく四半期に一度が最適だ）。

危機管理

スタートアップのジェットコースターの旅で、あなたの会社は何度も死にそうになる。ジェットコースターが上がっていくのは楽しい。下がるときには、地面すれすれまで落ちて、衝突しそうになる。あるいは、足（もしくは全身）が水中に突っ込む。

このときには、さまざまな投資家のさまざまな行動を見ることになる。パニックになる投資家もいれば、サポートしてくれる投資家もいる。投資家がパニックにならずとも、すでにプレッシャーは十分かかっている。

危機管理をしているあいだは、取締役会との関係を維持することがきわめて重要だ。おそらくは、内部資金調達ラウンドによって、あるいは、ほかの投資家を連れてくることで、あるいは、ただそこにいてくれることで、この危機から救い出してくれるメンバーはいる。あなたには彼らのサポートが必要だ。会社の危機に対応するのは大変だ。給与を削減し、従業員を解雇し、大急ぎで新たなビジネスモデルを見つけ出す。そこにパニックになった取締役会のメンバーのマネジメントが加わればなおさらだ。危機のときには、より頻繁な電話が必要になる。

スタートアップに危機をもたらすものは何か。ほとんどの危機は資金にまつわるものだ。法律に関するものもある。特許権侵害でも、政府による規制変更でも、人種差別でも、セクシャルハラスメントでも、取締役会もまた矢面に立たされる。あなただけでなく、彼らにとっても危機なのだ。

退職金貯蓄者向けサービスのポンテラは２０１３年に、ブランバーグ・キャピタルから

300万ドルを資金調達した。セカンドラウンドはホライゾン・ベンチャーズがリード投資家となり、750万ドルを調達した。しばらく会社を経営して、イスラエル中心の市場から、米国中心の市場へ移行するのに、十分な現金が調達できた。

アメリカでのPMFを達成できず、さらなる資金調達が必要となったとき、ジェットコースターの旅は暗礁に乗り上げた。だがすでに、アメリカでの取り組みに集中するため、イスラエルでの事業は停止していた。

3回目のラウンドで資金調達するとき、あるベンチャーキャピタルが、「厳しいダウンラウンド」を要求した。

「5000万ドルのバリュエーションではなく、500万ドルにしよう」と彼らは言った。

ポンテラのCEO、ヨアフ・ズレルは、厳しいダウンラウンドによって、すっかり無邪気さを失った。投資家は血の臭いを嗅ぎつけ、攻撃の手を止めなかった。

「こんなことになってしまって残念だ」と、私は彼に言った。「だが、うれしくもある。あなたが学べたことはうれしい。辛い方法で学ばなければならなかったのが残念だ」

オファーは非常に攻撃的だったが、私や数人の投資家から、ずっとよい条件で300万ドルを調達でき、運よく資金を準備できた。

そのとき、困難なときでもサポートする会社と、すべてがうまくいっているときだけサポートする会社とが明確になった。これだけは確実に言える。あなたには**サポートしてくれる投資家が必要**だ。

どうすれば見分けられるだろうか。

投資家のデューデリジェンスをしよう。とくに、(失敗か成功かを問わず、清算によって)

すでにその投資家と関係を絶ったCEOから話を聞こう。

ポンテラの資金調達ラウンドはその後も続いた。もう1回のラウンドは、もう少しでPMFを達成できるころ、さらにもう1回は、COVID-19の世界的流行がはじまったころに行なう必要があった。

どちらも大変なラウンドだったが、何とか成功に終わった（私たちは死ななかった）。

2年後、PMFを達成すると、成長が見られ、ビジネスモデルが定まり、ポンテラは以前の20倍のバリュエーションで急成長を遂げた。どんな会社でも、資金調達のジェットコースターは何度も方向を変えると覚えておこう。

ダウンラウンドの驚くべきメリット

スタートアップの3分の1は、資金調達の旅のどこかで、ダウンラウンド（少なくともフラットラウンド）を経験する。だがそれは、必ずしも否定的な意味を持つとは限らない。**ときには必要悪となり、今はもう会社を支援してくれない、不要な投資家を資本政策表から削除する手段となる。**

どういうことだろうか。

新たな（あるいは支配的な）投資家がダウンラウンドを要求すると、最も希薄化されやすいのは既存の投資家だ。それらの既存の投資家は、持株比率を維持するために、いつでも追加で投資できるが、たいていはしない。その理由は、会社や経営陣をもはや信じていないからだ。

例を挙げよう。

例えば、会社がシード、シリーズA、さらにシリーズBで資金調達すると、資本政策表は、創業者が30%、従業員が10%、シード投資家が20%、シリーズAの投資家が20%、シリーズBの投資家が20%となる。最終ラウンドのバリュエーションは5000万ドルとしよう。

残念ながら、会社がまだ軌道に乗っていないため、追加の資金調達ができないか、少なくとも好条件ではできない。

そのうえ、1人の投資家がこう言った。「コンセプトもチームも気に入ったが、PMFを達成していないから、500万ドルのプレマネーバリュエーションのシードラウンドで、私が500万ドル投資しよう」

そこで、計算してみると、このラウンドのあとには、新たな投資家が会社の約50%を保有し、それ以外の株主は株式が半分に希薄化されることになる。だが、新たな投資家は、ラウンド後に予想される資本政策表を見て、3人の創業者がわずか15%、あるいは1人あたり5%しか保有しないことに気づいた。これでは、創業者たちを自らの役割に留まらせるだけの魅力はない。少なくとも、長期間にわたってでは。

そこで、新たな投資家は、創業者と従業員の持株比率がダウンラウンド前の40%となるように、ESOP（従業員ストックオプションプログラム）で株式を割り当てることにした。

新しい資本政策表は次のとおりだ。新たな投資家が50%、創業者と従業員が40%、既存の投資家は全員で10%。既存の投資家が重要性を保つために「追加投資」を決断しない限り、20%が3・3%になるのは、大変厳しい希薄化だ。

もちろん、常にアップラウンドなら一番よいが、資金調達のジェットコースターの旅では、資金を求めて砂漠をさまよいながら、自分は物乞いであり、選ぶ人ではないと感じることもある。

イグジットまでに3回、4回、5回、6回、さらには10回の資金調達が必要なら、そのうち数回はダウンラウンドかもしれない。

ダウンラウンドは、あなたが思うほど創業者や経営陣に害を与えない。ほとんどの投資家は、最高の仕事をしてもらうため、創業者にインセンティブを与え続けるからだ。大まかに言うと、最終的に、創業者はそれぞれが10％を保有するよう上乗せされる。新たな投資家は、とくに最新のラウンドでは自分たちは希薄化されないため、創業者の持株比率の回復に合意するのが一般的だ。

だが、現金がないと死んでしまう。しかも、それはあなただけに影響するのではなく、投資家にも非常につらい出来事だ。つまり、投資の価値がゼロになるのだ。投資家があなたと会社をまだ信じているか、このフェーズで会社を閉鎖するのは避けたいと思えば、積極的なダウンラウンドや追加投資で、会社を支援する方法を見つけるだろう。

ウェイズとムービットの資金調達ストーリー

２０１０年、ウェイズには現金がほぼなかった。２００８年に資金調達したが、失敗の旅によって、イスラエル以外ではまだプロダクトが必要十分でないとわかった。そのため、投資家はウェイズへの追加投資に興味がなかった。

「イスラエルでしかトラクションが感じられない。アメリカではまったくだ」と、投資家は言った。私たちは４００万ドルを調達しようとしていた。「ビジネスモデルが実証されていない。

バリュエーションが高すぎる」

さらに大手ベンチャーキャピタルの社内ミーティングに参加したときには、もっとひどいことを言われた。

隣の部屋でメモを取っていると、あるパートナーの言葉が漏れ聞こえてきた。「ウェイズになんて、3メートルの棒を使っても触りたくない」

ウェイズがグーグルに買収された日、CEOのノーム・バーディンと私は、本当に3メートルの棒を送ってみようかと話していた。結局送らなかったが、そう考えるだけで楽しかった！

ライトスピード・ベンチャー・パートナーズも、ウェイズへの投資を検討していたが（2800万ドルのバリュエーションで交渉された）、最終的には投資しなかった。グーグルにグーグルによる買収の日、大皿に乗ったフルーツが送られてきた。添えられたカードには、「この機会を逃して残念です！」と書かれていた。間もなくして、私はライトスピードの小口投資家となり、ライトスピードはそれ以来、ポンテラの投資家となっている。

ムービットのCEOニル・エレズは、定石どおりに資金調達を行なった。つまり、現在のラウンドが完了したその日に、次のラウンドの資金調達をはじめた。今回のラウンドでノーと言った投資家と関係を築き、「次のラウンドで投資してもらうには、どんな目標を達成すべきでしょうか」と、それぞれの投資家にたずねた。そうした聞き取りのなかから貴重な意見を見つけ、それを中心に資金調達戦略の基礎を築いた。

投資家はニルに何と言ったか？

ムービットは成長を示す必要がある。あるいは、少なくとも数カ国で、強い存在感を示す必要がある。

ムービットはまさにそれを行なった。

ニルは、資金調達に少なくとも6カ月はかかると考え、資金が必要になる1年以上前から常に資金調達を開始し、（私たちがウェイズで経験したように）絶望的にならないだけの十分なランウェイを確保した。

ニルは終始一貫してそれを行ない、全体としてそれは見事に機能した。

だが、大惨事を起こしかけた投資家がいた。

ムービットはシリーズCで、自動車メーカーのフォードからタームシートを受け取った。ニルはタームシートを取締役会に提示して、よりよい条件に向けて契約を交渉する承認を得た。

カリフォルニアでの取締役会が間近に控えていたときのことだ。ニルはデトロイトに立ち寄って、フォードのCEOからタームシートの承認を得る予定だった。だが、カリフォルニアの取締役会に到着する前に、フォードのCEOはオファーを撤回した。

取締役会のメンバーは非常に心配し、ムービットの軌道修正を提案した。私は言った。「フォードがタームシートより前に自社の戦略を明確にしていたら、タームシートの話など来なかった。ほかの投資家の意味のない議論をすべて把握していないのと同じことだ」

ニルと私は気持ちを落ち着かせた。

「ランウェイは1年以上ある。現金はすぐになくならない。取り戻す時間は十分にある」と、ニルは取締役会に言った。

もちろん、ニルは落ち込んだ。だが、これも単に、これまで受けてきた数多くの「ノー」の1つにすぎないと、彼にはわかっていた。

みなし清算における対立

投資家が買収に反対したらどうなるだろうか。買収にノーと言えるような何らかの拒否権が、投資契約に盛り込まれていたらどうなるだろか。そのときには、「そっちがその気なら、こっちだって！」と言い合う我慢比べになる。

投資家に折れてほしいなら、創業者全員（と可能なら経営陣）による共同の辞表が必要だ。テーブルの上に封筒を置いて、こう言おう。「全員の辞表です。あなたがイエスと言うか、私たちが去るかのどちらかです」

必ず本気で言わなくてはならない。

投資家が検討するには、少し時間がかかる。どうせ本気ではないだろうと言う投資家もいるし、最終的にはもちろんあなたが折れる場合もある。だが、あなたが本気で言えば、折れるのは彼らだ。

結果がどうなろうと、あなたは彼らを嫌い、彼らはあなたを嫌う。保証人にはなってもらえない！

第5b章まとめ

- 資金調達は、継続的に繰り返し発生する。
- 投資家に会い続け、連絡を取り続けよう。一貫性のあるグラフを含めた最新情報を月に一度メールしよう。

- 創業者を満足させ続けるのに意味があるときには（とくにオーバーサブスクリプションのラウンドや、売り手にとって人生が変わるときには）、セカンダリー株式を売却しよう。
- オーバーサブスクリプションになりそうなら、資金調達ラウンドの規模を大きくすることを考えよう。
- スタートアップと投資家のあいだで起こる利益相反は、ほとんどが、お金、ラウンド、みなし清算、メリットに関するものだ。
- 最初の資金調達ラウンドは6〜12カ月、その後のラウンドも同じ期間を予定しよう。
- 取締役会でサプライズをしないよう、メンバーには事前に説明しよう。
- ゴルディロックス効果を活用しよう。取締役会のメンバーには3つの選択肢を与え、「ちょうどいい」選択肢を真ん中にしよう。
- ダウンラウンドはあなたが思うより一般的で、あなたが思いたいよりも、はるかに一般的だ。ダウンラウンドには、例えば資本政策表の整理など、意外なメリットがある。
- 投資される前に投資家のデューデリジェンスを行なおう。投資後はカトリックの結婚だ。成功か失敗かに関係なく、その投資家が清算に関わったスタートアップの元CEOに話を聞こう。投資家とCEOのビジネスの関係がすでに終わっていれば、率直な意見が聞ける。それこそがあなたに必要な意見だ。

第6章　解雇と採用

今知っていることを知っていたら、この人を採用しただろうか。

スタートアップにおける最大の課題の1つ——さらに言えば、すべての企業における最大の課題の1つ——は、正しいチームと正しいDNAを作ることだ。本章では、チーム作りとDNA作りの方法と、とくにその改善点に焦点を当てていく。

スタートアップはなぜ失敗するのか。

スタートアップが失敗に終わった起業家に、何度もこの質問をしてきた。約半数の答えは、「チームがだめだった」である。

「チームがだめだったとは、どういう意味か？」と、私が質問を続けると、ほとんどの起業家が、「実力不足の人がいた」と答える。

たいてい、起業家はさらに詳しい説明をはじめる。「CTOが力強いエンジニアリング企業を作り上げてくれると期待していたのに、平凡なものしか作れなかった」

スタートアップが失敗するもう1つの理由として、私がよく耳にするのは、「コミュニケーションに問題があった」である。だが、私には「エゴマネジメントに問題があった」と聞こえる。つまり、チームがCEOのリーダーシップを受け入れられなかったのだ。

続いて、さらに重要な質問をする。「チームがだめだとわかったのはいつ?」。恐ろしくも正確な答えは、「最初の1カ月以内」だ。みんなが口を揃える。

「採用前からわかっていた」と答えた人さえいた。

だが、チームがだめで、最初の1カ月以内にCEOがそれを知っていたのなら、問題はチームがだめなことではない。CEOが厳しい決断をしないことが問題だ。

簡単な決断をするのは簡単で、厳しい決断をするのはつらい。厳しい決断をしたがる人など、そうはいない。

そのため、スタートアップのような小さな組織では、厳しい決断はCEOが下すことになる。状況が複雑になる理由はそこにある。

スタートアップの創業時には、誰もが何もかもに携わる。あなたがこれまでに所属した小さなグループやクラスについて、次の質問に答えてみよう。「その場に合わない人がいたら、あなたはそれに気づくだろうか?」。答えはもちろんイエスだろう。その人が合わない理由は、実力不足でも、変わり者だからでもかまわない。結局、誰もが気づいている。

ではここで、チームがだめで、いるべきでない人がいることに、CEOが1カ月以内に気づいていたとしよう。その場合、チーム全員がそれに気づいていることになる。

全員が気づいていて、CEOは何もしない。メンバーは何を思うだろうか。いるべきではない人がいるのに、CEOが何も手を打たない。

このとき考えられる可能性は次の2つしかない。

1. CEOは気づいていない。つまり、CEOは頭が悪い。これは大変まずい。

2．ＣＥＯは気づいているが、それでも何もしない。これはさらにまずい。ＣＥＯがリーダーシップに欠け、厳しい決断をする能力に欠けていることを示すからだ。

いずれにせよ、結果はいつも同じになる。一流のパフォーマンスができる人材が退職するのだ。一流の人材は、厳しくも正しい決断をする能力に欠ける組織にはいたくないし、ほかにも選択肢がある。

本書では、ＰＭＦを達成しないスタートアップは死ぬと書いてきた。**スタートアップが死ぬ2つ目の理由は、チームが、さらに言えばＣＥＯが、厳しい決断をできないことにある。**あなたがスタートアップのＣＥＯかリーダーか管理職なら、次からの段落を読んで、本を閉じ、目を閉じて、考えてみよう。これに同意できるなら、大きな成功を遂げる可能性はすでに高まっていることになる。

誰かを採用するたびに、30日経ったら、次のように考えてみよう。「**今知っていることを知っていたら、この人を採用しただろうか**」。

答えがノーなら、翌日に解雇しよう。その人が会社にいる限り、あなたは日々、チームに損害を与えることになる。

答えがイエスなら、その人を少し昇給させよう（給与でもオプションでも）。そうすれば、信じられないほどのコミットメントを築ける。

そして、「まだわからない」と思うなら、あなたはウソをついている。とはいえ、本当にあと30日必要なら、その期間で真剣に考えよう。

スタートアップのＤＮＡ

スタートアップの旅に乗り出し、失敗の旅を続けるうちに、ＰＭＦを達成すれば、正しい道を進んでいけるが、達成しなければ死ぬ。だが、旅をはじめるときに、同じくらい重要な決定事項がもう１つある。それは会社のＤＮＡだ。解決すべき問題とミッションを見つけたら、すぐにこれを決める必要がある。

世界中のすべての企業に、自らを定義するＤＮＡ——企業文化や価値観——がある。あなたも持つことになる。初日だけは、あなたが好きなように決められる。それ以降だと、遅すぎて決められない。

１９９９年、私の３人の友人が、オンラインでカスタマーサービスを提供する新たな会社、ヒューマンクリックを立ち上げた。16カ月後の２０００年、そのスタートアップは、対話型ＡＩ事業を行なうライブパーソン（ナスダック上場企業）に買収された。

ほとんどのＭ＆Ａ取引では、買収者は主に人を獲得する。スタートアップの頭と心は創業者にあるため、ほぼすべてのＭ＆Ａ取引で、買収者は被買収企業の創業者や経営陣に新たな旅に参加してもらいたいと考え、その後２～３年のリテンションパッケージ［買収後の処遇や報酬］を約束する。

だが、創業者の考えはまったく異なる。３年留まれば、最初の１年は、統合を成功させるために全力を尽くすことになる。

2年目には、自分のポジションを引き継ぐ人材を探しはじめる。

3年目には、次のスタートアップについて考えはじめる。

3年と1日後、退職して、新たなスタートアップの立ち上げに向かう。

ヒューマンクリックの創業者である3人の友人は、ライブパーソンに7年いた。私たちがウェイズを創業した2007年まで留まったのだ。私はたずねた。「理由は何だ。どうして7年も留まったのだ。いったい何があったんだ」

彼らの答えは驚くべきもので、考えさせられるものだった。

「これまでで最高の職場環境だった」

その翌日、エフードとアミールのところへ行って、私は言った。「ウェイズをこれまでで最高の職場にしよう」

2人もそのアイデアを気に入り、3人でそれを定義してみた。私たちが重要だと考えたのは次の3つだ。①従業員とドライバーを支援する、②創業者の3人は1人として投票する、③企業文化に合わない人はすぐに解雇する。

ウェイズは最終的に、退職が非常に少ない、すばらしい職場となった。何年ものあいだに退職したのはわずか数人で、私たちは会社のDNAを守り続けた。

ヒューマンクリックの3人の創業者のうち、タル・ゴールドベルクはのちにウェイズのチーフエンジニアとなり、現在は医療用診断AIシステム、カフン（私が取締役を務める）のCTOを務めている。エイタン・ロンはカフンのCEOで、エヤル・ハラミは退職金貯蓄者向けサービスのポンテラのCTOだ。

ポンテラの創業時には、そのDNAの定義をさらに一歩進め、「DNA文書」を作成した。その結果は、ウェイズさえも上回った。

ポンテラのCEO、ヨアフ・ズレルは、ピープルマネジメント「メンバーの成功にコミットするマネジメント」に非常にすぐれていた。創業から9年が経つが、従業員の維持率はとても高く、ポンテラがジェットコースターの旅を何度も経験しているとは思えないほどだった。

今までで最高の職場を思い出し、「なぜそこが最高の場所だったのか、その理由は何か」と考えてみよう。それを新たなスタートアップのDNAに組み込もう。新たなミッションにくる日もくる日も取り組むのだから、DNAは好きになれたほうがいい。

DNAには、価値観について定めた項目を含むべきである（例えば、よい行ないをするなど）。場合によっては、価値観はミッションと関連することもあるが、常にとは限らない。

創業者同士のあいだで、今重要なことや、今後もずっと重要なこと、不変の価値観について、衝突や意見の不一致があったら、どうすればよいか。結局のところ、衝突への対処方法は2つある。CEOが決めるか、創業者間で投票するかだ。

どちらかが正しいわけではないが、衝突が起きてからではなく、前もって決めておくことが必要だ。

「衝突」や「意見の不一致」は、めったに使う言葉ではないほうがいい（つまり、数年に一度程度）。

会社のロゴを決めるのは重要なことではなく、マーケティングリーダーが決めるべきことだ。一方、会社の売却は大きな問題で、創業者の意見の一致や、少なくとも過半数の賛成が必要だ。

DNAが決まったら、たとえ笑われたり、興味がないと言われたりしたとしても、投資家や採用候補者へのストーリーに取り入れよう。投資家は重要性を感じないかもしれないが、信じてほしい。あなたと会社の成功には、この上なく重要なのだ。

私は採用を行なうとき、ヒューマンクリックの話と、ウェイズを最高の職場にしようと決めた話をよくしていた。私たちは一緒に働きたいと思える人と働くことを熱望しているが、その逆も同じだからだ。1日の大半を会社で過ごすのだから、この会社で働きたいと思う人を採用したい。私たちと一緒に働くのが好きだと思ってくれる人、私たちもその人と働くのが好きだと思える人を採用したい。そうでなければ、不幸になる。あなたは不幸に値しないのに。この考えに賛同できないなら、私はあなたを解雇するだろう。なぜなら、ここ以外のどこかで、あなたは幸せになるべきだからだ。

あとになって、この方法には名前があることを知った――「クソ野郎撲滅法」だ［『チーム内の低劣人間をデリートせよ――クソ野郎撲滅法』、ロバート・I・サットン、片桐恵理子訳、パンローリング］。

会社のDNAで重要なのは、ミスをすること、早く失敗すること、早く解雇すること、そして透明性だ。

解雇と採用

これは本章のタイトルでもあるが、順番が逆ではいけない。採用よりも大事なのは早く解雇することであり、解雇が先にくる理由はそこにある。

意外に思うかもしれないが、解雇は採用よりもはるかに重要だ。だが、解雇はつらいので、私たちは避けてしまう。解雇がつらいのには、いくつかの理由がある。

私たちはいい人なので（あるいは、少なくとも自分がいい人だと思いたいので）、解雇された人は傷つくだろうと思いやるからだ。あるいは、その人を採用したばかりで、採用までにとても時間がかかり、同じプロセスをもう一度繰り返したくないからだ。

2つ目の理由は、採用から1カ月後に、「今知っていることを知っていたら、この人を採用しただろうか」のルールに従うと、とくに重大だとわかる。

答えがノーで、その人を解雇すべきなら、採用したのは間違いだったと認めなければならない。これは、「失敗しても、早く修正すれば問題ない」と明言する正しいDNAを育む機会となる。

早く失敗することが会社のDNAの一部になっていれば、ミスや失敗は人ではなく単なる出来事で、早く解雇することが重要な教訓となり、価値の実証となる。それに反して、その人を長く留めることは災難となる。

早く解雇する本当の理由は、解雇が大きな影響をもたらすからだ。

2000年代のはじめ、私はモバイルインターネットのパイオニア的企業であるオープンウェーブで、プロダクトマーケティングを担当していた。あるとき、チームのメンバーを集め、ホワイトボードにシリコンバレーの全従業員を表す正規分布——ベルカーブ——を描いてみせた。すばらしい従業員もいれば、普通以下の従業員もいる。

私はチームにたずねた。「オープンウェーブは、この曲線のどこに位置するだろうか」

みんなの意見は同じだった。オープンウェーブは、平均よりも少しよい。優秀でもすばらしくもないが、平均以上。実によいことだ。

従業員の分布

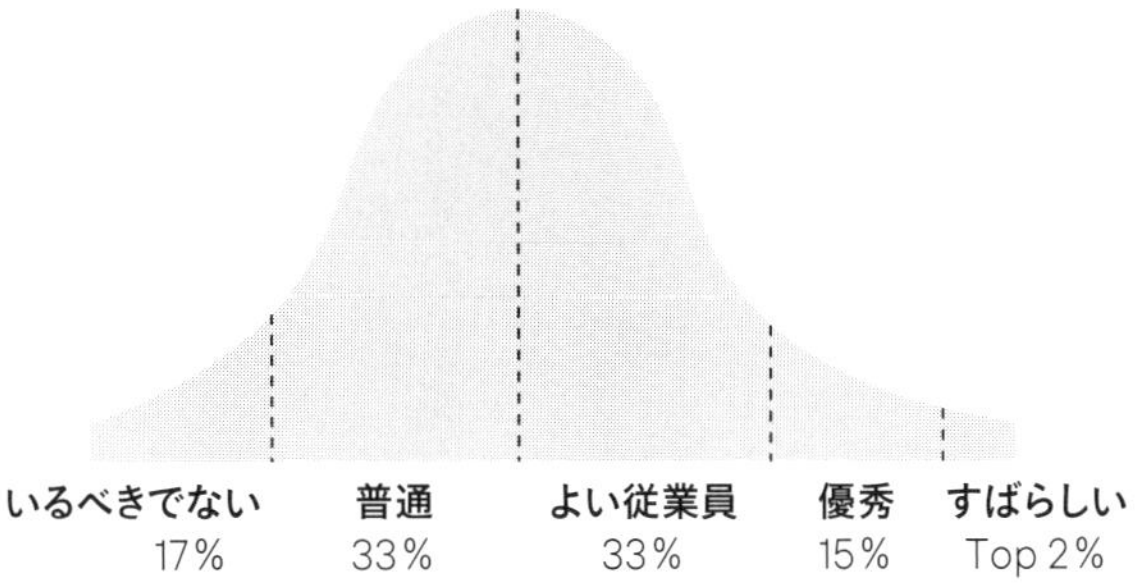

その次に、こうたずねた。「あなたのチームは、この曲線のどこに位置するだろうか」

すると、すべてのチームが最高の側に位置づけられた。

だが、そこで認識の問題が生じた。すべてのチームが最高なら、平均以下は誰か。誰かいるはずだ。

一般的に正規分布では、すばらしい従業員が2％、優秀な従業員が15％、よい従業員が33％、普通の従業員が33％となる。最下位に位置するのは、ここにいるべきではないグループだ。

個人的な話ではない。あくまで純粋な統計で、確率の問題だ。

実際には、2つの正規分布を使っていると考えられる。1つはパフォーマンスで、もう1つは一緒に働きたいかどうかだ。

それでは、最も重要な理解へと移ろう。

あなたの会社を今のポジションから、よりよいポジションに移動させたいなら、すばらしい人材を採用するのと、そこにいるべきでない人を解雇するのと、どちらが効果的だろうか。

一流のパフォーマンスをするエンジニアは、平均的なエンジニアの3倍の価値を生み出し、おそらくは最下位に位置づけられる従業員の10倍の価値を生む。そこで、どちらか1つしか選べないと考えてみよう。すばらしい従業員をもう1人雇うか、いるべきでない人を解雇するか。

ここでヒントを出そう。

覚えているだろうか。いるべきでない人がいると、全員がそれに気づく。すばらしいスタッフをもう1人雇うよりも、いるべきでない人を解雇するほうが、影響力が大きい理由だ。誰もが気づいているからこそ、その人を解雇すれば、組織とそのリーダーシップに対する信頼が増し、会社へのコミットメントが増す。その結果、全員のパフォーマンスが向上する。

ときどき心配の声が聞かれる。「もし私が間違っていたら？　この人を辞めさせて、組織が幸せにならなかったら、どうしよう」

どうなるだろうか。たいてい、その人がいないほうがよいと知る最後の人物はあなたなので、その人を解雇すれば、間違いなく組織は幸せになる。

私が信じられないなら、ほかの誰か（とくに同僚だが、直属の上司でもよい）に、次のシンプルな質問をしてみよう。「その人が退職したら、1～10段階で表すと、どれだけ残念に思うか？」ほかの関係者に異なる質問をしてみたり、次のようにオープンクエスチョンとしてたずねてみたりしてもよい。「誰が退職したら残念に思うか？　会社からいなくなっても寂しくないのは誰か？」

決断を下す必要があるときには、たいていどちらが正しいかわかっていて、確証を求めている。その確証はチームが与えてくれるのだ。

誰を解雇するか？　ソシオメトリックテスト

解雇は重要で、早く解雇することはさらに重要だが、誰を解雇するかはどうすればわかるだろうか。これ以上会社にいるべきでないのは誰か、どうすればわかるだろう。

答えはシンプルだ。メンバーにたずねればよい。

イスラエル国防軍の士官育成コースには、非常にユニークな要素がある。それは、「**ソシオメトリックテスト**」だ。このテストでは、あなたの仲間があなた（とほかの人）をランク付けする。そして、最下位に落ちた人はいなくなる仕組みだ。だが、一流のパフォーマンスをする候補者は、たいてい仲間たちの手で組織に残される。

考えてみよう。一緒に働いている人の意見ほど、説得力があり予測可能なものはない。チームがあなたを望むかどうかは、チームが一番よく知っている。チームはほかの誰よりもあなたのことを知り、とくにプレッシャーのかかる状況下でのパフォーマンスや好感度、信頼性について知っている。

同僚からのフィードバックは、解雇における最も強力なツールだ。ただし、同僚に意見をたずねるときには、その意見を考慮しなくてはいけない。同僚が誰々はここにいるべきでないと言ったら、それは誰々の最後の日となるべきだ。そうでなければ、同僚はあなたを信頼せず、一流の人材ほど早くいなくなる。

たずねるときには、いくつも質問の並んだ調査票が必要だろうか。そんなことはない。たずねるべき質問はごくわずかだ。同じ質問を何度もたずねることになるが、ほしいのは率直な答えだ。

重要な従業員は誰か、いるべきでない従業員は誰かを判断する質問は、次のようなものとなる。

1．新たなチームが作られ、あなたが配属されることになったら、ほかに誰を参加させたいか。誰にリーダーになってほしいか。

2．新たなチームのリーダーをあなたが務めることになったら、メンバーに選ばないのは誰か。

3．あなたが上級管理職に昇進し、後任者を指導することになった。後任者に「いるべきでない人はいますか」と聞かれたら、何と答えるか。

4．補足質問：残留者と「不要」候補のあいだで位置づけがすんだら、チームに「X（Xは重要人物）が退職したら、1～10段階で表すと、どれだけ残念に思うか？」とたずねよう。その次に、もう1人重要人物の名前を加え、その次には、リストの最下位から1～2名の名前を加える。さらに焦点を合わせたければ、0か1かの尺度を使おう。特定の名前を挙げずにオープンクエスチョンにしたいなら、「退職したら残念なトップは誰か」、「退職してもそれほど気にならないのは誰か」とたずねよう。

これで完了だ。4つの質問で、状況はつかめた。

質問は非常にシンプルだが、質問をしたら、必ず行動をともなわせる。そのため、一流のパフォーマンスをする人材だと思っていた人が、他人の功績を横取りし、他人の努力を認めないようなクソ野郎だとわかったら、解雇する以外に手はない。

このメソッドは、強力ではあるが、広く実施されていない。自分が思ったよりもすぐれていないと知るのを怖がる組織は多いからだ。これは組織のエゴマネジメントの問題だ。このメソッドが広く活用されないもう1つの理由は簡単だ。すでに述べたとおり、従業員に質問をして、その考えを聞き取り、するべきことがわかったら、そのとおりに行動しなければならない。そうしなければ、信頼性とリーダーシップを失う。それがあまりに厳しいので、質問すらしようとしない組織もある。

よい点は、クソ野郎やパフォーマンスの低い人を解雇すれば、誰もがその方策に気づき、好意的に受け止めることだ。

チームを巻き込んだソシオメトリックテストを行なえば、嫌なヤツを簡単に見つけ出せる。会社独自の「クソ野郎撲滅」法もあるかもしれないが、現実的には、採用の時点でその人が本当にどんな人かはわからない。最も手っ取り早い方法は、同僚にたずねることだ。

ソシオメトリックテストは、6カ月ごとに行なおう。最下位になった人はすぐに解雇しよう。いるべきではない人を解雇しなければ、すばらしい人がいなくなるのは時間の問題だと覚えておこう。平凡な企業とは違い、すぐれた企業はいるべきでない人を解雇することで目標を達成する。状況をがらりと変えるには、それだけで十分だ。

従業員に質問する対象は、一般社員だけに限らない。最高経営幹部についても質問できる。そのため、あるバイスプレジデントがよい仕事をしないと言われるようになったら、同じ質問を開始しよう。「なぜこの人はよい仕事をしないのか？」

あなたの組織がすぐれているか、よいか、普通以下かは、どうすればわかるだろう。指標は

2つある。主観と退散だ。

- 主観はシンプルな質問とシンプルな数値からなるNPS（ネット・プロモーター・スコア）だ。「あなたの会社への入社を親友にすすめる可能性はどのくらいあるか」の質問に、0（絶対にすすめない）から10（すでにすすめている）までの数字を使って答える（適宜「あなたの会社」を「あなたのチーム」や「あなたの部署」に置き換えよう）。
- もう1つの方法は、社内での人員の自然減を測定し、同じ業種の業界標準と比較することだ。20%の自然減率はひどい数字だと思うかもしれないが、業界標準が30%なら、実際にはよい数字となる。

NPSは主観だが明示的だ。自然減は現実だが後追いになる。CEOとして、どうすればあなたの望むDNAと会社を一致させられるだろうか。定期的に話をしよう。創業初期でまだ小さな組織なら、新しい従業員とは1カ月ごと、すべての従業員とは3カ月ごとに、1対1で対話をしよう。

意思決定

厳しい決断をするのはつらい。だからこそ、決断をするには確証やツールが必要だ。ここでツールをいくつか紹介する。自分に最適なものを使おう。

若いころ、父にアドバイスを求めたことがある。選択肢が2つあって、どちらを選べばよいかわからないと言うと、父はポケットからコインを1枚取り出して言った。「このコインを投げるから、コインが落ちるまでに決断するんだ」。本質的には、すでにある知識にもとづいた決断を迫る手法であり、コイントスは確証だった。

このやり方はうまくいった。コインが落ちるまでに、私は決断していた。

私の会社のあるCEOが、自分なりのやり方を教えてくれた。自分自身に次のように問いかけるのだ。「私の代わりに新たなCEOがきて、そのCEOは私とまったく同じことを知っている。新しいCEOはどんな決断を下すだろうか」。このアプローチは、今正しい決断をするために、意思決定のプロセスから、過去と感情を切り離してくれる。

コイントスの別バージョンもある。

「表が出たらXをする、裏が出たらYをする」と言って、コインを投げる。結果が気に入ればそのとおりに行動し、気に入らなければ反対の行動をする。

解雇については、さらに簡単だ。「今知っていることを知っていたら、この人を採用しただろうか」

強力なツールはもう1つある。「次の会社で何をするか。それがわかるなら、今しよう」

何年も前、あるリーダーが私のところへきてこう言った。「1人のメンバーに不満がある。これとこれとこれをしてくれない。どうしたらよいかわからない」

そこで、彼にたずねた。「私のところへきたのは、意見が聞きたいからか、それとも解雇するのに確証がほしいからか。確証がほしくてきたのなら、さあどうぞ、解雇しなさい」

だが、リーダーには解雇する心の準備ができていなかった。

「彼に不満があると伝えれば、XやYやZを変えてくれるかもしれない」とリーダーは提案した。

まだその話をしていないのかと聞いてみると、すでにしたと言う。

そこで、私は言った。「あなたが確証を得るには2つの方法がある。1つ目は、彼に猶予期間を与え、彼が失敗するのを待ってから、解雇しても問題ないと感じる方法。もう1つは、私が今確証を与えて、解雇しても問題ないと感じる方法だ」

採用

解雇の重要性がわかったところで、今度は採用について考えよう。

採用は、次の3つの部分に分かれる。いつ採用するか、誰を採用するか、どのように採用するか。

いつ採用するか

採用が早すぎる企業は多い。

例えば、PMFを達成していないのに、営業担当者を採用する。その人に何をしてほしいのだろうか。未熟なプロダクトを販売してほしいのか。

最もありがちなのは、営業担当者が販売しようと努力して、顧客が不満を抱いて終わることだ。しかも、それは適切な人材を採用したケースだ。人材は適切なのに、担当者が販売できず、それによってPMFの達成が遠のく。売れないからとプロダクト要求事項が変更されてしまうからだ。

採用するのに最適なタイミングは、新たな採用者がその後の90日で何をすべきかがわかっているときだ。新たな採用の目的や成果物を定義できるだろうか。わからないときは、コンサルタントや別のＣＥＯなど、ほかの人の意見を聞いてみよう。

誰を採用するか

採用が必要だと判断したら、**創業初期にはジェネラリスト、その後はスペシャリスト**を探そう。どちらの場合も、何をすべきか指示する必要のない人材を探そう。達成したい目標や目的、あるいは、避けたいことを伝えるのがよい。期待する結果を出すと同時に、会社のＤＮＡに合う人を採用しよう。

採用候補者には、よい特徴、悪い特徴、ひどい特徴がある。

よい：目標への理解にもとづいて、何をすべきかがわかる。ほかの人はその候補者を優秀だと思い、あなたは候補者の上司にあたる人が退職を希望したら、その候補者が代わりになれると考える。

悪い：悲劇のヒロインや犠牲者は、組織にエネルギーを加える一方で、組織からエネルギーを奪い取る。「悪い」の3つ目のタイプは、体制に従わない人、つまり問題児だ。これらの人は、大きな価値を生み出す可能性があっても、組織が受け入れるのは非常に困難だ。

ひどい：ほかのメンバーが一緒に働きたくない。

どのように採用するか

資金調達の章で、第一印象は数秒で作られると話した。デートも同じだ。そのデートが気に入るかどうかはわずか数秒で決まる。

採用の候補者も同じだ。最初の数秒で第一印象が作られ、採用マネジャーは確証を求める。このケースでは、面接での判断を誤る。ほとんどの組織は面接を複数回行なうが、さらによい方法がある。**採用の1カ月後に同僚からフィードバックを求めるのなら、採用する前にそのフィードバックを求めてはどうだろうか。**

採用候補者だけではなく、候補者の推薦人と面接しよう。さらによいのは、あなたが信頼できる人、おそらくは組織内で候補者と一緒に働いたか、候補者をよく知る人に連絡することだ。この考え方を追求しよう。

推薦人との会話のはじめか終わりには、おなじみのこの質問をしよう。「今知っていることを知っていたら、この人を採用しただろうか」

未来の従業員との面接で最大の問題となるのは、あなたの心の状態だ。特定のポジションの採用を目指すあなたにとって、完了すべきタスクは人材の採用である。

会社が成長段階にあるときには、たくさんの人を採用する必要がある。採用には時間がかかり、面接には集中力がいる。「最初のデート」のたとえで言うと、候補者もあなたも初めてのデートだが、あなたは大きなプレッシャーを感じ、「決めなくては」と焦っている。

採用市場が売り手市場でも買い手市場でも、結果は同じだ。

候補者中心の売り手市場では、たくさんの企業と競いながら採用を行なうため、第一印象で気に入った候補者を見つけると、会社やポジションを売り込みすぎてしまう。「決めなくては」のプレッシャーが採用マネジャーにもかかる。そのため、第一印象からバイアスを持ってしまう。

雇用者中心の買い手市場だと、ポジションあたりの候補者が多すぎて、結果は同じになる。あまりにたくさんの候補者と会って時間を無駄にしたくないため、「決めなくては」と思うのだ。

バイアスに気づく

自身が持つバイアスに気づいたら、どうすればそれを変えて、ニュートラルになれるだろうか。

一般的な方法はとても簡単だ。ルールは次のとおりだ。

- 受けた第一印象とは逆のことを考える。つまり、第一印象でこの候補者は合うと思ったら、合わない理由を考える。
- 深く掘り下げた面接をする。プロならば、自分が何をしてきたか、とくに、なぜそれをしてきたかを知っている。それこそが、あなたの探し求めるものだ。候補者がプロなら、これまでに何を成し遂げたのか、深く掘り下げられる。プロでなければ、面接は浅くなる。したがって、面接では候補者が最も本領を発揮できたことについて話を聞こう。候補者はおそらく直近のプロジェクトか、心から誇りに思えることを話すだろう。そこからだけ、話を掘り下げよう。「何をしたか、なぜしたか？」をたずねよう。候補者が説明したら、もう一歩本質へ踏み込んで、さらに掘り下げよう。「もしもの話」や「なぜ」の質問をして、もう一歩話を先へ進めよう。候補者が「わからない」や「考えていない」と答えるまで続けよう。一歩か二歩、本質を突いたところで話が終わり、候補者の理解がそれほど深くなければ、ほかの分野へ話を広げてみよう。候補者の理解が深ければ、その人は本物のプロだ。

- チャレンジを恐れてはいけない。候補者はすぐれた場所で働きたいと思い、すぐれた場所はすぐれた人材を採用する。したがって、面接が大変なら大変なほど、候補者はこの職場はすぐれた人だけを採用すると感じる。

優秀な採用マネジャーは、ヒット率約80％、ミス率約20％だ。バスケットボールの北米のプロリーグNBAのスター選手であるゴールデンステート・ウォリアーズのステフィン・カリーでさえ、3ポイントシュートの成功率は80％に届かなかった。

よい採用者のヒット率は70％だ。10％を大きな違いだと感じるかもしれないが、実際にはそうでもない。それは、早く解雇すればミスは解決するからだ。ある会社がヒット率80％で、もう1つの会社が70％なら、今後6カ月で両方の会社が10人採用して、1社目は2人、2社目は3人が会社を去る——それほど大きな違いではない。

数年前、私のスタートアップで、平均以下のエンジニアがiPhone用の開発を担当していた。アンドロイド用はすでに世に出ていたが、iPhone用は遅れていた。問題は何かとCEOにたずねた。CEOは、エンジニアが優秀ではないと答えた。私はさらに掘り下げた。

「優秀ではないとはどういうことだ？」と、私はたずねた。

話を聞いてみると、CEOは、採用時に今知っていることを知っていたら、その人を採用していなかったことがわかった。

私は単刀直入に言った。「解雇しなさい」

CEOは反発した。「iPhone用の開発者は彼しかいない。彼を解雇したら、iPhone用の担当者が1人もいなくなってしまう」

「優秀でないとわかっていたのはいつからだ？」と、私はたずねた（「優秀でない」は「平凡」を丁寧に言っている）。

「採用の1カ月後、つまり半年前からです」とCEOは答えた。

私はさらに掘り下げていった。「これまで何をしていた？」

「時間がとれず、まだ代わりの人員を採用できていません」とCEOは答えた。

そこで、私は話をまとめた。「半年間、その人は合わないとわかっていたのに、解雇しなかった一番の理由は、iPhone用の開発者が彼しかいなかったから？」

CEOは「そうです」と答え、私は続けた。

「私は逆だと思う。その人がそのポジションにいるから、あなたは代わりを採用しない。その人を解雇すれば、すぐに代わりを探すことになる」

CEOは翌日その人を解雇し、1週間後に、前よりずっと優秀なiPhone用の開発者を採用した。

すぐれたリーダーは、自分よりすぐれていると思う人を採用する。平凡なリーダーは、自分より賢く優秀な人を採用するのを恐れ、その結果、平凡か平凡以下のチームができあがり、それが会社のDNAになる。それだけではない。組織が平凡になると、組織は失敗へ向かう。平凡なチームは平凡以下の人を引き寄せ、優秀な人の邪魔をする。チームのメンバーはリーダーの質を反映する。

力強い優秀なチームを率いるのはすばらしいリーダーで、その逆もまたしかりだ。

優秀な人材が去ったときは、すべてのマネジャーを教育し、その特定のリーダーを交代させ

るべきときだ。

CEO

資金調達では、少なくとも初期のフェーズでは、投資家がスタートアップに投資するのは、CEOとストーリーが気に入ったときだけだと説明した。その後のフェーズでは、CEOは事業を実行し、結果を出すことで評価される。そのため、**注目すべき2つの能力は、ストーリーを語る力（営業手腕）と実行力**となる。

だが、それだけではない。

VAT還付サービスのリファンディットを立ち上げたとき、CEOのジヴはIT業界の出身ではなかった。それまでは、バイオ農業の環境技術に関する会社を経営していた。資金調達を目指しているとき、イスラエルのベンチャーキャピタルに会って、リファンディットの話をした。彼らはコンセプトを気に入り、ジヴと会ったが、投資しないことに決めた。

そのベンチャーキャピタルのマネージングディレクターとは、とてもよい関係を築いていたので、理由をたずねてみた。

「CEOが業界の出身ではない」と、彼は不満を述べた。

私はホワイトボードに向かい、「すぐれたCEOに求めるものを教えてください」と言った。私たちは次のようなリストを一緒に作成した。

- 決してあきらめない。

- チームがついてくる。
- 顧客の声に耳を傾ける。
- 厳しい決断を恐れない。
- 強いチームが作れる。
- 正確な報告をする（でたらめではなく）。

10分かけてリストを完成させた。そして、私はたずねた。「『業界の出身ではない』はどれにあてはまりますか」

実際のところ、**創造的破壊を目指すなら、リーダーは「業界」出身でないほうがいい。**

- ウェイズを立ち上げたときには、私がテルマップのコンサルタントを務めていた以外、創業者は誰も、ナビゲーション・トラフィック業界での経験がなかった。
- ポンテラを立ち上げたときには、誰もフィナンシャル業界の出身ではなかった。
- 公共交通乗り換え案内アプリのムービットのニルとロイ（0日目からイグジットまで会社を持っていった創業者）は、公共交通やモビリティでの経験はなかった。
- リファンディット、オンライン確定申告サービスのフィボ、フライト予約サービスのフェアフライ、農業の生産性向上サービスのシーツリーも同じく、CEOは業界出身でもなく、IT畑の人間でもなかった。

つまり、「業界出身」である必要はない。**必要なのは、問題を理解して、顧客の声を聞けることだ。**

業界経験者を雇わないことには、メリットさえある。

その業界に何十年もいると、物の見方を変えるのは難しくなる。だが、業界の外からきた人は、まだ物の見方が確立していないため、創造的破壊をするには有利な立場にいる。

厳しい決断のほとんどはCEOが行なうことになるため、CEOは非常に孤独になることもある。投資家に相談できる立場にはないこともある（CTOとのあいだでトラブルがあると言ったら、投資家はパニックになるかもしれない）。チームのメンバーにも、同じくパニックが心配で、相談できないかもしれない。では、CEOが信頼して相談できるのは誰か。それは、ほかのCEOだ。あなたが参考にするのに最適な物の見方を備え、隠された意図など何もない。メンターに頼ることもできるが、ほかのCEOのサポートやアドバイスにかなうものはない。

ハーバードの研究

2017年、『ハーバード・ビジネス・レビュー』は、10年に及ぶ「CEOゲノム・プロジェクト」の研究結果を発表した。このレポートでは、成功するリーダーを区別する4つの行動について詳しく説明されている。取締役は選定プロセスで、これらの行動に注目すべきだ。最高のCEOは次の4つのうち、1つ以上にあてはまる。

1．スピードと確信を持って決断する。

2．インパクトを請け合う。利害関係者の優先事項と、ビジネスの結果を出すことへの注力とのバランスを取る必要がある。価値創造にチームのメンバーを参加させる。

3．状況の変化に合わせ、積極的に変化を受け入れ、新たな決断をする。
4．確実に実行する。高すぎる期待は、価値よりも不確実性を高める。

誤解のないように言っておくと、どのCEOにも機能する4つの行動の完璧な組み合わせはない。ハーバードの研究で業績の低いCEOの100％が誠実さで高得点を挙げ、97％が労働倫理で高得点を挙げたことを考慮に入れよう。

だが、ハーバードの研究者は「重要な要素に風変わりなもの」はないと結論づけている。「決断力、利害関係者と関わる力、適応力、信頼性」がすべてである。

1点注意が必要だ。近年の最も成功したCEOに目を向けると、研究の結果には誰もあてはまらないと思うだろう。例えば、ジェフ・ベゾス、スティーブ・ジョブズ、ラリー・エリソン（オラクル共同創業者）、トラビス・カラニック（ウーバー共同創業者）などのCEOがそれにあたる。

マネジャーを教育する

会社に加わる理由は、ポジションと条件が気に入るからだ。マネジャーがどんな人かは、採用前には、あまりよく知らない。たいていは、デューデリジェンスをしていない。

それなのに、**従業員はマネジャーのせいで退職することが多い**。マネジャーは正当に評価せず、貢献に気づかず、従業員の功績をすべて横取りする。このケースでは、まだ希望がある。**マネジャー教育によって、正しいＤＮＡを作り上げる**。あるいは、重要な従業員に去られたマネジャーを交代させる。

教育は、「会社全体として何が重要か」からはじめる。社内のすべてのリーダーが、その理解にもとづいて人材を管理するよう徹底したい。

従業員が退職すると、ドミノ効果が生じる。評判のよい、質の高いメンバーが、突然いなくなる。1カ月後、別のメンバーが退職する。まるでみんなが逃げていくように。

問題なのは、新たな機会ではなく、既存の機会が従業員の期待に合っていないことだ。従業員の気持ちを要約すると、次のようになる。「自分の仕事が好きで、役職も、ミッションも、報酬にも満足しているが、ここにいるのが嫌いだ!」

マネジャーの1人がよくないなら、交代させて、ほかの人を教育しよう。これはすべてのレベルのマネジメントにあてはまる。マネジメントコーチを投入するか、一連のセミナーを開催しよう。そのマネジャー本人には役立たないかもしれないが、それ以外のマネジャーには役立つのだと期待しよう。

教育が必要なのは、もちろんマネジャーだけではない。新たな採用者にも重要だ。ある意味、**教育は採用以上に重要**だ。教育の難しい点は2つある。

ある人を採用して、価値を提供してくれると期待したが、その人は会社や組織についてまだ知らない。そのため、最初の1~3カ月は、採用マネジャーがすぐに価値を得たいと期待するのに反し、教育に時間を費やすことになる。

1~3カ月が経っても、新たな従業員に知識が不足していたら、マネジャーとしては、その人はここにいるべきでないと結論づけるかもしれない。たいていは早く解雇するようにすすめるが、このケースでは、それは間違った判断かもしれない。教育が足りないせいなら、解雇されるべきはマネジャーかもしれない。

採用を行なう組織は、教育を確実に行なう必要がある。スタートアップを1年で50人から200人に成長させるなら、もうCEOのあなたがすべての候補者と面接する必要はない。従業員が100人を超えたら、すべての従業員は把握できない。

CEOとしてはチャレンジかもしれないが、ほかの全員にはより大きなチャレンジだ。5人のチームが短期間で20人になる。自分1人や3人のチームなら何とか管理していたマネジャーが、20人の管理ですぐに手腕は発揮できない。

だが、**最大のチャレンジは、会社のDNAを保つこと**だ。そのために、新たに150人を採用するなら、その前から教育について検討し、採用しながら教育をする。

次のような話を聞いたことがある。

ある日、ある会社のCEOとCFOがランチをしていた。CFOはCEOに言った。「従業員の教育にあまりに投資しすぎて、退職してしまうのが心配だ」

CEOは答えた。「教育に投資しないで、従業員が留まったら、それ以上に心配だ！」

創業チーム

創業者を解雇する必要が生じたらどうするか。一般的には、創業者は1人よりも、2〜4人のチームのほうがよい。とくに創業当初の旅はつらく、砂漠の真ん中にいるときには、信じられる人が1人以上いたほうがいい。

とくに厳しい状況下で、トラクション［実績］がないときには、創業チームは困難に直面する。複数の創業者と旅をはじめるとき、信念や問題に恋する度合、リスクの受容、不屈の努力などについて、同じ認識を持っているか、わからないことは多い。最終的に同じ方向を向いているとわかったら、それはすばらしいが、そうでないなら悪夢になる。その場に合わない創業者がいることになるからだ。

「それは私には起こらない、私は共同創業者を信じているから別れることはない」と言いたい気持ちもあるだろう。それが正しければ一番よい。

だが、正しくなかったら？

ウェイズは3人の共同創業者で立ち上げ、1年後にCEOのノーム・バーディンを採用した。2013年、4人全員で会社を売却した。

ムービットでは、創業から1年以内に創業者の1人と別れ、最後はニル・エレズとロイ・ビックの2人となった。だが、円満に別れたので、友人関係は続いた。

ポンテラは4人で創業し、今でも4人のままだ（約9年間）。

フェアフライは4人で創業し、3人になった。

自動車整備サービスのエンジーは4人で創業し、3人になり、その後2人になった。

シーツリーは3人で創業し、今は2人だ。

わかってもらえただろうか。私が携わったスタートアップの半分は、複数の理由から、創業者との別れを経験している。

最も難しいのは、エゴマネジメントの問題だ。取締役会は初期には創業者を解雇できず、

CEOもできない可能性がある（創業者間の契約による）。

さらに、スタートアップのメンバーは誰も、CEOに創業者を解雇すべきだとは言わない。メンバーは何も言わないが、その場に合わない創業者がいて、あなたがCEOとして何もしなければ、あなたはチームの誰よりも深い問題を抱えていることになる。

また、反対のことも言える。CEOがその場に合わず、ほかの創業者がそれについて何もしなければ、事態はさらに悪い。

それでは、創業者と別れる必要があるときはどうするか。非常に簡単だ。話し合いを次の3つの部分に分けよう。

- **株式**――ベスティングのスケジュールがあることを前提とする。
- **法律**――基本定款に何と書かれているか。
- **役員の地位**――「執行権のない創業者」を置くことができるか。

何をするにしても、辞めていく創業者との関係をこれ以上続けることは期待できない。友人同士であっても、そのままでいられる可能性は低い。

株式は最初の問題だ。ベスティングのスケジュールがあるなら、退職する創業者のベスティングは止まる。退職する創業者には大きな金銭的打撃となる。

それと同時に、ベスティングは旅の上り坂で懸命に働いてきた人への報酬として使われるものので、努力をしなかった人のものではない。

私はキャリアの初期のころ、創業者に対して、ベスティングのスケジュールを長くするのではなく、短くするようにすすめていた。最近になって、1人のCEOが「ベスティングの期間をもっと長くしてほしい」と言ってきた。その意味では、3年よりも4年のほうがいい。創業者が数年以内に去る可能性が高く、実際に去ったときには、必要に応じて新たな役員に与えられるよう、十分なエクイティをプールに戻しておきたい。

法律の部分は簡単だ。本書や基本定款、創業者間契約、投資契約に書かれていることを、そのとおりに行なう。

私が長年にわたって見てきたもう1つの解決策は、執行権を持たないポジションを作ることだ。創業者の1人がある分野では有用だが、オフィスにいると害を及ぼすなら、オフィスの外に執行権を持たないポジションを見つける。その人の意見が聞きたかったり、取締役会での創業者としての存在が必要だったりする機会はある。

魔法のような解決策——創業者をとどめておきながら距離が取れる——にも見えるが、その創業者が自尊心を傷つけられたと感じたら、エゴマネジメントの問題が生じる。そのあとで、完全なる別れが必要になるかもしれない。

この部分を次にまとめよう。

- 創業者——あなたでも別の創業者でも——が退職することになり、創業者の株式のために創業者間契約やベスティングスケジュールについて考えるときは、留まる創業者の観点を持とう。状況を正しく検討するのに役立つ。
- ほかの創業者と別れたCEOと話をすると、必ず同じ答えが返ってくる。「別れるのが遅すぎた。ベスティングスケジュールをもっと長くしておけばよかった」

・今日は残りの人生の最初の日だ。過去ではなく、未来について考えなくてはならない。その創業者がいなくなれば、よりよい未来が待っている。

留まる創業者の観点から、創業者間契約に何を盛り込むかを考えるとき、覚えておきたい重要な要素が４つある。

・長いベスティング期間
・離脱を決定するプロセス
・複数人の拒否権（つまり、１人では行動を阻止できない）
・退職するパートナーへの寛大な態度

チーム作り

どこで共同創業者を探せばよいかと聞かれることがある。これは大変難しく、どう答えたらよいかわからないが、たいていは、以前一緒に働いた人や、個人的に知っている人をあたるのがよい。

そして、**重要な質問は、誰を選ぶかではなく、誰があなたを選ぶか**だ。もちろん、あなたが連続起業家で、いくつもの企業を成功させてきたのなら話は違う。それなら、あなたについてくる大勢の人の中から選べる。

だが、初めてスタートアップを立ち上げるのなら、次のストーリーについて考えてみよう。

些細なことに思えるかもしれないが、非常に重要だと保証する。

リファンディットのモデルを最初に採用した国はベルギーだった。ヨーロッパ最大の国ではなく、旅行者の数も限られていた。

2回目の資金調達ラウンドが完了したあと、最初の取締役会である投資家が言った。「ベルギーだった理由は？」

「高校時代の最初のデートを思い出してください」と、私は言った。「誰とデートをしたいかではなく、実際の初めてのデートの相手は、イエスと言ってくれた人です」

ベルギーは単に、最初にイエスと言ってくれた国だった。

パートナーの創業者を探すのも、同じかもしれない。**あなたはすでに恋に落ちている。そのため、あなたが恋に落ちているのと同じ問題に恋をしてくれる創業者を探すことになる。それがはじまりとなる。**

だが、チーム作りを検討しているなら、次のことを考えてみよう。

- **補完性**――エンジニアが3人いるのはよいが、チームのバランスを取る機能が必要だ。3人のマーケターや3人の営業担当者でも同じことが言える。
- **エゴにとらわれない**――ミッションが個人よりも重要なのは明らかであり、誰もがCEOのリーダーシップ（最終決断）を受け入れることが絶対必要だ。
- **明確な計画**――今後90日とそれ以降に全員がすべきことを明確にする。そのため、CEOとCOOと社長からなる創業チームは、誰が何をするかの点でも、エゴにとらわれない点でも、あまりよい兆しではない。

・**興味（ミッション）とコミットメントを一致させる**――ほかの仕事のためにパートタイムで働く人がいたら、しかも、その状態が長く続くようなら、チームはうまくいかない。

さらなる視点を提供するため、いくつかストーリーを紹介しよう。

私が携わったあるスタートアップでは、創業者が2人いて、1人が株式の95%、もう1人が5%を保有していた。創業当時は2人とも満足していたが、しばらくして、これは普通のやり方ではないと気づいた。2人のあいだに不信感が生まれ、結局別れることになり、スタートアップは失敗した。

創業時の持株比率は、完全に同じにするか、少なくとも、同じ桁数にすることをすすめる。

別のスタートアップでは、創業者は3人だった。創業者のうちの2人は、当初はCEOを支持しているように見えたが、本当は最初から信頼していなかった。しばらくすると、CEOはリーダーシップに欠けると主張した。結局、2人の創業者がエゴに動かされていただけで、唯一エゴにとらわれていなかったのはCEOだった。そのスタートアップも失敗に終わった。

ウェイズでは、旅のかなり早い段階で、私に代わるCEOを連れてくることに決め、創業2年目に採用した。ノーム・バーディンがCEOになり、最終的にグーグルを去る2021年まで、イグジット後もその座に留まった。

CEOを探すあいだ、たくさんの候補者に会った。採用で最も重視した要素の1つは、私たちのビジョンである「これまでで最高の職場」に賛同し、その価値を享受し、変えようとしない人物を選ぶことだった。ノームはまさにそうした人物だった。

ノームにイエスと返事をし、ほかの候補者にはノーと伝えたが、候補者の1人だったナフタリ・ベネットには、それがはるかによい結果につながった。彼は政治家に転向し、教育大臣を務め、その後、イスラエルの13人目の首相となった。

彼はすばらしいリーダーだ。

ノームを選んだことは、ウェイズにとってだけでなく、イスラエルにとっても大成功だった。

第6章　まとめ

- 解雇は採用よりもはるかに重要だ。
- 採用したすべての人について、1カ月後と3カ月後に、次の質問に答えよう。「今知っていることを知っていたら、この人を採用しただろうか？」
- 会社にいるべきでない人がいて、CEOが何もしなければ、それはCEOがわかっていないか、わかっていて何もしないかのどちらかを意味する。どちらの場合も、一流の人材は去っていく。
- 面接で得られる情報は限られている。より重要なのは第三者へのリファレンスチェックだ。候補者と仕事をしたことのある人から話を聞こう。
- CEOの孤独と戦う手助けをしてくれるのは、ほかのCEOだけだ。
- 自然減の90%は、直属の上司に原因がある。人は会社に加わるが、人から離れていく。
- 創業者のベスティングは、去る人のためではなく、残る人を守るものだ。
- 意思決定の魔法のカギは、「今知っていることを知っていたら、違う行動をとるだろうか？」と考え、答えがイエスなら、「今すぐ違う行動がとれるだろうか」と考えてみることだ。

第7章　ユーザーを理解する

シンプルさは究極の洗練である。

――レオナルド・ダ・ヴィンチ

数年前、ラテンアメリカでの会議前のディナーで、アップルの共同創業者、スティーブ・ウォズニアックと同席した。一緒に自撮りがしたかったので、iPhoneを取り出し、カメラを構え、側面にある音量ボタンに指を伸ばした。

「やっと見つけた！」とウォズニアックは言った。「iPhoneのカメラを私が使うべきだと思うとおりに、つまり、カメラのようにして使う人は、私が知る限りあなたがはじめてだ！」

実際には、タップしてもクリックしても間違いではない――どちらでも、もちろん写真は撮れる。より重要なのは、**すべてのユーザーが、プロダクトを同じように使うわけではない**と理解することだ。

例えば、ウェイズの「正しい」使い方は、目的地を入力して、車のダッシュボードに置いたまま運転することだと思っている。だが、アプリを開いても目的地を設定しないユーザーは20%いる。単に路上の危険や渋滞状況を知りたいだけなのだ。また、アプリを開いて最適なルートがわかると、あとはアプリを閉じてしまうユーザーも10%いる。

2015年か2016年ごろ、チリで開催されたカンファレンスで講演を行なった。チリにいるあいだ、ある場所から別の場所までの移動手段には、タクシーを使った。

チリは当時、世界中で最もウェイズが急成長している国の1つだった。ほぼすべての運転手がウェイズのアプリを使っていた。それは今でも変わらない。

3台目のタクシーで、運転手のウェイズの使い方が、私の使い方とは異なることに気づいた。目的地を入力して、ナビの案内に従うのではなく、ウェイズをただ起動させて、数分ごとに地図を動かし、周囲の状況を確認していたのだ。

スペイン語は片言しか話せなかったので、流暢に話せる友人に、私が目にしたことを伝えた。友人は次に乗ったタクシーで運転手にたずねた。運転手は、これがチリで一般的なウェイズの使い方だと言った。とても熱心にウェイズの使い方を説明し、私が誰かを知らずに、こうして使うものなのだと力説してくれた。

自分はあるやり方に慣れていても、他人にはその人なりのやり方がある。正しいか間違っているかではなく、単にやり方が違う。**ユーザーについて考えるときに難しいのは、自分自身は1つのサンプルでしかないのに、自分こそが完璧な事例だと考えてしまうこと**だ。

ほかのやり方を思いつくのは、不可能に近い。本章では、主にそのことについて説明する。ほかのタイプのユーザーの存在や、その考え方を捉える方法、とくに、新規ユーザーとリピーターとのあいだにある大きなギャップについて説明する。プロダクトの制作者は新規ユーザーになれない。そのため、初めて使用するユーザーの気持ちを想像するのはほぼ不可能だ。だが、今後数年で獲得するユーザーの大半は、新規ユーザーなのだ。

初めてのとき

最後に取扱説明書を読んだのはいつだろうか。ほとんどの人が読んだ記憶もないはずだ。アプリの新バージョンについて、説明書を読まなくなったのはいつからだろう。アプリの使い方を最初にどうやって学んでいるだろうか。最後にインストールしたアプリを思い出してほしい。アプリについて事前に何か知っていただろうか。どうして使い方がわかったのだろうか。いくつの機能を使っているだろうか。

最も重要なのは、その使い方がほかの人の使い方とはまったく異なる可能性があることだ。ユーザーを理解するには、謙虚なアプローチからはじめる必要がある。つまり、あなたは1人の人間のすばらしいサンプルなのだ。

だが、それだけではない。

現在の恋人、あるいは直近の恋人との初めてのキスを覚えているだろうか。もちろん覚えているはずだ。感覚と感情が爆発する、すばらしいキス。初めてのキスは二度と経験できない。その後、どんなに素敵なキスを経験しても、関係が日に日に深まったとしても、初めてのキスは一度限りの出来事だ。

初めてのユーザーも同じことが言える。**初めてのユーザー体験を再現できる人はいない。つまり、次にやってくるユーザーの体験をアプリの制作者や制作チームが想像するのはとても難しい。**

モバイルアプリ開発プラットフォームのビルドファイアの最近（2021年9月）の調査に

よると、平均的なアメリカ人は12分ごとにスマホをチェックする。1時間に5回、1日に80回、1カ月に2000回以上の計算になる。2000回チェックするあいだに何をしているのか。実際に使うアプリの数はいくつか。いくつアプリが入っているのか。

平均的なアメリカ人がスマホにインストールしているアプリの数は80個だ。毎日使うアプリはそのうちの約10%、正確には9個となる。月に一度使用するアプリは30個だ。ダウンロードしたアプリの大半は一度も使われない。

次のことを試してみよう。スマホのホーム画面を見て、あまり使わないアプリでいっぱいの画面を2〜3回スワイプする。そして、次の質問に答えよう。

- 20〜30個のアプリがあったとしよう。それぞれ何をするアプリかわかっているか?
- それらの半数のアプリについて、最後に使ったのはいつか?

驚いたことに、たいていの人が「何のアプリかわからない」と答える。わかっている人でも、いつ最後に使ったかは思い出せないことが多い。

このように、「使わないこと」に関しては、どのユーザーにも違いはない。だが、アプリを「どう使うか」に関しては、ユーザーによって大きな違いがある。

ユーザーの違い

私がウェイズを立ち上げたのは、渋滞が嫌いだからだ。

フェイスブックは1人の大学生、マーク・ザッカーバーグの不満からはじまった。

1人の情熱が1つのサンプルとなってはじまるスタートアップは多い。それから、ほかの人にフィードバックをもらい、問題の認識について理解する。だが、問題の認識の理解からユーザーの理解までには、大きな隔たりがある。その違いは、ユーザーの数の多さにもとづく。

ストーリーを語るときには、使用事例がカギとなる（真実味を増し、感情移入させる）。大勢のユーザーに対応するときには、覚えておくことが1つある。セグメント化の正規分布だ。

ユーザーには違いがある。全員が同じグループやカテゴリーに収まることはない。**ユーザーは、イノベーター、アーリーアダプター、アーリーマジョリティの3つのカテゴリーに分けられる。最も難しいのは、あるカテゴリーに属するユーザーは、自分たちとは違うユーザーが存在することにすら気づかないことだ。**

これらのユーザーは、行動のタイプにより、それぞれのカテゴリーに分けられる。趣味や本業についてなら、たいていの人が努力して学び取る。

あなたの趣味がDIYだったとしよう。どんな道具があるかを知っているだけでなく、自慢の道具箱を持っていて、道具の使い方にも熟知している。だが、ほとんどの人とは違う。そのため、ジグソー（電動のこぎり）を使うときなら、何の用途にどの刃を使うか正確にわかったとしても、アプリを使って書類をスキャンするときには、完全にお手上げかもしれない。

次の4つのタイプのカテゴリーを理解することが重要だ。

1. **イノベーターは、新しいものなら、何にでも挑戦する。**特別な設定のような、どんな問題にも対応し、価値が明確でなくても、新しいのだから何かがあるはずだと考えて試してみる。

2．**アーリーアダプター**は、新しくてもアプリを使う。**アーリーアダプターは変化を恐れない**。新しいものへのチャレンジを恐れず、問題があっても、たいてい乗り越える。価値が理解できたら、すぐにアプリを試す。

3．**アーリーマジョリティ（私もここに含まれる）は、新しいことに挑戦するのが怖い**。変化を嫌う。実際のところ、心の中では、「波風を立てないで」と思っている。アプリのバリュープロポジションでは不十分だ。アプリを使いはじめるには、誰かの指導や手助けが必要となる。バカだと思われたくないので、助けを求めるのを嫌う。そのため、さらなる援助が必要だ。このカテゴリーは2つの理由から、最大の問題となる。1つは、最大のグループであるため、これらのユーザーを取り込まなければ、市場のリーダーにはなれないこと。もう1つは、あなたやプロダクトの開発者は、おそらくこのグループには属さないため、このグループのユーザーに対する理解が難しいことだ。

4．**レイトマジョリティは、必要が生じたときにだけ使う**。例えば、何年も使ったノキアの携帯が壊れ、同じメーカーの新品はもう売っていないので、新たなモデルを買わざるを得ないときだ。このカテゴリーのユーザーは、スタートアップの旅の当初は重要ではないが、常に考慮していく必要がある。

アーリーアダプターとアーリーマジョリティとのあいだにあるキャズム（深い溝）は、あまりに深く複雑で、まるで2つの違う惑星からきた人と会っているかのようだ。それぞれのカテゴリーに属するユーザーの心理状態は、あまりにも違っているので、観察して話を聞かなければ

ユーザーのセグメンテーション

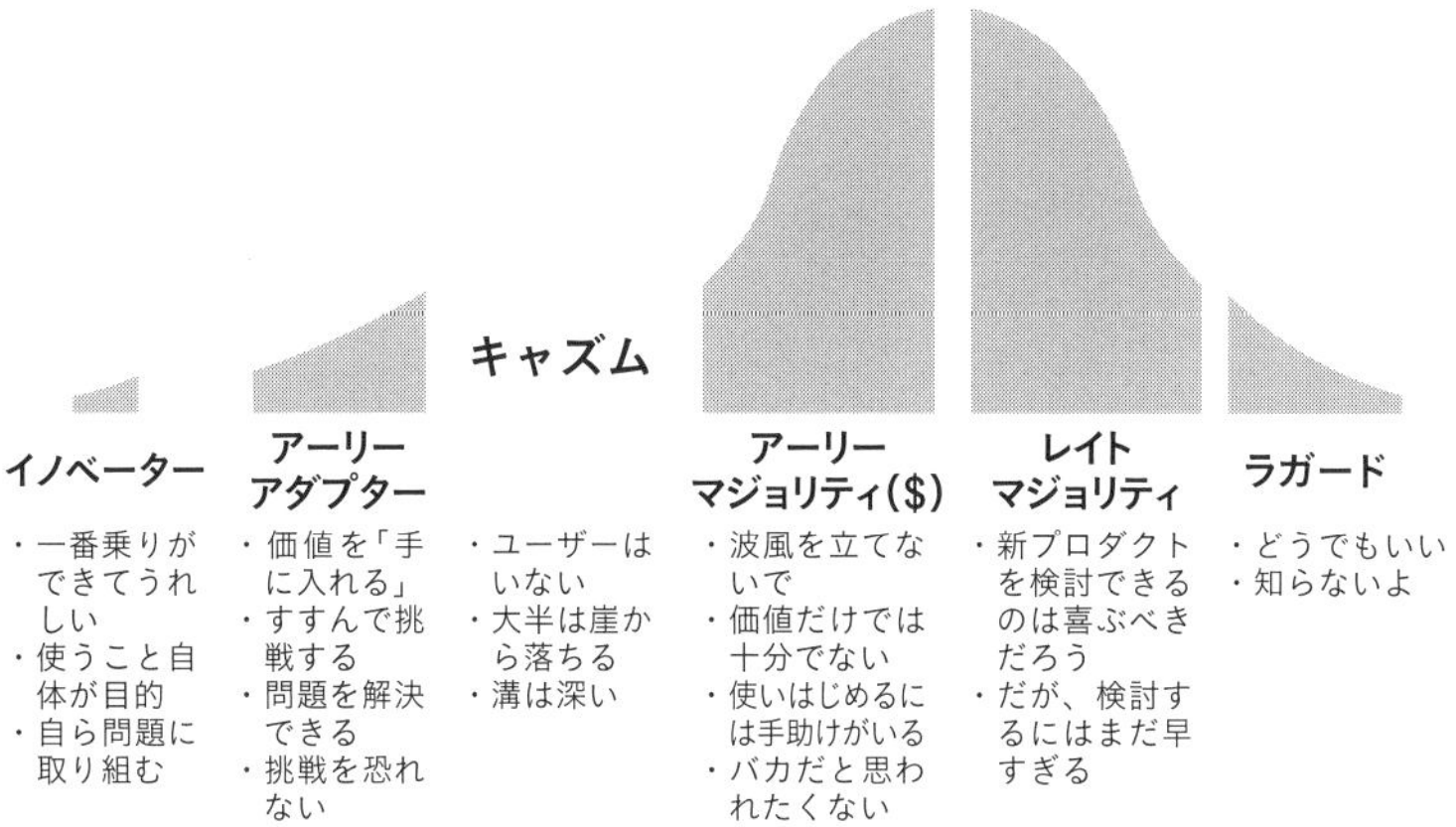
キャズム
イノベーター
アーリーアダプター
アーリーマジョリティ($)
レイトマジョリティ
ラガード
・一番乗りができてうれしい
・使うこと自体が目的
・自ら問題に取り組む
・価値を「手に入れる」
・すすんで挑戦する
・問題を解決できる
・挑戦を恐れない
・ユーザーはいない
・大半は崖から落ちる
・溝は深い
・波風を立てないで
・価値だけでは十分でない
・使いはじめるには手助けがいる
・バカだと思われたくない
・新プロダクトを検討できるのは喜ぶべきだろう
・だが、検討するにはまだ早すぎる
・どうでもいい
・知らないよ

ば理解できない。

だが、それだけではない。

スタートアップを開始し、市場リーダーを目指そうと考えていると、自分のバリュープロポジションは万人に重要で、その市場規模は大きいと思い込んでしまう。

だが、旅に出てみると、ユーザーのほとんどはイノベーターかアーリーアダプターだとわかる。そして、イノベーターやアーリーアダプターからプロダクトのフィードバックを集めるため、プロダクトはイノベーターやアーリーアダプターに向けて必要十分なものとなる。

その後、プロダクトの準備ができたと思ったところで、キャズムに到達する。ここでは多数のユーザーが崖から落ちる。PMFを達成したと思っていたのに、突然、達成していなかったことがわかる。

この**キャズムをわたるたった1つの橋が「シンプルさ」**だ。

あなたがバーでいあわせた人に気兼ねなく声

をかけられる性格だとしよう。あなたは自信にあふれているが、友人はそんなことはしたくない。あなたからすると、友人が何を気にしているのかわからないが、友人からすると赤の他人に声をかける人の気が知れない。

これがユーザー間のギャップだ。つまり、**別のグループに属するユーザーの考え、感覚、行動は、理解すらできない**のだ。

そこで、ユーザーの行動をさらに理解する方法を紹介しよう。最後にダウンロードした5つのアプリを思い出し、次の質問に答えよう。

1. なぜダウンロードしたか。
2. そのアプリについてどんな話を聞いていたか。
3. ダウンロードしたあとに何をしたか。
4. うまくいかないときや、よくわからないときに何をしたか。
5. 今でも使っているか。その理由は何か。
6. アプリの設定を確認したか。その理由は何か。
7. 毎日使うアプリ（例えば、ウェイズやネットフリックス、フェイスブック、ワッツアップ）に新しいバージョンが登場したら、新バージョンを使う初日は旧バージョンよりも気に入るか気に入らないか。

タイプの異なる10人のところへ行って、これらの質問をしてみよう。

1つ目の質問の答えとして、「自分で見つけた」はイノベーターやアーリーアダプターの行動で、「誰かに教えてもらった」は、アーリーマジョリティの特徴だ。

　さらに、「価値があると思った」は、アーリーアダプターの回答で、「ほかに選択肢がなかった」(例えば、自動車で使うテスラのアプリや、銀行のモバイルアプリを使っているなど)は、アーリーマジョリティの回答だ。

「ダウンロードしたあとに何をしたか」の質問に対しては、「さらなる情報を入手した(例えば、ユーチューブで使い方を説明する動画を見るなど)」は、イノベーターの答えだ。

「アプリを立ち上げた」は、アーリーアダプターの答えだ。「何もしなかった」は、アーリーマジョリティの答えだ。「友人がこのアプリをダウンロードすれば、XとYとZができると言うから、ちょうど今ダウンロードしたところだ」と答えたら、それは新しいものに対する不安に自ら対応したことにも、自ら変化を起こしたことにもならない。


　アプリをダウンロードしたあと、アーリーマジョリティに属するユーザーの行動として最も一般的なのは、何もしないことだ。心の中では、「このアプリをダウンロードする前の人生はすばらしかった。何もしなくても、すばらしい人生に変わりはない」と思っている。

　何かがうまくいかなかったときにも、同じことが言える。

　イノベーターとアーリーアダプターは、ユーチューブやグーグルで何をすべきか検索し、問題を解決しようとする。一方、アーリーマジョリティは解約する。

　アプリの設定について考えてみよう。アーリーアダプターやイノベーターなら、すぐに設定画面を表示させるが、アーリーマジョリティは必要が生じなければ表示しない。

　新バージョンが出たときの反応は、正反対となる。アーリーアダプターとイノベーターは興奮するが、アーリーマジョリティは嫌がる。新バージョンは変化であり、変化は嫌いなのだ。

本書を読んでいるあなたはイノベーターかアーリーアダプターである可能性が高いが、アーリーマジョリティについて考えなければ、市場のリーダーにはなれない。そのカテゴリーについて考えることは、そこに属するユーザーの基本的な行動を理解することだ。例えば、以下が挙げられる。

- 予想以上に早くやめる。
- シンプル＝少ない。
- このカテゴリーのユーザーを理解する方法はただ1つ。ユーザーを観察し、なぜこれはせず、あれはするのかとたずねることだ。
- アプリの使い方や機能を自分で調べない。

ユーザーを理解するには、すごいと言って感心してくれるアーリーアダプターだけではなく、すべてのカテゴリーのユーザーを観察し、その声を聞く必要がある。あなただけではなく、CEOやプロダクトリーダー、開発者など、スタートアップにいる全員が、ユーザーを観察し、ユーザーと話をするべきだ。

B2BとB2C

イノベーターとアーリーアダプター、そして、アーリーマジョリティのあいだには、大きな違いがあるとわかった。それでは、B2Bのスタートアップはどうだろうか。B2Cとの違いはあるのだろうか。B2B顧客もさまざまなカテゴリーに属するのだろうか。

もちろんそのとおりだ。

最初のB2B顧客や、設計パートナーについて考えてみよう。彼らはイノベーターか、少なくともアーリーアダプターだ。アーリーマジョリティは他社の使用実績を求め、「ほかの誰か」がプロダクトを使うまで待ちたがる。

それはまさに、消費者に見られるのとまったく同じ行動だ。アーリーアダプターとイノベーターは新たなものにすすんで挑戦するが、アーリーマジョリティはしない。アーリーマジョリティの根底にある考え方は、「波風を立てないで」だ。

それでは、B2B顧客のユーザーはどうだろう。生産性ツールをクライアント向けに販売しているとしたら、顧客企業の従業員はそのツールを使うだろうか。

顧客企業が全社的に決定を「強要」しなければ、社内の従業員は個人のユーザーと非常によく似た行動に出る。

- 一部はイノベーターで、ほかの従業員に先駆けて使う。
- 一部はアーリーアダプターで、価値に気づいたらすぐに試す。
- 大半はアーリーマジョリティ（とレイトマジョリティ）である。誰かに教えてもらわなければ使わない。

導入を促進できるケースもあるが、たいていは、企業自体に自分なりのリズムがあり、完全に導入されるまでには、あるいは、広く使われる準備ができるまでには、数年かかると考えられる。

幸いなのは、小規模な組織よりも、より大規模な組織のほうが「強要」する傾向にあることだ。

ジェンダーによる違いはあるだろうか。異なるユーザーグループとなるだろうか。

もちろん、異なる場合もある。だが、そうでない場合もある。これまでおそらく気づいたことのない大きな違いについて、いくつか例を紹介しよう。

ジェンダーによる違い

これまでで、私がモビリティに強い関心を持っていることは、わかってもらえているだろう。ウェイズ、公共交通乗り換え案内アプリのムービット、ズームカー（自動車版のエアビーアンドビーであるインドのカーシェアリングマーケットプレイスで、私が会長を務めている）のユーザーが20億人以上であることを考えれば、私はモビリティのユーザーをとてもよく理解していると言えるだろう。

複数のモビリティが選択肢にあるとすると、移動手段（モビリティ）を選ぶ基準となるのは、主に3つの要素だと考えられる。利便性、到着までの時間、コストだ。

男性と女性で重視する要素に違いはあるだろうか。公共交通を利用するほぼすべての女性が、複数回にわたり、身の危険を感じている。近すぎる距離に立たれたり、何かを言われたり、さらにひどい経験をした人も多い。

では、移動手段を選択する要素において、個人としての安全はどこに位置するだろう。男性のプロダクトマネジャーでは、決して思いつかないだろう。

この例では、男性と女性で本質的な違いのないサービスをわざと選んだ。明らかに、一方の性に特化したバリュープロポジションがあり、自分がユーザーの側にいないなら(つまり、ターゲットのジェンダーでないなら)、ユーザーの感覚をつかむのは難しいとわかる。だが、そうでない状況は、プロダクトリーダーに真のチャレンジをもたらす。**「誰にでも使えるプロダクト」であると主張するときには、ジェンダーによる違いを慎重に検討する必要がある。**

地域性の影響

アメリカとインドのユーザーに違いはあるだろうか。イスラエルとブラジルのユーザーはどうだろうか。もちろん違いはある。地域性の影響は、次の2つの点に見られる。

1つは、**前提となる条件が異なるため、問題の認識が異なる**ことだ。

もう1つは、**問題の認識が同じでも、ユーザーのあいだに大きな違いがある**ことだ。

郵便物受取サービスのミゴは好例だ。

郵便局の長蛇の列に並んで時間を無駄にしたいとは誰も思わない。ミゴは希望する時間に希望する場所へ郵便局から荷物を届けてくれる。

第1章でも簡単に説明したとおり、イスラエルではこれは大きな問題だった。郵便局は荷物を配達しようとせず、荷物があるから取りにくるようにと伝えるだけだった。

荷物を受け取るのはうれしいものだが、日中に郵便局へ出かけ、駐車場は満車で停められず、窓口に行列ができているのは、決してうれしいことではない。

だが、それがイスラエルでの状況だった。

一方、アメリカでは、そうした問題は生じない。郵便局や宅配サービスは、一戸建てなら玄関まで荷物を配達し、高層マンションや集合住宅ならドアマンに荷物を預けていく。

これは地域性にもとづく明らかなユーザーの違いだ。ある地域には問題があり、別の地域には問題がない。だが、どちらの地域にも問題があったら、ユーザーの心理状態に違いはあるだろうか。

もちろんある。

ウェイズのアーリーマジョリティのユーザーである、ブラジルとドイツの2人のドライバーについて考えてみよう。

どちらの国のドライバーも、言うまでもなく渋滞が嫌いで、ウェイズを使えば渋滞を避け、時間どおりに到着できると聞いたため、アプリをダウンロードした。

ウェイズは「ソーシャルプラス」アプリだ。ソーシャルプラスとは、ほかの人がアプリを使うと、使わないときには機能しないレベルにまで、アプリの価値が高まることを意味する。すべての人への価値を生み出すには、ユーザーの参加が欠かせない。世界中のあらゆる地域で、スピード違反摘発装置と警察の取り締まりのレポート機能は、ウェイズで2番目に価値のある機能だ。この機能が一番重要だと言うドライバーもいる。

ドイツとブラジルには大きな違いがあった。ドイツはブラジルに比べると、警察の取り締まりのレポートが、圧倒的に少ない。その結果、ドイツではスピード違反の取り締まりを避けるのに、ウェイズは役に立たない。

地域性にもとづく行動を気にかける必要があるのはなぜだろうか。それは、GTM（市場進出戦略）の海外展開計画で、どの国へ進出すべきかを知るために、異なる地域のユーザーを理解する必要があるからだ。文化的なギャップは、GTM計画やプロダクトの輪郭を定める。

次の点について地域的な違いを考えてみよう。

- 必要十分はどの程度のレベルか
- ソーシャルとソーシャルプラスの行動
- ギグエコノミーとシェアリングエコノミー
- 安全性と安全性への認識
- インクルージョン
- 人口の大小
- 豊かさ（国民1人あたりのGDPが比較に最適）

日常的な使い方

ユーザーの考えを探るうえで最も重要なのは、アプリを使うのをすぐにやめた人を理解することだ。

2006年、私がテルマップでコンサルタントを務める前、テルマップで働く旧知の友人がこう言った。「君はアーリーマジョリティだね。当社のスマホアプリを試してほしいのだが、誰の力も借りずに使ってもらう必要がある。だから、使い方は教えられない。テスト用のスマホを渡すので、来週にはフィードバックをもらいたい」

私は変化が嫌いだが、快諾するには十分な理由があった。友人の役に立てるのは、いつだってすばらしいからだ。

3日後、友人から電話がかかってきた。「まだ一度もアプリを使っていないだろう」「そのとおりだ」と私は答えた。「本当は使いたいんだ。でも、このスマホを使ったことがないから、どこにアプリが入っているかわからない」

これがアーリーマジョリティの考え方だ。少しでも複雑になると、そのままあきらめてしまう。

シンプルさについて考えるにあたり、まずは1日平均9つと言われる定期的に使うアプリに目を向けてみよう。今日使ったアプリの数を数えてみよう。今日使ったアプリのリストを作り、それぞれのアプリについて、今日使った機能の数を書き込んでみよう。

毎日使うアプリの数がごくわずかだと気づくだけでなく、使う機能の数はさらに少なく、アプリあたり約3〜5つか、それ以下のこともあるだろう。

私が毎日使うアプリを紹介しよう。

- ニュースアプリ。このアプリは毎日使う。使う機能はニュースのブラウジングだけだ。
- 車の運転には3つのアプリを使う。車に乗る前には、エアコンをつけるのにテスラを使う。ウェイズでは2〜3つの機能を使う（最近使った目的地を検索する。目的地を保存する。目的地までのナビゲーションを使う。ときどきは、道路の状況をレポートしたり、誰かのレポートに感謝したりする）。3つ目は、駐車場のゲートを開けるアプリをビルに入るときと出るときに使う。ちなみに、テスラはウェイズをサポートしていなかったので、それまで乗っていたテスラは売り払い、ウェイズをサポートする車に買い替えた。

- グーグルで使う機能は2つ。検索と、これだと思ったリンクをクリックすることだ。
- 銀行のアプリ。毎日は使わないが、使うときはアプリ内の便利な機能をいろいろと使う。
- グーグルマップ。私のメインの移動手段である自転車で出かけるときは、ルートと距離、所要時間を調べ、それにしたがって計画を立てる。ある道を走りたくて、所要時間がルート選びの最優先事項にならないこともある（例えば、目的地までの最短距離ではないが、テルアビブのすばらしいビーチ沿いをサイクリングしたいとき）。
- 毎日使うアプリはあと数個あるが、メール、カレンダー、SNS、メッセージングアプリといったところで、定期的に使う機能はごく限られている。

シンプルにする

だが、ちょっと待ってほしい。毎日3〜5つの機能しか使わないのに、いったいなぜ、ほかの多くの機能が必要なのだろうか。

答えは簡単だ。必要ない。

複雑さの1つめのルールは、より多い＝より少ないである。機能が多いほどより複雑になり、その結果、ユーザーに受け入れられなくなり、最終的にアクティブユーザーの数が少なくなる。

2つ目のルールは、アプリの顧客側とバックエンドサーバー側の複雑さは、ゼロサムゲームであることだ。アプリをシンプルにしたければ、バックエンドを複雑にし、ユーザー側をシンプルにしておくために、舞台裏でたくさんの処理をさせなければならない。

機能の話に戻って、存在さえ知られていないウェイズの機能をいくつか紹介しよう。「そんな機能があったなんて知らなかった」と言われること請け合いだ。それと同時に、「ちょっと待って。このアプリを長いあいだ使ってきたけれど、そうした機能があるなんて知らなくても、まったく問題なく使えていた！」と思うことだろう。

そうしたウェイズの「隠れた」機能の1つは、自分の車のアバターを選べることだ。ただの矢印ではなく、アバターの種類がたくさんある。

「そんな機能はどうでもいい」と思うかもしれない。

一般的に、車種を選択するときは、乗用車を選んでおけば問題ないが、タクシーの運転手には大きな問題となる。タクシーは公共交通レーンを走れるからだ。二輪車に乗っているときも、カスタムのアバターは役立つ。渋滞にはまることがあまりないので、車を運転しているときとは、最短ルートが異なることがあるからだ。

ウェイズの知られざるもう1つの機能は、カレンダーとの連携だ。「これまで連携したことはないし、それで何の不便もない」と思うかもしれない。だが、メリットについて考えてみよう。現在地や次のミーティング場所、推定所要時間にもとづいて、出発時刻に通知を受けることができる。アプリを立ち上げれば、行き先はすでに把握されている。

ウェイズの最も便利な機能の1つは、出発時刻の通知だ。その日のその後に別の場所へ行く予定なら、アプリを起動させ、目的地を入力し、出発ボタンをタップする代わりに、出発に最適な時間を選択する。ウェイズはそこまでの所要時間を教えてくれて、到着希望時刻と現在の渋滞状況にもとづいて、出発時刻を知らせてくれる。

だが、シンプルにしておきたいなら、そこまで使用頻度の低い機能がなぜそんなにたくさんあるのだろうか。

主な理由は2つある。1つ目の理由は、そうした機能が、PMFの旅で、アプリを成功に導くキラー機能を探す途中で作られたものだからだ。その後、実際に切り札となる機能――違いを生む機能――を見つけたら、ほかの機能は設定や詳細設定のセクションの中に隠すのが普通だ。なぜなら、使う人がいるとしても、その数が少ないからだ。それと同時に、削除することで、その機能を使うユーザーを怒らせたくないためでもある。2つ目の理由は、その機能があることで、獲得できる市場が広がるからだ。例えば、タクシーのアバターがなければ、タクシーの運転手はウェイズを使わない。

そうした機能を削除して、さらにシンプルにしたいなら、削除するのにベストなタイミングは、その機能を紹介した次のバージョンだ。その機能がもたらす影響が少なく、使用するユーザーが少ないとわかったら、削除しよう。

毎日ではないが、月に数回使うもう1つのアプリは、世界トップレベルの公共交通アプリ、ムービットだ。創業前からムービットの取締役会のメンバーだったことはすでに話した。このアプリは比較的使いやすいと思っていたが、実際には代替手段が少ないウェイズのほうが、ずっとシンプルであることがわかった。

公共交通では、代替手段ははるかに複雑だ。その結果、ユーザー体験も若干複雑になる。とくに、頻繁に利用しないユーザーが正しい選択肢を選ぶのは難しい。

ウェイズなら、サンフランシスコのベイエリアで、ハイウェイ101号線か州間高速道路280号線かを選ぶようにと言われたら、ターンバイターンナビゲーションに関係なく、何をすればよいかはたいていわかる。

だが、公共交通だと、「7分歩いて、ベイエリア高速鉄道に乗り、さらに12分歩いて、合計57分」と、「5分歩いて、バスに乗り、9分歩いて、合計72分」のどちらがよいか、ユーザーはわかりにくい。

何より、公共交通の運賃も考慮する必要がある。それだけではない。あるバスの定期券を持っていたら、おそらくほかのバスの定期券は持っていない。今すぐに自宅を出発するタイミングだと思ったら、バスがすでに出発してしまい、すべての状況が変わってしまうこともある。

ムービットでは創業初期に、公共交通を頻繁に使わない人だけでなく、新規ユーザーにも、アプリが複雑であることに気づいた。公共交通を頻繁に使う初めてのユーザーと、頻繁には使わないユーザーとを切り分ける必要があった。

アプリの複雑さの大部分は、複数の移動手段が含まれることにあった。バスにだけ乗るとしても、出発地点から最初のバス停までは徒歩が必要で、最終的にバスから降りても、目的地まではまた徒歩となる。頻繁に乗る人と頻繁には乗らない人の違いを見つけたのはそこだった。

頻繁に乗る人はバス停がどこか知っていて、バスに乗ったらアプリを閉じることもあった（バスを降りるときには間違いなく閉じていた）。

頻繁には乗らないユーザーは、目的地の近くに行くまで、アプリを起動させていた。

この発見によって、異なるタイプのユーザーを見極め、アプリを通じてよりターゲットを絞ることができた。コンバージョン率を上げるためには、初めて使うときと、2回目、3回目、それ以降での流れを変える必要がある。3回アプリを使ったあとの解約率はとても低い。だが、コンバートできるのは、頻繁に乗るユーザー、つまり、通勤者だけだ。

ムービットは世界一の公共交通アプリだが、公共交通の複雑さをまだ乗り越えられてはいない。

- 次のようなケースでは、特定のユーザーはどちらがよいか。徒歩を減らして、バスの乗り換えを多くするか。徒歩を減らして、乗車時間を長くするか。早く着くために、電車を乗り換えるか。
- 運賃は意思決定に影響するか。ユーザーは1カ月乗り放題のメトロカードを持っているか、それとも乗車ごとに運賃を支払うか。

基本的前提

本書の執筆には、2人の女性の力を借りた。PR&ブランドマネジャーで、本書のパートナーで立役者、共同編集者のアディ・バリルと、私の妻でライフコーチのノガ・ピアー・レヴィーンだ。地図とユーザー体験について話し合っていたとき、3人がそれぞれ異なるグーグルマップの使い方をしているのがわかった。

地下鉄の駅を降りて、目的地が4ブロック先だったとしよう。そこへの行き方は、どうすればわかるだろうか。まずはどちらに歩き出せばよいだろうか。

三者三様の答えは、次のとおりだ。

- アーリーアダプターは、グーグルマップの拡張現実（AR）機能を使って、スマホの画面にどの方向がどちらかを正確に表示し、正しい方向に歩き出すと言った。

- アーリーマジョリティは、まずどちらかの方向に歩き出して、それから地図に従うと言った。進む方向が正しいと地図が示せば、そのまま歩き続ける。方向が違ったら、別の方向へ向きを変えて歩く。
- 同じくアーリーマジョリティの私は、バーチャルリアリティの機能について何も知らない。

そのため、プロダクトは新規ユーザーのもとへ落ちていく。わざわざ「落ちる」などと言ったのは、そのユーザーがどうしてアプリを使いはじめたのか、アーリーアダプターなのかアーリーマジョリティなのか、アプリにどんな印象を抱くかは、見当がつかないからだ。そのユーザーに対する、あなたの前提となる仮説は何だろうか。そのユーザーは、マーケティング活動か、あるいは友人を通じてアプリを知ったのかもしれない。プロダクトが何をするものか、知っているかもしれないし、知らないかもしれない。それがユーザーについて考えるべきことであり、基本に戻る必要がある。

1. 誰も何も読まない。7ページに及ぶ説明書を提供しても意味がない。半信半疑なら、自分がダウンロードした最後の10個のアプリを考えてみよう。ただ手早く画面をスワイプするのではなく、説明の書かれた画面を読んだアプリはいくつあるだろうか。
2. 何をするアプリなのか、ユーザーが知っているかはわからない。したがって、ユーザーからすると、何らかの情報を提供するのは気が進まないだろう。何をするアプリなのか（または、データに何をされるか）わからないのに、電話番号やカレンダーへのアクセスを提供するだろうか。もちろんしない！

3．過半数を占めるグループに属するユーザーは変化を嫌う。この「変化したくない」心理状態により、新規ユーザーはプロダクトに手を出さない。だが、既存のユーザーは新バージョンをどう捉えているのか。それも変化であり、嫌だと思っている。

進路変更で地図をマッピングする

ウェイズの創業初期の地図は、イスラエルでさえ、完成にはほど遠かった。そのため、道路や交差点、右左折禁止、進行方向などは、まだ正確でない箇所が多かった。私は創業者として、ほかの従業員と同じように、地図の不完全な部分を見つけると、その周辺を運転し、システムに「学習」させた。

例えば、自宅へ向かって運転しているとき、地図にない道を発見すると、帰宅の道筋から外れ、地図にない道を行っては戻り、行っては戻り、もう一度行っては戻る。なぜなら、3回通ると、システムがその道を確定するからだ。

さらに、その道にある交差点でできる限り右左折をする。つまり、1つの交差点につき、12回方向を変えて進み（各方向から右折、左折、直進）、それを3回ずつ繰り返す。地図に載っていない交差点が1つある500メートル足らずの道を行ったり来たりするのに、合計で約30分かかる。

そうしなくてはいけないわけではなかった――時間が経てばクラウドソーシングで解決される――が、創造の喜びが大きなモチベーションだった。走り終えると、地図は一夜のうちに更新されて、翌日には、誰もがその道を地図上で見ることができる。

フラストレーションと戦う

私はネット上で何かができないと、フラストレーションがたまる。ダメ人間か役立たずになったような気分になる。たいていの場合、**アプリやその設計者が、ユーザーを誤解していることがフラストレーションの原因**だ。

秘密の質問で、「あなたが通った学校がある州のニックネームは？」と質問される。イスラエルにはないから、答えられない。

あるいは、納税申告書を記入していて、自宅の電話番号を求められる。自宅には電話がない。あるいは、名前を求められて、「ユリ」と入力すると、短すぎますと表示される。

誰もが毎日同じような状況に遭遇し、みんながフラストレーションを感じている。こうしたことが起こるのは、プロダクトリーダーとユーザーとの距離が遠いときか、プロダクトリーダーが新規ユーザーを十分に観察していないときだ。プロダクトリーダーが「私たちはユーザーよりも詳しい」と態度で示すのは、ただ単にうまくいかない。

私は最近、イスラエルの少額裁判所で訴訟を起こそうとした。オンラインでできるとわかったので、ワードにすべてを入力して、アップロードしようとした。1時間半後、あきらめて、裁判所へ訴状を届けに行った。

私はウェイズで、常にユーザーを観察していたが、一般的なガイドラインでは、社内の全員がユーザーを観察することになっていた。

あるR&Dのスタッフがプロダクト開発を担当していて、突然ユーザーが、プログラマーの意図や設計プロセスでの想定とまったく違う機能の使い方をしたと考えてみよう。あるいは、ユーザーは自分に何が期待されているのか、理解すらしていないかもしれない。**プロダクトを使ってほしいなら、近道はない。ユーザーを観察する必要がある。**

予想と違う使われ方

ウェイズを制作したとき、ドライバーが運転中にさまざまなレポートをする可能性に気づいた。渋滞やスピード違反の取り締まり、道路上の障害物はもちろんだが、何がレポートされるかすべてはわからなかった。

そこで、自由に投稿できる選択肢として「マップチャット」を用意し、写真をアップロードしてチャットできるようにした。誰かが反応しない限り、レポートは地図上に15分残る。

一般的な使用事例をいくつか想定していたが、想像もしなかった使い方を目にすることになった。イベントの開催時、チケットの転売者や違法販売者がこの機能を利用して、チケットの写真とともに「チケットあります」と投稿し、ウェイズはその場所を正確に伝えたのだ。

あるいは、誰かが「いいもの売ります」と投稿して、取引が終わるとすぐに、マップチャットはもう存在しないとレポートし、新たな場所へと移動し、同じことを繰り返す。

どちらも私たちが予想もしなかった使用事例だ。**機能を作るときには、さまざまなユーザーが思いがけない創造的な使い方を見つけ出すことを心に留めておこう。**

新規ユーザーについて考える

プロダクトをリリースしてから数カ月は、ユーザーの大半が新規である。アプリの制作者にとっては当たり前や簡単だと思えることが、新規ユーザーにとってはそうではない。あなたが自分のアプリを使うときには、何をしているか正確にわかっている。あなたにわかっていることを、新規ユーザーもわかっていると考えるのは間違いだ。**新規ユーザーは少ししかわかっていないか、何もわかっていない可能性が高い。**

ユーザーのアイデンティティや特徴は、時間とともに2つの次元で変化する。1つ目は、初期のユーザーのほとんどは、イノベーターかアーリーアダプターであることだ。もう1つも非常に重要で、現在のユーザーのほとんどが新規ユーザーであることだ。うまくいけば、ユーザーはプロダクトの使い方を知るリピーターとなる。

- 現在のユーザーは、おそらくアーリーアダプターか新規ユーザー。
- 近い将来のユーザーは、アーリーマジョリティと新規ユーザー。
- 未来のユーザーは、リピーター。

現在と近い将来との「時間差」は約2～3年で、現在と未来の「時間差」は約4～5年だ。難しいのは、スタートアップの旅をはじめたとき、アーリーマジョリティのユーザーを思い浮かべて、「私の作ったアプリはあの人やこの人のため。どんな人でも使えるアプリだ」と思い込んでしまうことだ。アーリーマジョリティを念頭に置いてアプリ開発の旅に出ても、最初のユーザーはイノベーターかアーリーアダプターで、アーリーマジョリティは1人もいない。
アーリーマジョリティのユーザーは、アーリーアダプターに、このアプリを使っても大丈夫だと言ってもらい、一歩を踏み出す手助けをしてもらう必要がある。
夢見るユーザーと実際のユーザーとのギャップがきわめて重要なのは、PMFを達成したようにに見えたとき、実際にはアーリーアダプター向けのPMFでしかないからだ。

アーリーマジョリティのユーザーが獲得できるようになったら、その人たちに必要十分なアプリを作るプロセスに戻る必要がある。

アーリーアダプターのコンバージョン率とリテンション率ははるかに高いため、測定基準には偏りがあると考えられる。そこで、アーリーアダプターには、次の2つを行なう必要がある。

- 測定を別にする。コホート分析（ユーザーを特定の条件でグループに分け、動向を分析する手法）を別に行なう。切り分ける方法がわからないなら、最初の1年に獲得したユーザーは完全にほかとは別にする。
- アーリーマジョリティのユーザーをできるだけ早く呼び込んで、フィードバックを得る。アーリーマジョリティは自らやってこないことを思い出そう。プロダクトを試してもらうには、働きかける必要がある。

第7章まとめ

- ユーザーを理解するには、自分はサンプルの1つにすぎず、ほかのユーザーは自分とは違うと考えることからはじめよう。
- 恋人との最初のキスを思い出そう。初めての経験は一度しかできない。大多数はアプリを初めて使うユーザーで、どのように使用するかは想像がつかない。
- 初めて使うユーザーを観察しよう。初めての経験は二度とできない。その感覚をつかむ唯一の方法は、それまで一度も使ったことのない人を観察することだ。
- ユーザーには、主に3つのカテゴリーがある。イノベーター、アーリーアダプター、アーリーマジョリティだ。
- ユーザーは変化を恐れる。とくにアーリーマジョリティのユーザーは変化を嫌う。これまでアプリを使わなくても、何も問題はなかった。これからも使わなくても、何の問題もない。うまくいかないことが起こると、プロダクトを使わなくなる。
- ユーザーは自分が何を見逃しているかわからない。人とは違う使い方をしたり、重要な機能を使っていなかったり、プロダクトをまったく使っていなかったりする。ユーザーに接触し、気づいていない機能を伝える方法を見つける必要がある。
- 誰も何も読まない。マニュアルも、アプリの広告文も、メッセージも。
- 波風を立てないで。人は変化を恐れている。

第8章　PMFを達成するか死ぬか

シンプルであることは、ときに複雑であることよりも難しい。シンプルにするには、懸命な努力をし、思考を明確にする必要がある。だが、最終的には、そうするだけの価値はある。そこへ達すれば、山をも動かせるからだ。

――スティーブ・ジョブズ

スタートアップの旅で、最も重要な部分は、PMF（プロダクトマーケットフィット）を達成することだ。達成できれば、成功への道を歩んでいることになり、成功できる確率は50％を超える。だが、達成できなければ死ぬ。

本章では、PMFの達成について説明し、そこに到達するまでに重要となる、測定や改善のツールを紹介しよう。これもまた反復的なプロセスであり、旅であり、驚いたことに、もう1つの失敗の旅なのだと気づくことになる。

PMFを達成できなかったスタートアップが次々と埋葬される墓地がある。だが、そのほとんどは、自分が達成できなかったことに気づかない。達成したと思い込んでいるだけなのだ。PMFを達成できなかった企業のことはあまり耳にしないだろう。単にほとんどが死んでしまう（願わくは安らかに）からだ。だが、きちんと達成した企業について少し考えてみよう。

毎日使うすべてのアプリを思い出し——グーグル、ウェイズ、ワッツアップ、フェイスブック、メッセンジャー、ウーバー、ネットフリックス、マイクロソフトのソフトウェア全般など——、初めて使ったときと、現在の使い方に違いがあるか考えてみよう。

答えは非常に簡単だ。違いはない。今でも、初めてグーグルで検索したときと同じように検索している（20年も前の話だったとしても）。ウェイズやウーバーも、初めて使ったときと同じように使っている。ワッツアップでも、初めて使ったときからずっと同じ方法でチャットをしている。

つまり、**ＰＭＦを達成すれば、バリュープロポジションが見つかり、プロダクトはそれ以上変化しない**。バックエンドでの変更はあるかもしれず、ビジネスモデルが作られ、スケーラビリティの可能性は山ほどの開発を必要とするが、価値創造は変わらない。

すばらしい企業がＰＭＦを達成するまでには、どのくらいの時間がかかっただろうか。

ＰＭＦの達成までに、一般的にはどのくらい時間がかかるのか。

ウェイズでは、２００７年から２０１０年まで、約3年半かかった。マイクロソフトはさらに長く、5年かかっている。はるか昔のことになるが、そのときマイクロソフトは、自分たちがコンピューターではなく（それはＩＢＭの仕事だ）、オペレーティングシステムを作っているのだと気づいた。会社の創業は１９７５年だが、ＰＭＦを達成したのは１９８０年だった。

ネットフリックスはさらに長く、10年もの時間がかかった。ネットフリックスは２００８年にはじまったが、真の競争力を持ちはじめたのはごく最近だ。ネットフリックスが実際に事業をスタートしたのは１９９８年で、ＰＭＦの達成までには10年かかり、しかもそれ以前に別のＰＭＦを達成していたことは、心に留めておきたい。

ＰＭＦへの道のり

ＰＭＦとは、価値の創造である。価値を作り出せば、成功できる。たくさんの人に大きな価値を作れば、おおいに成功する。価値が生み出せなければ死ぬ。驚くことではないが、ＰＭＦの達成は、正しい（もしくは、むしろ必要十分な）ものが見つかるまで検証を繰り返す、もう１つの失敗の旅である。

本書は私の経験をシェアすることで、スタートアップを成功させる可能性を高めることに主眼を置いている。最も役立つ章を１つ挙げるなら、それはこの章だ。ＰＭＦ達成までの時間を短縮できたなら、成功の可能性を高めるのに手を貸せたことになる。

なぜそれほどたくさんの企業が、実際には達成していないのに、ＰＭＦを達成したと思っているのか。次のような声を聞くことが多い。

「プロダクトを販売していて、お金を払ってくれる顧客もいる。それなのに、ＰＭＦを達成していないなんて、どうして言えるのか」

「答えは実に簡単だ」と、私は言う。「ＰＭＦのストーリーを語れば、ユーザーはやってくるし、企業は契約するが、プロダクトがストーリーを届けなければ、彼らはそこに留まらない」

本質的に、**ＰＭＦの唯一の指標となるのは、ユーザーが留まっているかどうか——つまり、リテンションだ。ユーザーが戻ってくれれば、ＰＭＦは達成されている。**

もちろん、コンシューマー向けのアプリ（Ｂ２Ｃ）と企業向けのサービス（Ｂ２Ｂ）には、いくらかの違いはある。だが、本質的な部分は同じだ。ユーザーが戻ってくれれば、価値を生み出していることになる。

Ｂ２Ｃでは純粋にユーザーの継続に目を向ける。つまり、今月初めてプロダクトを使い、３カ月以内に戻ってきたユーザーを数える。

Ｂ２Ｂでは、追加で購入してくれた顧客に目を向ける。つまり、年間契約の更新や契約範囲の拡大だ。Ｂ２Ｂでは、新規顧客による初めての購入ではなく、同じ顧客による追加の購入が重要になる。

ＰＭＦを測定する

私がこれまでに見てきたスタートアップのほとんどは、ＰＭＦを達成したと確信していたが、達成していなかった。ＰＭＦを感じ取るのは難しい。そこで、測定が必要になる。

そんなときには、可能なら、ＰＭＦを達成したと思っている（私は達成していないと思っている）ＣＥＯを連れてきて、まったく同じ状況にあるスタートアップを引き合わせる。するとそのＣＥＯは「なんだ、あのスタートアップはＰＭＦを達成していないぞ！」と言うはずだ。

私たちの鏡を曇らせるものは何だろう。ほかの場所に目を向ければすぐにわかることが、自分自身のことになるとわからなくなるのはなぜだろう。

よくあることだ。他人のことだと分別のある判断ができるのに、自分のことになると判断がとても難しくなる。

自分のＰＭＦを感じ取るのは難しいが、他人なら簡単に感じ取るかもしれない。実際に、実態調査を行ないたいなら、ほかのＣＥＯや友人を連れてきて、数時間かけて、その質問に答えてもらおう。

自分自身のプロダクトやサービス、会社を見るよりも、まったく新たなものを目にしたときのほうが、認識はずっと正確だ。その「ほかの誰か」は、あることを難なくやってのける。それは、**コンバージョン、リテンション、使用頻度をたずねる**ことだ。

測定するのは、自分自身を誤解しないためだ。誤解する主な理由を以下に挙げよう。

1．見込みユーザーのフィードバックを聞いて、面倒な事態（問題）や解決策のコンセプトが正しいと確信してしまう。

2．次の修正やバージョンの構想がすでに頭の中にあって、その変更を行なえば、状況が大きく変わると１００％信じ切っている。将来的なバージョンが、すでに結果を出したかのように思い込んでしまう。

3．あなたの考え方を支持するアクティブユーザーやリピーターから主に話を聞き、「解約した」（プラットフォームやプロダクトから去っていった）ユーザーの声を聞いていない。

うれしいことに、ＰＭＦを達成したかがわかる明確な基準はある。さらにうれしいことに、ＰＭＦへ到達できるプロセスもある。

指標は実にシンプルだ。次の２つしかない。

- **コンバージョン**――プロダクトから価値を得られる（つまり、サービス・アプリのメインの機能を使う）新規ユーザーの割合を計測する。

- **リテンション**――長期間プロダクトを使い続けるユーザーの割合。

最終的に、同じことを示す指標はほかにもいくつかある。1つはMAU（月間アクティブユーザー数）で、もう1つはNPS（ネット・プロモーター・スコア）だ。NPSは、あなたのアプリ・システムをすすめる（あるいは、すすめない）人の割合を示す。

どちらの指標でも、同様のPOV（価値実証）を得られるが、さまざまなアプリストアにおけるユーザー数やアプリのスコアを求めてしまうと、誤解が生じる。それらの数字は、MAUについて言えばマーケティングの効率性、NPSについて言えば継続ユーザーの満足度を表す。アプリストアのスコアとユーザー数は、プロダクトの改善に役立たない。**PMFへの旅で重要なのは、コンバージョンとリテンションの数を増やすことであり、単に測ることではない。**

先日、ある起業家から、助けを乞うメールがきた。PMFは達成したと言っている。私はとても忙しく、今のところ新たな投資をする状況ではないので、「私の意見を聞きたいなら、コホート分析表〔時間の経過にともなうユーザーの自然減・保持を示す表〕を送って、何が聞きたいのかを教えてほしい。資金提供を求めているなら、今年は投資する予定がない」と返事をした。

すると、まだマーケティングに資金を費やしていないので、あまりユーザーがいないと返事がきた。それに対して、「ユーザーがどれだけいるか、いないかは聞いていない。PMFを達成したのなら、コホート分析のグラフを見せてほしい」と返信した。

結局、コホート分析もせず、リテンションも計測していないことがわかった。そこで、私は

PMFモデルのファネル

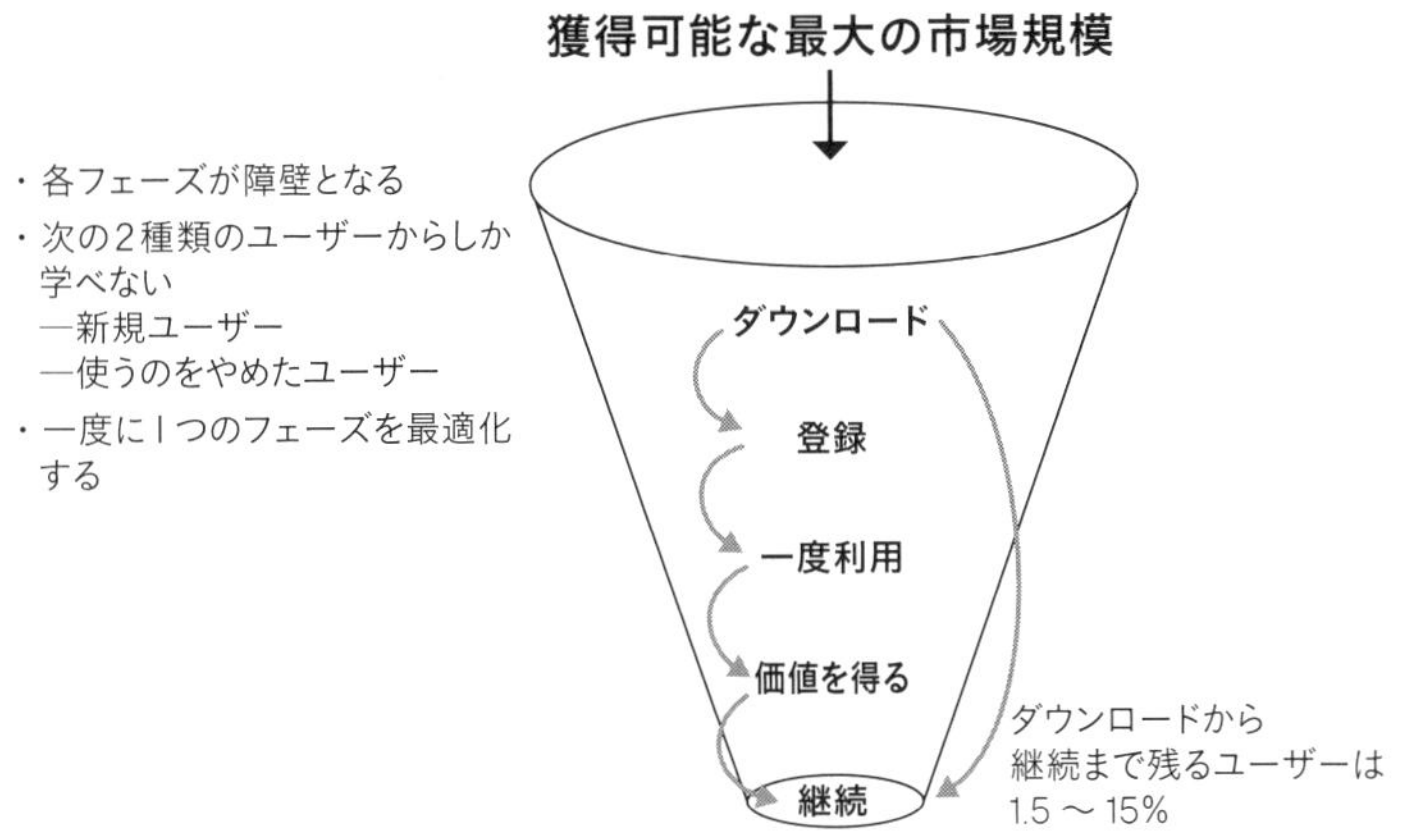
獲得可能な最大の市場規模
・各フェーズが障壁となる
・次の2種類のユーザーからしか学べない
—新規ユーザー
—使うのをやめたユーザー
・一度に1つのフェーズを最適化する
ダウンロード
登録
一度利用
価値を得る
継続
ダウンロードから継続まで残るユーザーは1.5〜15%

たずねた。「どうやってPMFを達成したと判断したのか？」

　すると、資金調達するにあたり、調達の可能性を高めるには、PMFを達成したと投資家に言う必要があると考えていたことがわかった。「数字を見せてくれ」と言った投資家は、私が初めてだった。

PMFで重要なのは、直感ではなく数字だ。

ファネルを進む

　どうすればリテンションを高くできるか。ポイントは次の2つだ。

- ユーザーのファネル
- 新規ユーザー

　上の図を見てみよう。ファネルの最上部は、獲得可能な最大の市場規模、つまり、すべてのユーザーだ。ファネルの最下部は、「継続ユーザー」――つまり、戻ってきたユーザーである。

ファネルの途中には、ユーザーがプロダクトを受容するまでのいくつかのフェーズがある。ある程度は、1人の新規ユーザーについて、アプリのダウンロードから（あるいは、ランディングページへ行ってから）価値を得るまでに、何が必要かを考えるべきである。どんなサービスでも、フェーズはほぼ変わらない。登録し、何をすべきか、何が期待できるかを理解し、最終的に価値を得る。

第7章で述べたように、すべてのユーザーは同じではなく、あなたはユーザーのすばらしい例の1つにすぎない。全般的に見ると、あなたが向き合うのは新規ユーザーであり、彼らの体験を頭に入れる必要がある。

このファネルでは、すべてのステップが障壁――行く手を阻む障害――であり、数人のユーザーだけが抜けられる。通り抜けられないユーザーは大事なものを逃していると思うかもしれないが、実際には何も逃していない。これまでの人生はすばらしく、これからもそれは変わらない。ユーザーを逃すのはあなたなのだ。それがファネルの正しい見方だ。すべてのユーザーを測定しながらも、1人のユーザーの思考プロセスを深く探っていく。

このルールは非常に簡単だ。ユーザーはサービスのフローに従っていくあいだに、さまざまな障害に行き当たる。例えば、サービスを利用するのに登録が必要なら、登録が行く手を阻む障壁になる。単に登録をしたくないユーザーがいるためだ。

登録が欠かせないのなら、このフェーズで特定のユーザーを失う。登録を拒むユーザーがたくさんいたら、この障壁は大きな問題になる。

たいていは、ユーザーがいくらかの価値を得るまでは、登録を先延ばしするようすすめる。予想される価値を手にする前に、ユーザーにさらなるやりとりを要求すると、それぞれのやりとりが障壁になり、そこには1つのきわめて重要な基準が適用される。それは、その障壁を通り抜けなかったユーザーの割合だ。

ユーザーの観点からは、次の3つの種類の障壁が存在する。

- アプリやサービスで何ができるかを理解する。
- 価値を得る。
- 十分な価値があるかを判断する。

障壁を壊す

ユーザーのファネルは方法論だが、最大限に活用するには、次の2つを習得する必要がある。

・**指標**――基本的には、それぞれの障壁についての正確で一貫性のある測定値。改善の取り組みを集中させるべき場所を知り、改善できているかを判断する方法となる。

・**学習**――それが障壁となる理由（障壁であることは測定によりわかっている）を理解するため、その障壁を通らなかったユーザーと話をし、シンプルに「なぜ？」と質問する必要がある。それを教えてくれる人は、世界中探してもほかにはいない。アクティブユーザーや継続ユーザーは、その障壁が問題だとは思わないため、その質問の答えを知らない。あなたやプロダクトリーダーにもわからない。わかっていたら、それは障壁にならない。そのため、PMFの検証サイクルでは、障壁を通らなかった人が、突如として、世界で最も重要な人物となる。その人だけが、「なぜ?」の理由を明らかにできる。この学習はきわめて重要なため、組織内の誰もがこの問題を理解し、何より、ユーザーを理解する必要がある。全員が難しければ、CEO、CTO、プロダクトマネジャーからはじめて、ほかの経営陣、続いてプロダクト開発者の順番となる。

そのあとは簡単だ。1つの障壁に対応する新バージョンをリリースし、必要十分になるか、しばらく目立った変化が起きなくなるまで、何度も測定を繰り返す。

障壁はたいていそれほど多くなく(おそらく3〜4つ)、どれが最も深刻かは指標によってわかる。主な対応方法は次の2つとなる。

- アプリケーションやサービスのフローにしたがって1つずつ(最初から順番に)。
- 深刻度にしたがって1つずつ。つまり、通らなかったユーザーの人数から判断して、最も深刻な障壁の問題に取り組む。

結局のところ、ユーザーへの価値は、すべての障壁から影響を受ける。どちらがよりよい方法だろうか。結果がより早く見られる可能性が高いので、私は深刻度のほうだと思っている。

ウェイズで検証を繰り返していたときには、常にPMFを見つけようとしていた。最も大きな躍進を遂げたのは、経路探索アルゴリズムを完全に変更したときだった。

一般的に、世界中のすべてのナビゲーション・経路探索アルゴリズムは、同じように機能している。地図上の出発地点と目的地点を探して、最短あるいは最速のルートによって、すべての道路セグメントと交差点をつなぐ。このアルゴリズムの根底にある前提は、地図が完成されていて正確であることだ。ある交差点が左折できるなら、地図データもそれを把握している。だが、ウェイズの地図データは不完全で、すべての道路や交差点の情報を持っていなかった。実際には、データが完成していたのは、わずかな範囲の道路や交差点だけだった。

そこで、アルゴリズムを変更し、「許可されていると知っているものだけを許可」するのではなく、「許可されていないと知らない限り許可」することにした。

その影響は一夜にして現れた。突然、ほぼすべてのルートが妥当なルートに見えるようになった。だが、「右折禁止」の交差点でドライバーに右折できると伝えてしまうこともあった。そのため、まだいくつかの検証は必要だったが、ウェイズが「必要十分」になるまでの旅で、最大の飛躍を遂げることができた。

一般的な原則として、私は自分の子どもたちに、許可を求めるよりも謝るほうがよいと教えている。そのほうが、よりたくさんのことを試せるし、より多くの行動を起こせる。PMFへの旅も同じことだ。ユーザーを怒らせることを恐れてはいけない。そのほうがPMFに早く到達できる。

プロダクトの側から障壁に対応するには、次の4つの方法がある。

1. **取り除くか、ユーザー体験のより遅い段階に移動させる**。例えば、ユーザーは、価値がわかったあとや登録が必要だと理解したあとなら、はるかにすすんで登録してくれる。

2. **シンプルにする。**登録に4つのステップが必要だとしよう。すべてのステップを1ページに表示したり、プログレスバーを設置したりすればよいが、プログレスバーなしで操作が4ページにわたると、ユーザーは登録が終わるまで未知のものと向き合うはめになる。先が見えないことほど、ユーザーを遠ざけるものはない。

3. **コピーやマイクロコピー［ユーザーの行動を後押しする短い言葉］を書く。**「よりよい」は、「より少ない」であることが多い。ユーザーが理解すべきガイドラインが7ページあるとして、次の質問に答えてみよう。プロダクトの新バージョンを入手して、操作を続けるのに7回スワイプする必要があったら、あなたはどうするか。ほとんどの人はどうするかを教えよう。どうしても必要なプロダクトなら、何も読まずにすばやく7回スワイプする。だが、新規ユーザーで、そのアプリを使うのが初めてなら、しかも絶対に必要なアプリでないなら、たいていはその時点で使うのをやめる。

4. **視覚言語を使う。**この方法は、インパクトは少ないが重要性は高い。プロダクトデザイナーは、ユーザーと向き合うインターフェースの設計を通して、意思決定に影響を与えられる。例えば、重要な情報や行動喚起ボタンは、ユーザーに求める行動（登録や購入完了など）を取ってもらえるように、強調したデザインにするべきだ。「はい」と「いいえ」のボタンを同じ色にするのではなく、「はい」を緑色にして「いいえ」を無色にすれば、ほとんどのユーザーが「はい」を選ぶ。色の選択やテキストのサイズ、ボタンの位置は、コンバージョンを増加させ、よりよい結果を生み出すのに、おおいに役立つ。

ユーザーの行動を観察する

これまでに、ユーザーのファネルと新規ユーザーの2つについて説明してきた。新規ユーザーの経験を計測するのは非常に難しい。なぜなら、すでに説明したとおり、プロダクトやアプリを初めて使う体験は、二度と経験できないからだ。

それではどうするか。

新規ユーザーを**観察**するのだ。たくさん観察するほど、楽しくなる。システムを初めて使うユーザーにはさまざまなタイプがいる。あなたの事業について説明する機会を利用して、その人の了承が得られたら、プロダクトを初めて使うところを観察しよう。ヒントも説明も、何も言ってはいけない。

それから、「なぜあれやこれをしたのですか?」と、ユーザーにたずねよう。あるいは、フォーカスグループを集めて、プロダクトを試してもらい、ピザとビール(または、マルガリータとナチョス)をふるまうのもよい。参加者を観察し、議論を促がそう。

そこで、プロダクトに機能が詰め込まれすぎていて、その数を減らしたほうがよいという結論が出る可能性が高い。機能は少ないほうが、操作性は高くなる。

誰がユーザーと話すべきか。誰がユーザーを観察すべきか。

まずはCEOからはじめ、その後、スタートアップの全員を追加しよう。会社のDNAの重要な要素として、ユーザーの声に耳を傾ける感覚を持つことが必要だ。誰もがユーザーを観察し、その声に耳を傾ける必要がある。

即時の検証、即時の満足

アーリーマジョリティはプロダクトを使いはじめると、最初は非常に疑ってかかる。新たなプロダクトへの移行には対価が必要で、即時に価値を証明する必要がある。

例えば新しい旅行サイトに、「よりよいプランをご紹介します」と書かれていたら、いつも使っている旅行サイトと比較して、よりよいプランを期待する。どちらのサイトも同じなら、新たなサイトに価値はない。

ウェイズをスタートさせたとき、地図の不正確さに対応する必要があった。ユーザーが最初に行なうのは、自分の家を探すことだ。ウェイズがそのテストに合格したら、その次は職場の住所を探す。

その部分のデータを見つけられるようになったら、今度はある程度普通のドライバー、つまり、アーリーアダプターとアーリーマジョリティのドライバーがユーザーとなった。今では地図データは非常に正確で、ウェイズは最初の2つの検証テストにはすぐに合格できるが、本当の検証は道路上で行なわれる——つまり、アプリがどれだけ正確に渋滞やほかの「イベント」を報告できるかにかかっている。

基本的な原理は簡単だ。システムが何かをレポートして、それが実際にそこにあれば——「すごいぞ。渋滞が発生していて、システムが正確に報告している！」——ウェイズは信頼される。

だが、渋滞が発生しているのに、報告されていなかったらどうだろうか。あるいは反対に、システムが渋滞を報告しているのに、すでに渋滞が解消されていたら？

この部分については、あと数回の検証が必要だった。ドライバーは自分が道路で得た体験について、すぐに確認を得る必要がある。

例えば渋滞にはまっていて、ウェイズがそれを事前に知らなかったとしよう。あなたのアプリは、数秒以内にそこが渋滞していることを示す。そうすれば、信頼は保たれる。

これは、逆の場合にも機能する。渋滞が発生しているとシステムが判断している場所で、道路に車がなく、時速100キロで走っていたら、ウェイズはすぐに道路から渋滞の表示を取り除く。

こうした即時の検証は、信頼性を築くのにきわめて重要だ。

ほとんどの消費者向けアプリには、次のような「3回使用」のルールがあてはまる。**プロダクトを3回使ったユーザーは、継続ユーザーになる可能性が非常に高いため、コンバージョンは3回の使用までのあいだに起こる。その3回の使用はすべて、確実に信頼と価値を感じさせるものにしよう。**

少ないほうが豊かである

ジークを立ち上げたときには、まさにこの問題に遭遇した。ジークは店舗限定のクーポン券やギフト券のマーケットプレイスで、例えばホームデポの100ドルのクーポン券を持っていて、そこで買いたいものがなければ、ジークのマーケットプレイスで販売できる。手にする金額は券面価格より低くなるが、その店での買い物に興味のある人から、現金が得られる。

使う予定のないクーポン券を持っていても、お金の無駄だ。私がお金を無駄にするのがいかに嫌いかは、すでに十分説明してきた。

ジークのプロダクトリーダーは、プロダクトはとてもシンプルになる予定で、機能は次の4つだけだと言った。

- ギフトカードを投稿する（販売者側）
- 購入するギフトカードを検索する（購入者側）
- ギフトカードを購入する（購入者側）
- すべてのギフトカードをデジタルウォレットに保管する

プロダクトリーダーが機能一覧を提示したとき、私は言った。「ちょっと待った。どうしてウォレットの機能が必要なんだ？　マーケットプレイスなら、売り手か買い手かのどちらかになる。複数のギフトカードを持っていて、それを管理する必要のある人は、ごくわずかだ」

プロダクトリーダーは譲らなかった。絶対に必要な機能だと言い張った。プロダクトを配布したあと、コンバージョンやリテンション、ユーザーの実際の行動を調べはじめた。すべての顧客のうち、ウォレットの機能に入ったのはわずか15％で、何らかの機能を使ったのはそのうちの2％だった。つまり、実質的に興味を持ったのは0・3％だった。

購入者側では、よいトラクションがあった。60％がマーケットプレイスに入り、何かを検索した。

時間をかけて議論を行ない、ウォレットの機能を削除するようすすめた。単に使われないだけでなく、その機能があるだけでユーザーの混乱を招き、コンバージョンに影響を与えかねないと伝えた。

新規ユーザーのルールに従い、ウォレットに入ったが何もしなかった数十人のユーザーと、対話セッションを行なうことにした。

理由をたずねてみると、ユーザーの答えはシンプルでみんな同じだった。

「それが何かわからず、わかってからも、ウォレットに入れるものがなく、次にすべき行動がわからなかった」

販売や購入にウォレットは必要ないと伝えると、「そうとは知らなかった」との反応が返ってきた。

次のバージョンでウォレットをなくすと、何かを検索する売り手の割合が急増した。

必要十分になるには、さらなる検証が必要だった。

マーケットプレイスとしての課題は、十分な数のギフト券を提供することだった。

マーケットプレイスでの需要と供給のバランスが取れたら、そこがＰＭＦだ。

だが、シンプルさの本質と「少ないことは豊かである」ことは、コンバージョンには不可欠だ。

考察のために、ウェイズや定期的に使うあらゆるプロダクトについて、次の質問に答えてほしい。今日、いくつの機能を使っただろうか。昨日は？　おそらくその数はごくわずかで、５つ以下ではないだろうか。

それから、そのプロダクトの機能一覧に注目して、次の質問に答えてみよう。**「そのプロダクトから、ある機能がなくなったらどうなるだろうか。気づかないことさえあるだろうか」**

ウェイズからアバターの機能がなくなったらと想像してみよう。そのせいでウェイズを使うのをやめるだろうか。なくなったことを気にかけるだろうか（タクシーの運転手なら、アバターの機能によって公共交通レーンを走れるようになるので、その機能がなくなったら、ウェイズを使うのをやめるかもしれない）。

では、その機能がなくなったら、ウェイズを使わなくなる機能について考えてみよう。それが重要な機能だ。

重要な機能には、次のような性質がある。

- 使用頻度、コンバージョン、リテンションが劇的に改善する
- 獲得可能な最大の市場規模に新たな可能性が加わる（例えば、アンドロイドだけでなく、iPhoneの言語やサポートなど）
- その機能を削除したら、たくさんの人が文句を言う

ニーズを生む各機能が、この3つの項目のうちの1つ（あるいは1つ以上）にあてはまるなら、それを測定する必要がある。あてはまらないなら、その機能は単に必要がなく、PMFの達成前にその機能を作るのは時間の無駄である。

実際には、達成したあとでも、時間の無駄になるだろう。

機能を削除する

その機能が必要かどうかを知る効果的な方法は、実際に削除してみて、ユーザーが悲鳴を上

げるかを確認することだ。ウェイズでは、まさにそれを行なった。

ウェイズのアプリには速度計の機能があり、円の中に現在の速度が表示される。今では制限速度を超えているかどうかを示す機能もついているが、ずっと以前には、現在の速度を示すだけのものだった。

あるときプロダクトリーダーが、車のダッシュボードにもまったく同じ機能を持つ速度計がついているのだから、この機能は削除できると言った。私とエフードは、そのアイデアには賛同できなかったが、プロダクト担当バイスプレジデントはとても優秀だったので、その作業を進める自由を与えた。

その機能を削除すると……ユーザーが悲鳴を上げはじめた。「新しいバージョンにはバグが発生している。速度計が表示されない！　何が起こったのだ？」

結局、クレームの90％は、この機能を使っているか、使っていると考えている人から寄せられていることがわかった。さらに2回の検証を行なった。次の1回はその翌日、速度計の機能をすぐもとに戻し、もう1つは折衷案として、設定で速度計をオフにできる選択肢を設けた。

設定に何かを追加するときは、「デフォルトは何か？」が重要だ。実演で示したいのだが、そのためには、あなたの積極的な参加が必要だ。

次のとても簡単な質問に答えてほしい。

- ウェイズで速度計をオフにできると知っていたか？
- オフにしたことがあるか？

あなたの答えをfallinlove@urilevine.comまでメールしてほしい。そうしたら、結果（つまり、その機能の存在を知る人の数と、その機能を変更したことのある人の数）をシェアしよう。

この機能について調べるのなら、もう1つ秘密を教えよう。速度制限の警告をどの段階で表示するかも変更できる。速度計をオフにするのと同じ方法で、その機能を見つけられる。具体的には、設定↓地図の表示↓速度表示だ。

本章で説明してきたほかのすべてと同じように、プロダクトロードマップは、うまくいくものを見つけるまで行なう実験のリストだ。それが見つかれば、スタートアップ作りは次の段階へと進む。

ウェイズのバージョン3・5

ウェイズのアプリが適切になるまでには、複数のバージョンを作った。ウェイズはいくつもの市場で必要十分になっていたが、成長でブレイクスルーを起こし、クチコミとバイラルを促進できる機能を探していた。

バージョン3・5のフレームワークは、バイラルを生み出し、ウェイズの非ユーザーにアプリをダウンロードさせると考えられた。このバージョンの主な機能は、待ち合わせの機能だった。運転中に誰かを拾いたいとき、ウェイズが相手に向けて、車の現在地とリアルタイムでアップデートされる到着予定時刻を送信する。

例えば、一緒にイベントに出かける友人を拾いたいなら、その友人に宛てて、現在地と到着予定時刻を連絡できる。ウーバーの乗車側のアプリと同じで、ドライバーがどこにいるのか、いつ到着する予定なのかがわかる。この機能は頻繁に使われると予想され、その結果、連絡を受けた人はみんな、ウェイズをダウンロードするだろうと思われた。

だが、私たちは間違っていた。

ストーリーは非常によくできていて、使用事例も理にかなっていた。だが、実際にこの機能が使われたのは、親から子どもに連絡する場合がほとんどで、子どもは運転をしないため、ウェイズをダウンロードも使用もしなかった！

面白いことに、この機能がブレイクスルーになると説明したとき、私はまさに、この親子の例を使っていた。

当時、下の息子は10歳くらいだった。ある日、放課後のバスケットボールの練習のため、私が車で迎えに行った。ウェイズの到着予想時刻は正確で、練習が終わる2分前に到着し、車の中で待っていた。

5分後、息子が電話をかけてきて、どこにいるのかと聞いてきた。

「校門のところで待っている」と、私は答えた。

「見つからないよ」と、息子は校門のあたりを見ながら言った。

結局、それぞれが違う校門にいたことがわかった。最終的には、電話をかけてわかった。だが、頭の中でひらめいた。待ち合わせの機能が使えれば、こうしたことは起こらない。

親子の不満を減らしてくれる機能だったが、期待する結果（さらなるユーザー）は得られなかった。この機能は今でも存在するが、振り返って考えてみると、私が実際に使ったのは人生でまだ3回だけだ。

ＰＭＦを達成した？　すばらしい。では、すべてやり直そう。

「ちょっと待ってくれ」と、あなたは言う。

「ＰＭＦを達成したのに、なぜすべてをやり直すのか？」

考えられる理由はいくつかある。

１つは、ＰＭＦの重要性がなくなったか、もう１つは、ＰＭＦの大きさが十分でないからだ。あるいは規制が変わったからである。

退職金貯蓄者向けサービスのポンテラでは、これらをすべて経験した。

イスラエルでポンテラを立ち上げたときには、金融手数料、とくに、長期貯蓄手段の手数料を透明化しようとした。実際に払っている金額を知らないために、手数料を払いすぎていることから、支払金額を伝えれば、有利な判断ができるようになると考えた。

だが、それでは十分でなかった。

そこで、どれだけ無駄に支払っているかがわかる「無駄メーター」の機能によって、状況が似た他人と比較した支払金額を知らせ、手数料を下げるには何をすればよいかをアドバイスした。どれだけ無駄に支払っていたかを知り、腹を立てる人はいたが、それでもまだ、何も行動は起きなかった。

「手数料を下げるにはここをクリック」と表示して、初めてうまくいくようになった。

ユーザーがそこをクリックすると、システムがユーザーに代わって、あらゆるデータとともに金融機関に手紙を送り、手数料の値下げを依頼する。

イスラエルでPMFを達成すると、国内市場では成長フェーズに突入したが、それと同時に、イスラエルより約100倍大きなアメリカ市場にも注力しようと決断した。

アメリカに向けて、とくに401kへの対応に向けて、プロダクトに変更を加えるには、時間がかかった。アメリカとイスラエルでは、問題となる点がまったく違っていた。イスラエルで解決しようとした問題は、アメリカでは何のメリットもなかった。

PMFの達成に苦戦しながら、イスラエルでの成長とアメリカでのPMF達成は、同時には行なえないと気づいた。苦しい決断を迫られた結果、イスラエルでの市場はすべて手放すことにした。

R&Dは、独自の技術を用いて、アメリカの金融市場に合わせてプロダクトを開発し直したが、何よりも大変だったのは、アメリカの消費者が問題を認識していないことだった。

奮闘するあいだに、まったく違う場所からチャンスがやってきた。

オバマ政権が新たな規則となるDOL（労働省）フィデューシャリー・ルールを制定し、クライアントに退職――401k――プランについてアドバイスをしたいフィナンシャルアドバイザー（FA）は、信頼を得て行動する責任を負うことが規定された。

つまり、401kを自分のプランやIRAに乗り換えさせたいFAは、自分のプランのほうがすぐれている場合にのみ、その提案ができる。だが、それまでのプランがわからなければ、よりすぐれたプランかどうかを判断する方法はない。ただ単にそれまでのプランに関する情報を入手できないからだ。

その影響はすぐに現れた。FAや投資会社は、新たな規則に準拠するため、ポンテラのプラットフォームを必要とした。宝くじに当たったたか、ランニング中に突然ものすごい追い風が吹いてきたかのようだった。

一夜にしてPMFを達成し、投資会社にプラットフォームのライセンスを販売しはじめた。そして、その後、オバマ大統領に代わったドナルド・トランプ政権は、DOLルールを支持しなかった。事実上、禁止されたのだ。正確に言うと、裁判所がDOLフィデューシャリー・ルールに反した判決を下したとき、新政権は訴えを起こさなかった。

政権の追い風で助けられたと思ったら、次の政権ですべてが覆される――そんなジェットコースターの急転回のせいで、ポンテラはほかの誰も提供できない複雑な独自の技術を抱えながらも、その先に需要がない状況に陥ってしまった。

ポンテラは、再び再創造を迫られた。ここで投資家のサポートを失い、私だけが唯一の投資家として残った。

FAや投資会社と話し合いを重ねた。その結果、FAが顧客に向けて401k（や他社運用アカウント）のアドバイスを提供できるようにすることで、まだ特別な何かになれる希望はあるとわかった。

顧客にも、フィナンシャルアドバイザーにも、私たちにも、メリットがある。FAは証券口座だけでなく退職口座についてもよりよいサービスを提供でき、「より豊かにリタイアする」目標を高めることができる。

ポンテラは、2018年の夏に新たなプロダクトを発表し、それ以来急成長を遂げ、とくに過去3年では、解約ゼロを継続している。

ポンテラの旅には、PMFの達成が3回必要となった。現在のPMFは非常に重要性が高く、これから先、別のPMFが必要になるとは思えないが、これまでも同じ感覚を味わってきたので、その考えは間違っていることが証明されている。

「必要十分」が「十分ではない」市場もある

2012年ごろ、地理情報システム（GIS）のカンファレンスで講演をした。そのころには、ウェイズはさまざまな場所で「必要十分」になっていた。クラウドソーシングのコンセプトや地図の制作方法を説明しながら、ウェイズはほぼどこでも使えるが、すべての場所で成功してはいないことに言及した。

「ウェイズはどこでも使えると言いましたか？」と、1人の賢い聴衆に質問をされた。

「はい」と私は答えた。

「南極大陸でも使えるのですか？」と、彼は私を問い詰めた。

私はわからないと答えた。

だが、休憩中にシステムに接続すると、南極にもウェイズの利用者が24人いるとわかった。そこでいったい何をしているのか。道路もなく、もちろん渋滞も、スピード違反摘発装置もない。

連絡を取り、まさにそれをたずねてみた。

すると、ウェイズはGPSをトレースして「疑似経路」を作るため、その機能を利用して、ベースキャンプからさまざまな調査現場までの往復を案内する道を地図上に作っていたことがわかった（南極にいるときは、コンパスは使えないと覚えておこう。どちらを向いても北なのだ）。

ウェイズがすばらしく機能する国はたくさんあるが、いまだにその機能がまったく不十分で、今後もその状態が続くと思われる国もいくつかある。

日本を例に挙げてみよう。

ほとんどの国で、住居番号は地理的に並んでいる。例えば、イスラエルでは、通りの片側に奇数、反対側に偶数の番号が連続して並んでいる。イギリスでは、通りの片側から番号がはじまって、反対側に戻ってくる。アメリカでは、各ブロックに100番ごとの数字がおさまっている。

こうした地理的なモデルなら、ウェイズは「必要十分」なレベルに比較的早く達することができる。目的地の十分近くにまで案内できる。それが「必要十分」の定義だ。

イスラエルの道路に300軒の家があると想像してみよう。片側には、1、3、5……299。反対側には、2、4、6……300。

では、アクティブユーザーのコミュニティが編集した番地が、10軒分だけだったとしよう。それらの家を正確に特定することができたら、ほかのすべての家の推定される位置も計算できる。そのため、90％以上のケースで必要十分になる。3％のデータがあれば、90％の必要十分に到達できる。

だが、日本では住所番号の割り振り方も独特で地域差もある。

これでは、3％のデータが3％の「必要十分」にしかならない。

その結果、日本ではウェイズが必要十分にならなかった。

さらに、日本ではほぼすべての車にナビゲーションシステムが搭載されている。

私たちにはチャンスさえなかった。

「必要十分」な機能とは?

ウェイズにはゲーミフィケーション(ゲーム的な要素)を組み込んでいる。ユーザーがアプリを使いながら、さまざまな方法でポイントを集められるのだ。例えば、衝突事故をレポートすると、ほかのドライバーが危険な状況を避けるのに役立ったとして、ポイントがもらえる。初期のころには、誰も走っていない道路を走ると、アバターがスチームローラーに変わり、走っている道路を「舗装」した。とくに、それまでほとんど誰も走っていない場所を走ってほしいときには、地図上にごほうびを置いて、ごほうびの上を走ると、さらにポイントがもらえるようにした。

カッコいい機能で、利用数やリテンション率も増加したが、飛躍的な結果はもたらさなかった。

ゲーミフィケーションのモデルを採用しても、たいていはうまくいかず、驚いてがっかりする起業家は多い。

2009年から2010年にかけて、ウェイズがまだ必要十分ではなく、そこへ到達するために、さまざまなことを試していたのを思い出してほしい。何より問題だったのは、新規ユーザーの離脱率があまりにも高かったことだ。アメリカでは、ユーザーの80%が一度か二度のみで使うのをやめていた。もっとたくさん使ってもらう必要があった。「必要十分」なレベルに到達したいからだけではなく、ウェイズは走りながら情報を集めるため、すべてのドライバーのすべての運転が重要だからだ。

アプリを一度か二度試したユーザーの80％を変えることができれば、データの収集は劇的に増加する。

その飛躍を遂げる方法を探したところ、本当の問題は、地図と渋滞データが不十分なことにあると気づいた。システムは学習しているため、もう一度使ってみてほしいとユーザーに伝えた。それも少しは役に立ったが、何より効果があったのはゲーミフィケーションだった。

ゲーミフィケーションは一部のユーザーにはうまくいっていた。だが、道路を走る一番手になれるケースはまれだ。そこで、地図を完成させるタスクをゲーミフィケーションで促進することにした。

地図上にパックマンのようなゲームを作ったのだ。

さらなるデータが必要なエリアを走ると、アバターがパックウェイズマンに変わり、道路はパックウェイズマンが集める（食べる）ドットで満たされる。

ドライバーはポイントを集めるためにルートを外れるのか、ポイントにはどんな価値があるのか、と質問されることは多い。もちろん、ドライバーはルートを外れたりはしない。

ほとんどのユーザーがゲーミフィケーションを気にしない、と考える人は正しい。だが、気にする人は、おおいに気にする。

そこで、すべてのユーザーにあと1回以上運転してもらうよりも、10～20％のユーザーに、あと10～20回多く運転してもらおうと考えた。かなりの数だと思うかもしれないが、それでも十分ではなかった。ゲーミフィケーションを使っても、ウェイズはまだ、必要十分にはならなかった。

機能は必要十分でも、プロダクトがまだ必要十分ではなかった。

データは最強

どうすれば必要十分になったとわかるだろうか。データを見よう。

平均や総数から判断するのは難しく、不正確な推測に走ってしまう。ウェイズを例に、重要な指標について考えよう。

- **MAU**――ウェイズのすべてのユーザーのうち、先月使用したユーザーは何パーセントか。
- **1カ月あたりユーザーあたりの平均使用回数**――アクティブユーザーあたり、何回のドライブが完了したか。
- **90日のリテンション**――1月に初めてウェイズを使ったユーザーの何人が4月にも使っているか。

では、これらの数字を推測してみよう。

プレゼンテーションや1対1のミーティングはよく行なうので、私は社内のメンバーに、これらの指標を予測してもらう。たいてい、次のような答えが返ってくる。

- **MAUはほぼ100%**――ウェイズをインストールしたのなら、使わない理由はないはず。
- **1カ月あたりの使用回数**――実際に誰かが算出したのを見たことがある。出した答えは次のとおり。家と会社の往復が1カ月に40回＋ジム＋食料品店＋子どもの学校への送迎。合計で月80回。それ以外の運転も含めると、総計で1カ月100回ほどになる。

・90日のリテンション――MAUと同じ。いったいなぜ、ウェイズの使用をやめるのか。この数字もほぼ100％に決まっている。そうでしょう？

残念だが、全然違う。

ウェイズは約10億回ダウンロードされたが、アクティブユーザーはわずか1億5000万～2億5000万人だ。

ちょっと待った。iPhoneでウェイズをダウンロードして、新しいiPhoneでアップグレードし、2つのバージョンを持っている人もカウントしているのか。おそらく実際は、スマホ次第だ。アプリを一度ダウンロードして二度と使っていないユーザーや、運転しないが海外旅行でタクシーに乗るためにダウンロードした人も数えているのか。

それも数えている。ダウンロードはダウンロードで、アクティブかどうかは別問題だ。

現実的には、MAUの割合は時間とともに減少する。ターゲットである通勤者以外がアプリをダウンロードし、あまり頻繁には使用しないためだ。

どのくらいの頻度で使われるのだろうか。1カ月100回に近い数字だろうか。

まったく近くない。

1カ月に約7～8回だ。

リテンションは約40％で、時間とともに減少し、約30％となった。

ウェイズが買収されたとき、リテンションは約35％、MAUは約27％、ユーザーあたりの1

カ月の使用回数は、国によって6〜9回だった。

そのため、大局的に見ると、毎日使うケースで考えて、1カ月あたりの使用は5〜10回、リテンション率は最高でおよそ30％と予想される。毎日使用するアプリと考えると、非常に少ない数字に思えるかもしれないが、天気予報のアプリもこれと同じだ。毎日チェックしていると思っても、実際には、1カ月に6〜9回なのだ。

アプリが毎月月初あたりの請求書の支払いに結びつくなら、すべての請求書に支払指図書を発行するだろう。だがそこで終わりにせず、正しく通知すれば、使用回数を変えられる。

例えば、ユーザーに「電気代の支払い時期です――ここをクリックして支払い」とメールを送れば、使用を増やすことができる。

コンバージョンについての大まかな考え方は次のとおりだ。**コンバージョンには3回の使用が必要となる。そのため、アプリやサービスを3回使用したユーザーは、1回や2回だけ使ったユーザーに比べて、使い続ける可能性がはるかに高くなる。**

そこがカギとなる。そうしたユーザーを見つけ、連絡を取り、説得してコンバージョンさせよう。計測したいのは、最初、2回目、3回目の時間の経過で、3回目の使用が遅れているユーザーに連絡をしよう。

だが、何より最も重要なのは、すでに述べたとおり、ユーザーの声を聞き、ユーザーを「観察」することだ。コンバージョンに関する問題を理解し、その見識をその後も使い続ける。

基本に戻ると、PMFを見つける旅は、どんな準備段階からはじめても、主に2つの問題を改善していくことである。その2つとは、コンバージョンとリテンションだ。どうやって改善するのか。新規ユーザーを観察し、使うのをやめた人に理由をたずねる。

そのため、必要となる唯一の指標はファネルの効率性で、唯一のロードマップはその効率性を高めるものとなる。

それぞれの障壁に1つずつ取り組み、それを取り除くために必要な行動を起こす。ユーザーを観察するときは、「間違ったユーザー」はいないと覚えておこう。プロダクトの広告文が、アプリやサービスの使い方をよりシンプルに伝える必要がある可能性は高い。

第8章まとめ

- PMFに到達するには、ユーザーのファネルを使い、一度に1つずつ障壁を測定し、取り除き、改善していく。
- 顧客はシステムの使い方を知っていると思いたいところだが、ほとんどの顧客は新規ユーザーだ。何の手がかりもなく、近頃では何も読まない。
- 初めての使用をもう一度経験する唯一の方法は、新規ユーザーを観察することだ。
- 新規ユーザーを観察し、障壁を通らなかったユーザーに「なぜ？　どうして？」とたずねることでしか、学びは得られない。
- 大まかな目安：ユーザーは3回目の使用でコンバージョンする。
- 驚くことに、毎日の使用は1カ月にすると約7回の使用となり、プロダクトを使い続けるユーザーは、3カ月後には約30％のリテンション率となる。
- 障壁を取り除き、コンバージョンとリテンションを改善するには、数十回の検証サイクルを覚悟しよう。

第9章　お金を稼ぐ

マネジメントとは物事を正しく行なうことである。リーダーシップとは正しいことを行なうことである。

――ピーター・ドラッカー

ビジネスモデルを作ることとは、お金の稼ぎ方を見つけることだ。顧客は何にいくらお金を払うだろうか。これもまた失敗の旅である。事業計画には、そのビジネスモデルがいつどれだけ収益を上げるかが記載される。特定の月数、あるいは年数にわたる収益と費用はどのくらいかも記載される。その点において、事業計画は本質的に「予想される長期の損益計算書」である。

私が見てきた事業計画では、すべて2年以内に最初の収益を上げると予想されていた。この数字は、3年目には5~10倍に増え、4年目には収益性を高め、5年目にはついに1億ドルを達成する。それ以外の計画なら、私は驚く。現実は常にそれよりずっと厳しく、長い時間がかかる。

本章では、ビジネスモデルの定義の仕方と作り方、そこから事業計画を導き出す方法について説明する。自分自身で選択したいところだが、たいていは市場によって決定される。何に意味があるのか、生み出す価値と期待される報酬にはどんなつながりがあるのか、一般的な黄金律と黄金比は何だろうか。

「フェーズごとの取り組み」のアプローチや、ＰＭＦの達成前にはすべきことが何もないことはすでに確認してきたが、例外が２つある。

- 顧客がアプリやプロダクトにお金を払うことが予想されるなら、ＰＭＦは顧客からの支払いの更新によって測定される。そのため、ビジネスモデルの発見はＰＭＦと同時に起こる。
- シードラウンドであっても、資金調達にはビジネスモデルと事業計画が必要である。

先日起業家がやってきて、こう言った。「このプロダクトを作りました。それにはハードウェアが含まれるので、ビジネスモデルと事業計画については、ＣＯＧＳ（売上原価）を計算して、その数字を2倍しました。これから市場で販売してみようと思います」

「それでは逆だ」と私は言った。「最後の部分から考えはじめるべきだ。つまり、まずは顧客がいくらなら払いたいかを考え、その次に『この市場価格で収益を出せるか』を考える。答えがイエスなら、プロダクト作りに取りかかる。答えがノーなら、そもそもスタートしてはいけない」

彼は自分のモデルなら収益が出るが、私のモデルではおそらく出ないと説明した。

私は答えた。「結局のところ、顧客が支払いたいと思う金額（支払意思額）よりも多くは請求できない。この制約にもとづいてビジネスモデルを作るか、プロダクトを作らないかのどちらかだ。価格は市場によって決まる」

ウェイズのシードラウンドの資金調達では、ビジネスモデルのストーリーを語る必要があり、事業計画も必要だったので、私がそれらを作成した。

最初の計画には、基本的にはこう書いた。「現在、地図制作会社は地図を販売して、1年に約10億ドルを稼いでいる。市場は成長していて、地図制作会社は地図に加えて、渋滞情報も販売している。地図制作会社と比較すると、ウェイズでは地図も渋滞情報も制作コストがゼロだ。そのため、このデータを現在の市場価格の25％で販売する。地図制作会社は、その価格では赤字になるので、太刀打ちできない」

このビジネスモデルは、最初の投資家からは共感を得たが、シリーズBの資金調達では苦戦した。ＰＭＦの旅で十分に前進できていなかったのだ（つまり、「必要十分」になっていなかった）。ＰＭＦに向けて何をすべきかはわかっていたが、データの販売（当時のウェイズのビジネスモデル）は非常に複雑で、なかなか前に進めずにいた。

プロダクトが必要十分でなかった主な理由は、データが必要十分でなかったからであり、その結果、「必要十分でない」データを販売するのはほとんど不可能だった。

あるとき、以前私たちにノーと言ったリードベンチャーキャピタルの1人がこう話しているのを耳にした。「あの連中は自分が何をしているのかまったくわかっていない。ビジネスモデルさえ持っていない！」

ビジネスモデルのない企業に投資する投資家はほとんどいない。**「ビジネスモデルがない」は、ベンチャーキャピタルが投資しないことを正当化するときに使う常套句**だと覚えておこう。

だが、たくさんの顧客に向けてたくさんの価値を生み出す方法を探し出せば、その価値をお金に変えるビジネスモデルが見つかる。しかし、それを投資家に物語るのは非常に難しい。

ビジネスモデルはシンプルで、顧客が購入するものと、それにいくら払うのかを示すもので

なければならない。

価値を生み出す

ビジネスモデルを作るときには、お金を払うと予想されるユーザーが、最初は乗り気でないと仮定しよう。だが、最も重要なのは、ユーザーが支払いたくなるほどの価値を確実に生み出すことだ。

次のフェーズは、**ユーザーがどのように、そして最終的には、いくら支払うかを見極めること**だ。

それらをすべて見極めたら、さらにあと3つ必要な要素がある。

- **ビジネスモデルのストーリー**――どのようにお金を稼ぐかについての簡単な説明。ストーリーはシンプルで、成功した会社のビジネスモデルに匹敵するものとし、顧客が受け入れやすく……しかも、投資家が理解しやすいものにする。
- **計算式**――プロダクトのLTV（顧客生涯価値）を大きくしよう。最終的に、LTV（顧客生涯価値）－COGS（売上原価）÷CAC（顧客獲得コスト）の計算結果が十分大きければ、収益性を確保できる。

$$\frac{LTV - COGS}{CAC} > 3$$

計算式は少しややこしいが、わかりやすい例を紹介しよう。例えば、教育・学習アプリを開発していて、ビジネスモデルが1カ月5ドルのサブスクリプション型だとしよう。PMFの旅についての知識から、ユーザーが平均で4カ月留まることはわかる。そのため、LTVは4カ月×5ドル＝20ドル。顧客獲得コストが50ドルなら赤字になる。5ドルなら黒字になるので、ユーザー獲得におおいに投資すべきだ。

- **時間**——最初の2つの要素を最適化するのに3年かかるとしよう。たいていはそのくらいかかる。さらに、そこに達するまで、LTVはわからない。

顧客が支払ってもよいと思うのは「いくらか」。この質問は非常に興味深い。実際の答えは、プロダクトが生み出す価値次第だ。

- プロダクトの価値がXなら、企業はXの10～25％の範囲の利幅を得る。
- Xが一度しか発生しないなら（例えば、有料ダウンロードなど）、Xの一度限りの料金の10～25％を得る。
- だが、Xの価値がコンスタントに発生するなら、その金額を年に一度（あるいは定期的に）得る。

だが、ちょっと待ってほしい。Xの金額はどうすればわかるのか。

そう、それこそが旅の本質だ。**価値を生み出すためには、価値を計測できなければならない**。

それができたら、顧客に向けたセールスピッチは、すべて次のようになる。「XやY、Zをして、あなたのためにXの価値を創造しました」

10〜25%の数字はどこからくるのか。

これはまさにオファーの競争力次第だ。どんな競合にもできないことができるなら、高い数字を目指そう。

顧客がもっと支払ってもかまわないと考えたときは、どうすればよいか。つまり、本当の価値と知覚された価値とのあいだにギャップが生じ、顧客は2倍の価値だと考えているが、あなたには1倍だとわかっている。お金がもっと「取れるから」取るのは正しい戦略だが、長期的な戦略としては、適正な市場価格からはじめるほうが望ましい。

適正な市場価格の戦略を取るべき理由は次の2つだ。

1. 顧客を食い物にしていると思われたくない。顧客が腹を立てて、すぐに乗り換えられてしまう。

2. 利益率の高い市場では競争が起こり、それによって維持できるかわからないレベルにまで価格が下がる。なんとか独占的地位を築けば、価格を上げ、収益を上げられると考える人もいるが、それができるのは、独占的な立場を守れたときだけだ。守れなければ、より早く競争を招き、防御可能な位置を維持するのが難しくなる。

もう1つ、哲学的な理由がある。

ビジネスの本質が、株主に最大の利益をもたらすことにあるなら、スタートアップは単なるビジネス以上のものだ。あなたの夢であり、DNAの一部である。利益を最大化させるか、顧

客や世界に向けた価値を最大化させるか。それを選ぶのはあなただ。

前払いをしてもらう？

前払いでお金をもらえるのは非常に魅力的だ。ハードウェアが含まれるなら、なおさらだ。例えば、健康観察アプリを提供していて、アプリのほかに、体の動きや心拍数など生物学的なデータを計測する、センサー付きのリストバンドがあるとしよう。

リストバンドはアプリに必要な付属品なので、顧客はすすんでお金を払うと思うかもしれない。それは正しい。顧客はお金を払ってくれる。だが、どのように価格を決めたらよいだろう。

顧客がリストバンドに払ってもよいと考える値段が、120ドルだったとしよう。毎月10ドルのサブスクリプションで1年縛りにしてリストバンドを無料にするよりも、120ドルを先にもらったほうがよいだろうか。

いったいどちらがよいのか。

手元に現金があるほうがよいとも言える。なぜなら、キャッシュフローが適切なら、会社の運営に向けて資金調達する金額が少なくて済むからだ。

あるいは、経常収益やLTVを考えると、サブスクリプションモデルのほうがよいとも言える。

90％のケースでおすすめしたいのは、サブスクリプションだ。LTVが高くなり、経常収益が発生すれば、会社は売上高ではなく、ARR（年間経常収益）で計測されることになる。

- ＡＲＲは、前月の収益×12で算出する。
- 一方、売上高は、過去12カ月で起こったことを見る。

そのため、成長しているときには、ＡＲＲの数字はより高くなる。

だが、サブスクリプションを支持する一番の理由は、ＰＭＦへの取り組みを早くに強いられるからだ。一度の販売だと、価値が不十分だとわかったときには遅すぎることもある。

会計的には、ＡＲＲは「すべての年間契約からの年間収益」と定義されるため、ビジネスモデルが月額のサブスクリプションで、契約者がいつでもサブスクリプションを解約できる場合、会計上のＡＲＲは0になる。

正直なところ、これについては、ＣＦＯを採用するまで気にする必要はない。

ＡＲ（年間収益）は、年間契約を結ばない会社が使用する。会計的に見ると、本質的にはＡＲＲ（直近の収益に12をかける）と似ているが、年間契約を必要としない点が重要だ。つまり、ネットフリックスの月額料金はいつでも解約できるので、ＡＲＲではなくＡＲとなる。

ビジネスモデルの種類

ビジネスには数えきれないほどの形態があり、自分の会社はあまりに独特なので、独自のビジネスモデルが必要だと考えるかもしれない。だが実際には、**自分だけのモデルを作り出すよりも、既存のモデルを活用するほうがはるかに簡単**だ。

いくつかのモデルが思いつくが、次のようなモデルなら、異なる会社や異なるバリュープロポジションに対してもあてはまるだろう。

これまでに、価格は創造される価値から派生することを確認した。今度は、価格設定を決める必要がある。基本的には、オファーするものによって決まる。

1．コンシューマー向けアプリ

コンシューマー向けアプリには、次の3つのビジネスモデルがある。

・**有料アプリ**――さまざまな種類があり（例えば、一度限りの購入料、アプリ内での課金など）、基本的には、ユーザーに価値をもたらし、ユーザーがその価値にお金を払う。「一度限りや時々（ほとんどのゲームはこれにあてはまる）」「サブスクリプション（ネットフリックス、NBA、地方新聞）」「利用ごとの支払い（ウーバー、オンライン確定申告サービスのフィボ、VAT還付サービスのリファンディット）」のどれかとなる。ほかには、基本パッケージは無料で、より価値の高いパッケージにプレミアム料金がかかる、フリーミアムがある（音楽ストリーミングサービスのスポティファイ）。ユーザーが支払ってもよいと考えるなら、たいていは最も高い売上見込みを生み出す。

・**データ販売**――アプリから収集したデータを第三者に販売する。ユーザー数の多い人気のアプリや無料のアプリで、とくに使用頻度が高ければ、第三者にデータを販売してB2Bモデルにできる。ウェイズは創業当初、このモデルを採用していた。アプリは無料だが、データとして得られた地図や渋滞情報を販売していた。公共交通乗り換え案内アプリであるムービットのモデルも一部はこれにあてはまり、公共交通の当局や計画者、運営者にデータを販売している。公共交通の計画者が、A地点からB地点まで1日に何本バスを運行させるか、どこにバス停を設置するかを決めるとき、需要（ムービットが提供する）がわかれば、より効率的に計画が立てられる。

- **広告**——このモデルは、ユーザー数が多く、使用頻度が高い場合にだけ使用できる。最も長い砂漠の旅となることが多い。なぜなら、広告主への基本的な重要性（つまり、たくさんのユーザー）が必要なため、PMFを達成し、成長を遂げて初めて、モデルを実証できるからだ。

2. ハードウェア付きのコンシューマー向けアプリ

コンシューマー向けアプリと、それに付随するハードウェアがある場合はどうだろうか。例えば追跡装置、あるいは自動車整備サービスのエンジーなら、車のコンピューターに接続する車載式故障診断装置（OBD）などだ。このモデルでは多少の注意が必要となる。なぜなら、ハードウェアのコストを負担してしまうと、あっという間に現金を失いかねないからだ。

選択肢は簡単だ。サブスクリプションの期間を長くしてデバイスの料金を補助するか、デバイスの料金を実際のコスト分、あるいはコストに利益を上乗せして請求する。どちらがよいかわからないときは、両方試して様子を見よう。これはABテストと呼ばれる。グループAが1つのモデル、グループBが異なるモデルを試し、2つのグループの反応をモニターする。

ビジネスモデルだけでなく、価格を決めるときにも、何度もABテストが必要となる。ABテストは並行して（2つのグループを同時に）行なうことも、時間をずらして（今週はAで来週はB）行なうこともできる。

デバイスの価値が相当高くない限り、サブスクリプションの期間を長くして補助金を出すほうがよいアイデアだ。そうすることで顧客のエンゲージメントを高め、ARRのビジネスモデルを確立できる可能性が高くなる。

通信事業者のベライゾン、T-モバイル、AT&Tについて考えてみよう。サブスクリプションを2年縛りにする代わりに、新しいiPhoneに補助金を出す。通信事業者に意味のあるやり方なら、ほかの企業にも意味があるはずだ。

カギとなるのは、成長したときのキャッシュフローへの対応だ。

デバイスが100ドルなら、それを200ドルで販売することもできる。あるいは、月額25ドルのサブスクリプションで、1年の契約を必須にすることもできる。25ドル×12=300ドルで、200ドルより金額は上がるが、契約者が途中でサブスクリプションを解約し、その結果赤字になるリスクもある。

プリンターやエスプレッソマシンについて考えてみよう。デバイス自体はそれほど高くなく、補助金をつけることさえできるが、利益を出すのはインクやコーヒー豆だ。

もちろん、そのモデルを一歩進めて、用紙とインクを購入する2年間の契約を結び、プリンターを完全に無料にしてもよい。

一方、200ドルを前払いで請求するのは、サブスクリプションで月額25ドルを請求するより難しい。もちろん、キャッシュフローの問題もある。

サブスクリプションでは、契約者を獲得する前からすでに100ドルの費用が発生し、4カ月のサブスクリプション期間のあとに、ようやく回収できる。その結果、デバイスの料金を6〜8カ月間立て替えておく必要が生じる可能性もある（デバイスのコストをX月に前払いし、デバイスがX＋2カ月後に出荷され、X＋4カ月後にサブスクリプションの契約を結び、デバイスのコストを回収するまでにさらに4カ月かかる）。

それだけなら問題はないだろうが、前年比4倍の目覚ましい成長を遂げたとして、最初の年に1万人の契約者がいたら、100ドル×8／12×1万＝67万ドルとなる。翌年は270万ドル――それだけの現金が必要になる。

まとめよう。現金があるなら、サブスクリプションの期間が長くなるように、デバイスの補助金を出すモデルのほうがよい。会社の価値創造の点から言えば、経常収益のほうがはるかによい。

3. B2BのSaaS（サービスとしてのソフトウェア）

B2Bで、最も一般的で最も望ましいビジネスモデルは、SaaS（Software as a Service：サービスとしてのソフトウェア）である。つまり、アプリやシステム、ソリューション、プラットフォームなどを、すぐに使えるサービスとして月額や年額で提供するのだ。

この定期料金には、さまざまな種類がある。毎月の定額料金、接続クライアント数あたりの料金、顧客企業内のユーザーあたりの料金、使用あたりの料金、価値あたりの料金などだ。

どの選択肢もすべてよい。このモデルで最も重要なのは繰り返しだ。提供される価値に顧客が満足すれば、解約率は非常に低く、収益はほぼ永遠に続く。

そのため、収益は指数関数的に伸びていく――つまり、昨年のすべての収益に、新たな収益がそのままプラスされる。

だが、いったいどれがよいのだろうか。定額か、接続クライアント数あたりか、使用あたりか、価値あたりか。

最初はわからないし、それほど問題でもない。時間とともに、セールスピッチに調整を加え、それに従ってモデルも調整する。求めるのはシンプルで、販売サイクルが短く、長期の収益／収益性を最大化する（つまり、生み出す価値と手にする報酬とのつながりを最大化する）モデルだ。

4．B2Bのハードウェア

サーバーやパソコン、車、デバイス、さらには発電所などのハードウェアを販売していたら、どうなるだろうか。その価格はCOGS（売上原価）によって決まると考えるだろうが、それでもやはり、あなたが生み出す価値と市場の競争力に結びつける必要がある。

例えば、ネットワークに不正に侵入されないように、出入りするすべてのトラフィックを監視する、物理的なファイアウォールがあるとしよう（しかも、とてもよくできたハードウェアだ）。ハードウェアのCOGSがXなら、収益が出るよう十分に利幅を取って、価格は2倍とするべきだろうか。それはちがう。これは完全に間違った考え方だ。

価格を決めるのは、市場と顧客の支払意欲だ。そのあとでコストに注目し、こう考えてみる。「この価格で、このコストなら、持続可能なビジネスができるだろうか。このモデルで差別化が図れるだろうか」

それでは、最終的に価格はX（顧客が払ってもよい金額）になり、その価格なら会社が存続できるとしよう。だが、サポートやメンテナンスといったサービスはどうだろうか。これらは経常収益を代表するものだ。

一般的に、ハードウェアのコストを回収する必要があるなら、ハードウェアに年額費用を加えたビジネスモデルを設計しよう。年額費用として加えるべき要素は、サポートや保守、保険、アップグレードなどだ。

だが、これらの費用を割引してはいけない。それはあなたの未来だ。交渉の必要があるときは、トライアル期間を長くすることで対応し、継続的に発生する料金を割り引いてはいけない。コストをすぐに回収する必要がないなら、モデルをSaaSに変更し、ハードウェアを販売するのではなく、顧客にサービスを貸し出すようにしよう。

5. B2Bのハードウェア＋SaaS

これはもうすでに明らかだろう。ハードウェアのコストを負担できるなら、SaaSに変更しよう。

お金を稼ぐか、節約するか

B2Bのビジネスモデルのほとんどは、次の2つの選択肢のどちらかに該当する。

- プロダクトがお金の節約に役立つ。
- プロダクトがお金を稼ぐのに役立つ。

どちらがよいか。結局のところ、同じプロダクトを売り込むのに、両方のストーリーが語れる。それでは、どちらを語るのかよいのだろうか。

時間の節約や効率化の向上など、ほかにもメリットは考えられるだろう。だが、お金を稼ぐか、節約するかの2つに絞り込もう。セールスピッチはわかりやすく、販売サイクルは短くなる。

私の父が、革命を正当化できる理由は1つしかない――「最後に成功すること」だ――と言ったのを覚えているだろうか。それはここにもあてはまる。2つの選択肢のうち、うまくいくほうを使おう。

だが、どちらも選べるとしたら、どちらがよいのだろうか。

お金を節約する価値提案のほうが、販売するのも証明するのも簡単で、ビジネスモデルにフィットするよう簡単に調整できる。節約した金額のうち、比較的大きな割合を手にできる可能性もあるが、あくまで購入総額内に制限される。

例えば、業務データの連携を改善するプラットフォームが、顧客側での作業は何も必要とせず、コストを30％削減できると想像してみよう。あなたはこの価値提案を気に入っているはずだ。シンプルで、明確で、簡単に魅力を感じてもらえる。

そして、節約額の25％を求めると、顧客は合意する。顧客のデータの連携に年間100万ドルかかるとすると、そのうちの30％、つまり30万ドルを節約できることになり、顧客への請求額は7万5000ドルとなる。クライアントの節約額は、正味22万5000ドルだ。

それだけだ。それが手に入れられる最大の金額となる。総支出額で上限が決まる。

データの連携に年間100万ドルを使う企業だと、22万5000ドルの節約額はあまり効果がない。財務部門の担当者が決断すべき事項であって、CFOではなく、1〜2つ下のレベルの担当者の話となる。

消費者的な目線から考えてみよう。スマホとインターネットの請求が月に30ドル以下で、そこから10ドル節約すると提案されたら、いくら無駄が嫌いな私でも、アーリーマジョリティのユーザーとしては、それほどわずかな金額のために何かを変えるのは気がすすまない。あまりに少ない金額のために手間がかかりすぎるのが心配になる。

お金を稼ぐほうはどうだろうか。

こちらは上限がない。そのため、同じプロダクトを提供するとしても、顧客が十分に活用していない能力を活用し、それをもとにお金を稼げると説明できるなら、見込み客に対してずっと強くアピールできる。

さらに、B2Bなら、会社の別の部門に、つまり、さらに大きな予算を使える部門に、販売することになる。だが、問題は、販売サイクルが長くなり、価値の実証にさらに時間がかかることだ。

広告やプロモーションを最適化する会社を考えてみよう。その会社は、マーケティングのコストを50％削減できると言うこともできるし、マーケティング費用の効果を2倍にできると言うこともできる。

お金を稼ぐか、節約するか、どちらのストーリーでも選べるなら、お金を稼ぐほうを常に選ぼう。節約のほうは、どれだけ頑張っても最低額にしかならない気がするが、お金を稼ぐほうは、上限がまったくなく、その価値提案により、顧客はさらに力を得た気分になれるからだ。

私はキャリアの初期のころ、通信関連のソフトウェアやソリューションを扱うコンバース・テクノロジーでソフトウェア開発を行ない、その後プロダクトマネジャーとなった。その会社で出会ったアメリカ向け販売を担当するバイスプレジデントは、私にこう言った。「B2Bで成功するには、武器商人かドラッグの売人か、そのどちらかになるしかない」。そして、武器商人がいかにあなたと敵の両方に武器を売り、さらに武器を買う必要を生じさせるかを説明してくれた。同様に、ドラッグの売人が、顧客が中毒になって買うのをやめられなくなるよう、商品を売る方法を教えてくれた。

ビジネスモデルの旅が簡単に見えるのはなぜか

ビジネスモデルの旅が簡単に見えるのは、最初の数人の顧客から得られる確証のせいで、そのモデルがうまくいくと勘違いしてしまうことが原因だ。

ウェイズは初期のころに、アップルとの非常に大きな契約を獲得した。アップルはイスラエルの地図のライセンスを入手し、アップルマップのプロダクトに使用した。それにより、ウェイズのビジネスモデルや顧客の支払意欲は確証を得て、事業計画や市場規模についての考え方が実証されたと思われた。

２０１１年には、イスラエルで渋滞データの小さな取引がいくつかあり、チリとコロンビアで１００万規模の進行中の取引があったため、正しいビジネスモデルなのだと思った。

だが、そうではなかった。

ビジネスモデルが正しければ、顧客はやってくる。その意味では、ビジネスモデルの旅は

PMFの旅とよく似ている。有料顧客へと早くコンバートし、取引から取引への販売サイクルを短くし、顧客をコンバートするセールスピッチを1〜2つ用意する必要がある。

顧客との対話のなるべく早い段階、つまり、最初か2回目の訪問で、顧客から「それがほしいです、支払いましょう」と返事をしてもらうべきだ。

長い販売サイクルがウェイズには向いていないと気づくまでには時間がかかった。政府当局との対話には時間がかかり、コンシューマー向けソーシャルプラスアプリとのあいだには深すぎる溝があった。

ウェイズは別のビジネスモデルを探した。

正しいモデルについて、社内で何度も議論を行なった。アプリを使用するドライバーに請求すべきだと提案する強い発言さえあった。

実際のところ、今の時点で100人のウェイズユーザーに料金を支払ってもよいかとたずねたら、大半はよいと答えるだろう。だがその当時、一部の地域では支払ってもよい状態が確立されていたが、私たちが最も気にかけていたのは、いくつかの大きな市場でクリティカルマスに達することだった。そして、最初は無料だと思っていた見込みユーザーにあとから支払いを求めたら、クリティカルマスに届くのが難しくなると恐れていた。

さらに、ユーザーに料金を請求するビジネスモデルは、無料のモデル（グーグルマップのような）に最後は負けると思っていた。ウェイズは無料だから、ドイツでは成功しないとさえ言われた。ドイツ人は無料のものに対して、必要十分だと思わないからだ。

それはユーザーに請求するもう1つの理由になるとも思われたが、現実的には、ほかの選択肢と比較して（例えば、専用の車載ナビゲーションシステムなど）、ウェイズは単に必要十分ではなかった。正しいビジネスモデル――広告――にたどりつくまで、数年にわたって試行錯誤を繰り返した。

正しいビジネスモデル

どうすれば正しいビジネスモデルが見つかったとわかるだろうか。それは、試してみて初めてわかる。あらかじめ複数のビジネスモデルについて、あれがいいこれがいいと議論はできるが、正しいモデルはうまくいくモデルだ。

ウェイズでは、社内での議論で広告の案が出された。ユーザー数が多く、使用頻度が高く、使用期間が長いため、広告こそが正しいモデルであり、しかも、ウェイズのドライバーに価値を追加できるとも考えた。

ウェイズの広告に顧客がすすんで料金を支払うかを検討した。最初は市場が小さすぎるように見えたが、「10X《テンエックス》の法則」により、最初はビジネスモデルがXしか生み出さないように見えても、最終的には10倍になる可能性があるとわかっていた。

広告ビジネスモデルの旅には、次の2つの課題があった。

- プロダクトの側では、市場で何ができるのか、何を作るべきなのかを理解する必要があった。
- さらに重要な旅は、モデルを検証し、顧客を取り込み、すばやく価値を提供し、できる限り早くフィードバックを得ることだった。

急いで作り上げていくうちに、システムを完成させるには、アドサーバーやほかの技術的要素を組み込む必要があると気づいた。

イスラエルで最初の広告モデルを開始した。そこにはプロモーション的な要素を3つ組み合わせた。スプラッシュ画面（アプリを立ち上げたときに最初に見る画面）、地図上のPOS（販売時点管理システム）導入店舗（例えば、ガソリンスタンドやカフェなど）、検索結果だ。

システムを最初に使った企業は、イスラエル最大のレンタカー会社の1つであるエルダンだった。エルダンは車の販売も大規模に行なっていて（リースの車を2～3年のリース期間後に販売している）、イスラエルに27カ所の支店があった。

地図上の支店の位置をブランドロゴの入ったピンで強調したので、検索結果はエルダンに大きな価値があるように見えた。当時、ウェイズはすでにイスラエルで大成功していたので、この広告の影響は大きいと予想していた。

次に何が起こるかは、予想していなかった。

翌朝、別のレンタカー会社であるエイビスのCEO顧問からメールが届いた。

「なぜエルダンは地図に載っていて、エイビスは載っていないのか、CEOが知りたがっている」とメールに書かれていた。それは、私たちが正しいこと、つまり、誰かが気にかけることを行なっていると知るきっかけになった。気にかけた顧客はウェイズのもとへやってきた。

だが、それでは十分でなかった。広告によってユーザーがうんざりしていないかと、ユーザーに聞いてみた。

うんざりしていないと、確認できた。

2012年、イスラエルで正しいモデルが見つかり、世界的なプロモーションについて検討をはじめた。実際には、2013年になって、ようやくそれが実現した。今日でさえ、ユーザーと話すと、「ウェイズはどうやってお金を稼いだのか」とたずねられる。広告を販売していると答えると、たいていは「アプリで広告を見ていない」と言われる。あるいは、「でも、広告の数はごくわずかだ。あんなに少ない広告で、どうやってお金を稼ぐのか」と言う人もたまにいた。

そこからが、もう1つのPMFの旅だった。一方で広告プロダクトを作り、それと同時に市場での販売に力を入れた。どんなPOS導入店舗でも、ブランドロゴの入ったピンを使って地図上で広告でき、その効果は長期間継続するので、ツールさえ作っておけば、顧客はやってくると仮説を立てた。

それは完全に間違っていた。

その時点では、アドサーバーを組み込んで、位置を検知する機能を使い、位置ベースのアドサーバーを提供する必要があると考えていた。

それも間違いだとわかった。

位置ベースのアドサーバーが間違いだった原因は、ユーザーの行動にあった。街中を走っていて、最寄りのスターバックスを探しているときなら、1~2ブロック以内のどの方向にあっても問題はない。だが、運転中にガソリンスタンドを探しているときには、最寄りのスタンドが30メートル手前だと、役に立つよりがっかりしてしまう。

ドライバーは、どれだけの距離があるかは気にしない。「ルートから外れた回り道」がどれだけあるかを気にしている。そこで、ウェイズは自らのアドサーバーを構築して、ドライバー、目的地、方向に目を向けた。それによって、位置ではなく、ルートにもとづいて、ドライバーに関連性のある広告を出すことが可能になった。

さらに、ドライバーは渋滞にはまっているときや完全に停止しているとき以外、ポップアップ広告はわずらわしいと感じていて、あまり関心が向けられないことにも気づいた。

だが、学び取った知識の中で最も重要だったのは、広告主が広告媒体を購入するのに助けが必要だったことだ。私たちにはその手助けはできなかった。

さまざまな地域で広告を販売する数多くの企業と協力し、それらの企業が販売しているほかの媒体に加えて、私たちの媒体を使った。自己完結型の広告モデルも依然として有効だったが、最終的にはビジネスの小さな部分を占めるに留まった。

ビジネスモデルの旅に終わりはない

ＰＭＦのフェーズなら、プロダクトがＰＭＦに達すれば、それ以上変更はない。ビジネスモデルの旅は、そうはいかない。**うまくいくビジネスモデルが見つかったら、それを成長させる必要がある。**

さらにすぐれた、さらに大きなビジネスモデルが見つかる可能性もある。

ムービットは、成長を遂げたあとにビジネスモデルを考えはじめた。会社が存続して約５年が経っていた。最初の議論は、ウェイズのビジネスモデルがムービットにも正しいかどうかだった。

ウェイズではうまくいって、大成功を収めたモデルだ。同じことができるのではないか。だが、ムービットにはウェイズにあった重要な要素が１つ欠けていた。使用の継続時間だ。

ウェイズのユーザーは、アプリを起動し、画面を表示しながら運転するが、ムービットは使い方が異なる。ユーザーはアプリを起動して、バスがどこにいるか、いつくるのかを確認する。バスがきたら、バスを降りる時間がきたことを知らせるポップアップが表示されるまで、アプリはバックグラウンドで作動する。

乗車中、ユーザーはメールを読んだり、ネットフリックスを見たり、ＳＮＳをチェックしたりと、ほかのことにスマホを使っている。そのため、ビジネスモデルとして広告を提供する機会は限定される。

だが、ムービットの集めたデータは、公共交通の計画者や運営者、地方自治体などに、大きな価値があった。実際、そうした組織は今でもデータにお金を払っている。だがそれは、非常にコストが高く、非効率的なやり方で入手したデータなのだ。

公共交通の計画者が、利用者がどこからやってきてどこまで行くのかを調べるＯＤ（起終点）調査を考えてみよう。大量の手作業が必要な調査が、ムービットなら一晩で終わるタスクとなる。あるいは、非常に簡単な質問だけで終わる。「Ｘのバス停からバスに乗る人は、どこで下車するか」

だが、明らかだと思うものが、いつもそうとは限らない。

フライト予約サービスであるフェアフライのバリュープロポジションはとてもシンプルだ。「当社はあなたの旅行費用を節約します」。ビジネスモデルはそこから派生したシンプルなものだ――つまり、「節約額の一部を払ってください」

だが、「このモデルでは、来月の費用がいくらになるかわからない。予算は正確に出しておきたい。代わりに毎月定額を支払うことはできないか」と、言い出す顧客も多かった。

たいていの顧客は、価値や節約ごとの支払いにビジネスモデルを結びつけたがるが、定額モデルを好む顧客もいる。そのため、基本的には同じ会社で、同じバリュープロポジションでも、2つのビジネスモデルを持つことになる。これはまったく珍しくない。ヨーロッパの携帯電話会社には、たいていサブスクリプションとプリペイド（使用ごとの支払い）のプランがある。

簡単な旅ではない

ご存じのとおり、スタートアップの起業は簡単ではない。PMFの達成は本当に難しい。だが、ビジネスモデルを見つけるのは、いくつかの点において、さらに大変だと言える。すべてのなかで最も大変なのは販売だ。販売が最も難しい理由は、1つの仮説ともう1つの仮説との検証のあいだに長い隔たりがあるからだ。

B2B向けのスタートアップで、SaaSによる毎月のサブスクリプションがビジネスモデルだったとしよう。ストーリーを気に入った顧客は、「試してみよう。ここでテストできる？」と言う。

そうなれば、「このモデルで決定だ」と思いたいところだが、目の前にはまだ、旅の長い道のりが残っている。テストには数カ月がかかり、顧客に本当の価値を提供できるまでには、プロダクトの検証が何度も必要になる。そのときになって初めて、交渉はスタートする。

顧客が最初に関心を持ってから、取引に至るまでには何カ月もかかり、契約が更新されて初めて「取引が完了」したとわかる。最初の顧客のあと、2番目、3番目の顧客も、まったく同じであってほしいと期待するが、期待どおりにはいかないのだと実感する。

顧客が違えば、要求やニュアンスも異なり、とくに価値の認識が異なると、別のビジネスモデルを要求されたりもする。その結果、顧客の数は少ないのに、ビジネスモデルを複数持つことになる。

ビジネスモデルの旅は、ストーリー、価値、更新の3つの要素が揃ったときに終わる。

- ストーリーがシンプルだと、ほとんどの顧客は、「興味深い」、「自分に関連する」と考える。営業担当者が見込み客にそのストーリーを話すと、同じ反応が見られるようになる。
- 価値は、ストーリーで説明した知覚価値をプロダクトがもたらすことを意味する。
- 更新は、顧客による年間契約の更新を意味する。顧客に価値がもたらされ、顧客が支払ってもよいと考えていることを示す、最も明確な指標となる。プロダクトとビジネスモデルについての究極の検証となる。

販売サイクル

検証の間隔（検証サイクル）がそれほど長くなる理由の1つは、起業家とは関係がない。販売サイクルは、どんな業界でもたいてい長い。

長年にわたって、さまざまな起業家と話をし、共通の見解を何度も耳にした。「ああ、あなたはわかっていない。私のいる業界では、販売サイクルは恐ろしいほど長い」

その見解は間違っていない。

携帯電話会社の販売サイクルが長いと思ったら、自動車メーカーでの販売について考えてみよう。医療機器の販売サイクルが長いと思ったら、保険会社の販売を考えてみよう。

保険会社は簡単なので忘れてほしい。代わりに、農産業での販売を考えてみよう。それなら間違いなく、販売サイクルは長い。生産量が前年比25%増となる魔法の肥料を考案し、数人の農業経営者にそれを伝えたとしよう。最初は笑われるが、ストーリーで説得し、「それでは、試してみようか。あの隅の木が見える？　そこにしよう」と言ってもらうことができた。

その結果、どうなったか。肥料は効果を発揮した。6カ月後、その木の生産量は25%増加した。

そこで、生産者にたずねてみた。「これで購入してもらえますか？」

「これまではうまくいった」と生産者は言う。「秋に試したから、今度は春に試してみよう」

さらに6カ月がすぎたが、生産者はまだ決心がつかない。今度はほかの木で効果が見たいと言う。「来年からは、今までの肥料はやめて、そちらを使おう」と言ってもらうまでには、3～4年の旅となる。

誰もが自分の販売サイクルは長いと思っている。誰の考えも正しい。販売サイクルを加速させる要因は、ごくわずかしかない。恐怖や、とくにパニック、あとは競争などだ。COVID-19のワクチンに対するパニックと不安のなか、ファイザーの売上に何が起こったかを考えてみよう。そうした恐怖を作り出すのは難しい。

顧客市場で競争を作り出すほうが簡単だ。販売計画では、業界全体と関係を持つように心がけよう。そうすれば、参照データが得られるだけでなく、競合がすでに話をしているので、すべての顧客に対する販売サイクルを加速できる。FOMO（取り残されることへの恐れ）は、企業相手でも効果を発揮する。

顧客の更新によって価値は明らかになる

顧客が更新するまではPMFに達していないと説明したが、同じことがビジネスモデルにも言える。更新されたら、そこには価値があり、ビジネスモデルが正しいことになる。さらにすぐれたビジネスモデルが見つかる可能性や、同じモデルで料金を高くできる可能性もあるが、そうした調整ができるのは、あるいはすべきなのは、より多くの顧客を獲得したときだ。

だが、押さえるべきポイントはそこではない。**ビジネスモデルの調整は終わりのない旅で、更新に重要なのは顧客満足だ。**そのため、顧客への販売をはじめるときには、次の3つの要素に注力する必要がある。

- 顧客の成功。カスタマーサクセスの専任スタッフを採用するか、プロダクトリーダーにその役目を割り当てる。
- すべてを計測する。それによって、プロダクトやストーリー、販売ツール一式の調整方法がわかる。
- 更新されるまでは、さらなる販売への誘惑を抑える。そうしないと、複数の顧客に対する危機につながる。危機が及ぶ顧客の数は少なくしたい。このポイントは、この3つの中でおそらく最も重要だ。

このフェーズでは、**カスタマーサクセスの役割は、新たな顧客の獲得よりも重要性が高い。80〜90%で更新が見られるようになったら、営業（販売）組織を立ち上げる**ときだ。

事業計画を作る

エクセルの表を使って5年分の事業計画を考えよう。そして、1年ごと（できたら最初の2年は四半期ごと）に、あなたが語りたいビジネスストーリーを示そう。すでに述べたとおり、事業計画とは本質的に、予想される損益計算書だが、顧客数やユーザー数、展開する国や都市圏といった目標からスタートしよう。

例えば、テレビゲームを作ったとしよう。まずは基本的な予測からはじめよう。四半期ごとに何人の新規ユーザーを獲得するか、どのくらいの解約率が予測されるか。

次に、その期間の「有料ユーザーへのコンバージョン」率と平均顧客単価（ARPU）がくる。この単純化したモデルは、今後5年間の収益の流れを扱うことになる。

この事業計画によると、5年後には、アクティブユーザー数は約130万人、1カ月の収益のランレートは約200万ドルとなる。

これはよい計画だろうか。

テレビゲームは解約率が高いため、よりよい計画にするには、さらにユーザーを呼び込む必要があるだろう。

352－353ページの事業計画の読み方について少し説明しよう。これは四半期ごとの計画で、1Qからはじまり、5年後となる20Qまで続く。

2行目は「新規ユーザー数」だ。マーケティングの取り組みによって、四半期ベースでユーザーを何人獲得できるだろうか。最初はとても低い数字となるが、5年後には、四半期あたり100万人近くの新規ユーザーを呼び込めるだろう。

難しいのは次の行の「四半期解約率」からだ。新規ユーザーのうちの何人が、同じ四半期に解約するか。解約率はリテンションの反対だと覚えておこう。最初は60％だが、時間とともに改善され、40％になっている。

次の行は、「正味追加数」――つまり、新規ユーザー（から解約したユーザーを引く）が四半期末に何人追加されたか。

その次は、「最初の四半期後の解約率」だ。解約率の数字が比較的高いのは、ゲームはもともと解約率が高いと前提されているからだ。

上半分の最後の行となるのは、アクティブユーザーの総数（合計ユーザー数）で、5年後には約130万人に届いている。21Q（6年目の第1四半期）に新規ユーザーを獲得できなかったら、解約率は四半期あたり25％なので、アクティブユーザーの数は100万人以下となる。成長のためには、マーケティング部門がさらに多くのユーザーを連れてくる必要がある。

この表の下半分は収益のモデルだ。基本的には、すべてのユーザーが有料ユーザーになるわけではなく、アクティブユーザーから有料ユーザーに変わるユーザーもいる（フリーミアムモデル）。ここでは、各有料ユーザーが、四半期ごとの金額（これも時間とともに増える）に貢献している。

これはよいビジネスモデルだろうか。それとも、悪いモデルだろうか。

二重性のあるビジネスモデルは、思いどおりにはいかないことがある。シードやAラウンド

11Q	12Q	13Q	14Q	15Q	16Q	17Q	18Q	19Q	20Q
120,000	150,000	200,000	250,000	300,000	350,000	500,000	600,000	700,000	800,000
40%	40%	40%	40%	40%	40%	40%	40%	40%	40%
72,000	90,000	120,000	150,000	180,000	210,000	300,000	360,000	420,000	480,000
25%	25%	25%	25%	25%	25%	25%	25%	25%	25%
153,020	204,765	273,574	355,180	446,385	544,789	708,592	891,444	1,088,583	1,296,437
30%	30%	30%	30%	30%	30%	30%	30%	30%	30%
45,906	61,429	82,072	106,554	133,916	163,437	212,577	267,433	326,575	388,931
$15.00	$15.00	$15.00	$15.00	$15.00	$15.00	$15.00	$15.00	$15.00	$15.00
$688,589	$921,442	$1,231,081	$1,598,311	$2,008,733	$2,451,550	$3,188,662	$4,011,497	$4,898,623	$5,833,967
$2,754,356	$3,685,767	$4,924,325	$8,034,933	$9,806,200	$1,275,650	$15,045,987	$16,045,987	$19,594,491	$23,355,868

での資金調達でこのビジネスモデルを提示したら、資金調達はできない。目標も十分に高くなく、機会も十分に大きくない。その結果、5年以内にユニコーンにはなれない。したがって、このスタートアップは魅力的ではない。

だが、**資金調達を受け、実際にこの実績を上げたのなら、旅はすばらしく成功している。**5年後には1カ月200万ドルの収益を上げ、年間ベースの収益で前年比2・5倍の成長を遂げているのだ。

これはきわめて優秀な企業だ。

このペースで、顧客生涯価値（LTV）を顧客獲得コスト（CAC）で割った数字が3より大きければ、引き続き成長を加速させるために、簡単に資金調達が得られる。悪い数字に見えたとしても、4年目から5年目に2・5倍の成長ができれば、それはやはりすばらしいことだ。

エクセルのシートであらゆる数字を計算し提示することはできるが、モデルの予測はあくまで合理的でなくてはならない。投資家は予測と最終的な利益を見て、気に入るかどうかを判断する。あなたも同じことをす

期間	1Q	2Q	3Q	4Q	5Q	6Q	7Q	8Q	9Q	10Q
新規ユーザー数	1,000	2,000	3,000	4,000	10,000	20,000	30,000	40,000	60,000	90,000
四半期解約率	60%	55%	50%	45%	40%	40%	40%	40%	40%	40%
正味追加数	400	900	1,500	2,200	6,000	12,000	18,000	24,000	36,000	54,000
最初の四半期後の解約率	25%	25%	25%	25%	25%	25%	25%	25%	25%	25%
合計ユーザー数	400	1,200	2,400	4,000	9,000	18,750	32,063	48,047	72,035	108,026
有料ユーザーへのコンバージョン率	10%	12%	14%	16%	18%	20%	22%	24%	26%	28%
有料ユーザー数	40	144	336	640	1,620	3,750	7,054	11,531	18,729	30,247
ARPU	$5.00	$6.00	$7.00	$8.00	$9.00	$10.00	$12.00	$15.00	$15.00	$15.00
収益	$200	$864	$2,352	$5,120	$14,580	$37,500	$84,645	$172,969	$280,937	$453,711
AR（年間収益）	$800	$3,456	$9,408	$20,480	$58,320	$150,000	$338,580	$691,785	$1,123,748	$1,814,843

るべきだ。予測を見て、最終的な利益（5年後の結果）を見て、あなたの旅に（労力や変化にともなうコスト、犠牲などをかけるだけの）価値があるかを判断しよう。

価値を定性化・定量化する

自分がどのくらいの価値を生み出しているのかは、どうすればわかるだろうか。実際には、わからない！努力を続け、顧客やユーザーと話をして、明らかにしていくしかない。PMFを探したり、旅をしながら仮説を実際の顧客で実証したりしていくのと同じプロセスだ。顧客がどの機能を使っているか、なぜその機能が役立つのかを理解するときに必要だったのと同じ対話が、価値の定性化や定量化にも役に立つ。

営業組織を作る

成功する営業（セールス）組織――予想可能な結果をもたらす営業部門――を作るには時間がかかる。営業を成功させるには、いくつかのカギがある。プロダクトの成熟度、セールスストーリーそのもの、営業ツール一式の準備だ。

スタートアップには、次のようなことがよく起こる。

最初の5件ほどの取引は、すべてCEOや創業者の1人が成立させた。そのプロセス――バリュープロポジションや価格設定など――は繰り返し発生するものだと思えたので、営業組織を拡大する準備ができたと感じた。営業担当バイスプレジデントを採用し、営業を期待した。

これは間違いだ。

営業組織は、営業プロセスを効率化する円滑な仕組みだ。その組織には重要な機能が4〜5つあり、オーケストラのように演奏しなければ機能しない。営業担当バイスプレジデントの役割は、オーケストラの指揮者だ。

その役割は、次のとおりだ。

- **パイプラインの送り手**――この役割では、営業部門が対応するのに十分な数のリードを営業部門に送り込む。そのため、営業担当者が1年に100人のリードに対応できると考えたら、パイプラインの管理者には、絞り込まれたリードを1年に1担当者あたり100人送り込む責任がある。
- **営業**――絞り込まれたリードを連れてきて、営業プロセスを通じ、取引を成立させる。
- **営業のサポート**――顧客からのさまざまな要求（例えば、データや技術的な議論、統合など）について、営業担当者をサポートする。
- **カスタマーサクセス**――営業プロセスのなかで、おそらく最も重要な部分だ。顧客にプロダクトを能動的に使い続けてもらうことが目標だ。その顧客の将来の成長を増大させることが役目となる。

- **セールスオペレーション**――プロセス全体を効率化し、プロセスを管理するツールと手法を提供する。

営業組織を作るときには、これらのすべての機能を確実に備えよう。営業担当バイスプレジデントを採用するなら、営業を期待するのではなく、組織作りに集中させよう。準備ができたかわからない状態で、セールスピッチの準備を整え、すぐに営業担当者を1人連れてくるのは的外れだ。その担当者には、リードが送られることもなく、取引を成立させるのに必要なフォローアップやサポートもない。

本章のポイントは次の4つだ。

1. ビジネスモデルを見つけるのは、さらにもう1つの失敗の旅――しかも長い旅である――だが、検証と検証のあいだにはたくさんの時間がかかるため、とくにストレスがたまる。
2. 最終的に価値を生み出したら、そこから得る利幅は、10～25%とすべきである。
3. この旅を加速させるには、生み出した価値を定性化・定量化することからはじめよう。そこから、10～25%の利幅になるよう価格レベルとビジネスモデルを調整しよう。
4. ビジネスモデルを選択できるなら、経常収益が生じるモデルを選ぼう。

第9章まとめ

・時間が経つと10倍になる――最初の価格では割に合わないかもしれないが、正しいモデルが見つかれば、時間とともにその数字は1桁増える。

・誰もあなたの代わりはできない。あなたの代わりに誰かがビジネスモデルや事業計画を作ってくれるとちらりとでも思ったなら、考えを改めよう。最初の5～10件の取引は、自分自身で定性化する必要がある。

・営業サイクルはあなたが決めるものではない。営業組織を作って、その仕組みを円滑にすることはできても、購買サイクルはあなたには決められない。そのため、そのサイクルを変えようとするよりも、そのサイクルに自分を合わせる必要がある。

・LTV／CAC＞3。実証済みの顧客生涯価値は、顧客獲得コストより少なくとも3倍大きい数である必要がある。そうでなければ、持続可能なビジネスモデルにはならない。

・価格は会社が決めるのではなく、市場によって決まる。しかし、コストは会社が決めるものであり、市場はそれを気にしない。

第10章　10億人のユーザーを獲得する方法

成長を探り当てるのはホームラン――すべての中で最もハードな旅だ。


次のように考える人は多い。

「何が大変なんだ？　プロダクトを作れば、ユーザーはやってくるだろう」

「何が大変なんだ？　『ニューヨーク・タイムズ』紙に一度記事が掲載されれば、それだけで大当たりだ」

「何が大変なんだ？　フェイスブックの広告で、必要な数のユーザーは獲得できた」

成長はまさに大きな問題だ。最も困難な旅であり、真の成功を見つけ出せる人はごくわずかだ。本章では、成功を見つけ出す方法や、マーケティングの役割、クチコミとバイラル、市場進出戦略（ＧＴＭ）計画について説明していこう。

ティム・クックの日

２０１２年９月19日、アップルは地図サービスを開始した。誰の目から見ても大失敗だった。アプリは必要十分にはほど遠く、そのせいでＩＴ業界でも歴史に残る謝罪が行なわれることになった。

開始からわずか9日後、アップルのCEOティム・クックは、ユーザーに向けて驚くべきメッセージを発信した。そこにはアップルマップが「基準に達しておらず」、ユーザーは代用ツールを使うようにと記されていた。

おすすめのアプリには、ウェイズも含まれていた。

その当時、ウェイズはすでにPMFを達成し、その結果、世界中で1日あたり5万~10万の新規ユーザーを獲得していた。1カ月に直すと、約200万人の新規ユーザーだ。

ウェイズでは、アップルのCEOがウェイズを試してほしいとユーザーにアドバイスした日を、「ティム・クックの日」と呼んでいる。クックの謝罪のあと、ウェイズのユーザー数は、それまでの最高だった日の100%増を記録した。新規ユーザーの数は、約16万人となった。

新規ユーザー数の急増は約1週間にわたり、次第に減少していった。1日目は通常の日の100%増、2日目は70%増となり、週の後半には約10%増となった。

その影響は大変なものかと思えたが、9月全体でのユーザー数の増加は、わずか10%程度だった。1日のダウンロード数の最高記録は約1年続いたが、その記録が破られたとき、1日平均の新規ユーザー数は2倍以上になっていた。


成長とは、1回限りのイベントではない。それは一貫した結果であり、時間とともに成長を示せる能力だ。GTM（市場進出）計画は、反復可能な結果をもたらし、時間とともに効率化を高める必要がある。『ニューヨーク・タイムズ』紙に見開きの記事が掲載され、そのときだけ顧客が押し寄せることではない。何度も繰り返し結果をもたらす計画のことだ。

どのくらいのスピードで成長すべきか

重要な質問は、「どれだけ早く成長できるか?」だ。

2010年の終わりの時点で、ウェイズは世界中に約230万人のユーザーを抱えていた。私はCEOのノーム・バーディンとともに、取締役会の準備をしていた。年末に向けての目標を設定する必要があった。

ノームは、年末までに何人のユーザーを獲得できるかと、私にたずねた。

「1000万人」と、私は答えた。

「そんなにたくさんのユーザーをいったいどこで獲得するのか」と、彼はたずねた。

「ラテンアメリカで200~300万人、ヨーロッパで200~300万人、アメリカで200万~300万人、それ以外で200万~300万人」と、私は説明した。

「わかった。でも、どうやって獲得するんだ?」と、ノームはさらにたずねた。

アイデアはたくさんあった。「でも、実際のところはわからない」と、私は認めた。「市場があることはわかっている。だから、方法が見つかるまで、さまざまなアプローチを試してみる。順調な軌道に乗せるには、5倍の成長を示す必要がある」

その年は、1060万人のユーザー数で終わった。2012年は3300万人で、その5カ月後、グーグルに買収された時点では、5000万人をわずかに超えていた。

次ページの表は、それらの数字をまとめたものだ。

年月	ウェイズのユーザー数	前年比
2009年1月	34,417（すべてイスラエル）	
2010年1月	538,077（まだすべてイスラエル）	15.6倍
2011年1月	260万（およそ半分がイスラエル）	4.8倍
2012年1月	1190万（全世界――PMFを達成）	4.6倍
2013年1月	3660万	3.1倍
2013年6月	5090万	1.4倍

実のところ、0年目から1年目の成長要因はよくわからない。実際には、その年には誰も成長を目にしなかった。だが、その後の前年比の成長率を理解するのは重要だ。そこからは、成長が見つかったかどうかがわかるフィードバックが得られ、市場リーダーになるために軌道に乗ったスタートアップの真の本質が見て取れる。

すでに地位が確立した収益性の高い大企業なら、前年比10％の事業成長はまずまずだ。それより高ければ十分である。低ければ、十分に満たない。

だが、**地位が確立した収益性の高い大企業になっていないスタートアップは、示すべき成長のペースがまったく異なる。**

スタートしてから、その後の5年間で、10倍、5倍、4倍、3倍、2倍の成長が期待される。全体的な流れで見て、スタート時（0年目）は、5万ユーザーだったとしよう。1年後には、合計50万ユーザーになると予想される。5年目の終わりには、10×5×4×3×2×5万＝6000万ユーザーとなる。これがユニコーンの成長の仕方だ。

B2Bのビジネスで、初年度の収益が100万ドルなら、翌年はその5倍、その翌年は3〜4倍、その後は3倍、2〜3倍、2倍となる。つまり、0年目に100万ドルなら、5年後には1億8000万〜3億6000万ドルとなる。

これまでに、旅の初期にはＰＭＦが最も重要で、それが達成できないと死ぬと説明した。正しいビジネスモデルを見つけるのは、検証プロセスに時間がかかるため、最も長い旅となる。だが、ＧＴＭや成長の旅は、間違いなく最も厳しい。このフェーズでは、失敗の数がさらに多くなる。

ＧＴＭの旅をはじめるべきタイミング

Ｂ２Ｃのスタートアップなら、ＧＴＭの旅を開始すべきタイミングは、ＰＭＦの達成後すぐであり、その前であってはいけない。理由はとても簡単だ。ＰＭＦに達していなければ、解約率が高くなる（リテンションは低くなる）。そのため、新規ユーザーを連れてきても、（すべてではないとしても）ほとんどは去って行く。

ザルに水を溜めると想像してみよう。うまく水を溜めるには、とにかくすばやく水を入れるか、水を入れる前に穴をふさぐかだ。「水切り」穴をふさぐのは、ＰＭＦだ。

だが、Ｂ２Ｂになると、ＰＭＦとビジネスモデルはそれほど分かれていない。ビジネスモデルとＰＭＦを達成すると、成長がはじまる。

基準は異なっても、旅はほとんど同じだ。効率的に（事業として）成長し、市場で重要なプレーヤーになれると証明する。Ｂ２ＣとＢ２Ｂの主な違いは、「効率的」の定義にある。

アプリを無料で提供していて、まだビジネスモデルが見つかっていないなら、コストゼロで（または、ゼロに近い価格で）ユーザーを獲得するのは意味がある。高いお金を払ってユーザーを獲得するのは意味がない。

B2B向けのプロダクトか有料のB2Cプロダクトで、ユーザーが初日にXドル、その後の1年ほどで3Xドル以上を支払うとわかっているなら、Xドル以下でユーザーを獲得するのは意味があるが、3Xドル以上で獲得するのは意味がない。なぜなら、GTMの旅全体が、効率を改善することだからだ。

初日の顧客獲得コストが意味をなさないものだとしても、旅の終わりには意味をなすものになっている必要がある。

クチコミ（WOM）とバイラル——マーケティングの至高の目標

混同している人が多いようなので、2つの用語の定義からはじめよう。

2つのうち、「バイラル」のほうがシンプルだ。あなたがプロダクトを使っていない限り、私は使うことができない。地球上にメッセンジャーやワッツアップを使う人が自分しかいなければ、それは何の役にも立たない。したがって、そのアプリを使うには、ほかの人を誘う必要がある。

バイラルで人気を得たプロダクトは大きな成長を遂げ、勝者は独り勝ちとなる。さまざまな市場に異なる勝者がいることを覚えておこう。例えば配車サービスなら、アメリカではウーバー、中国ではディディ、アジアのほかの地域ではグラブといった具合だ。あるいは、メッセージングアプリなら、アメリカではメッセンジャー、ほかの地域ではワッツアップなどだ。

「クチコミ（WOM）」は、これとはまったく異なる。

ウェイズをどのように知ったかと100人にたずねたら、90％は「誰かから聞いた」と答えるだろう。これがクチコミだ。

ウーバーやネットフリックス、フェイスブックなど、毎日使うアプリのほとんどで、同じことが言える。コンシューマー向けアプリを制作していて、獲得可能な最大の市場規模が大きいなら、最終的には、クチコミを獲得すれば勝てる。

残念なことに、クチコミが機能するのは、使用頻度の高いアプリだけだ。

その理由を説明しよう。

第4章で見たとおり、1カ月に平均数回以上使われる（例えば、月に10回だが毎日ではない）プロダクトなら、進むべき道はクチコミだ。なぜなら、単純に誰かに話す機会が多いためである。

プロダクトの使用後に、ユーザーの10％がプロダクトについて誰かに話し、話を聞いた人の10％がユーザーになったと考えてみよう。

すでにユーザーが１００万人いるとしよう。10％が誰かに話せば10万人だ。そのうちの10％がユーザーになると、新規（オーガニック：無料で獲得した）ユーザーは１万人だ。

アプリの使用頻度が１年に一度だとすると、１年ではわずか１万ユーザーとなる（取るに足らない数字だ。実際、解約率も高いはずである）。

だが、アプリが１カ月に一度だけ使われたとすると、１年で10万ユーザーを超える――悪くはないが、十分ではない。

だが、アプリが毎日、あるいは月に10回（ウェイズと同じように）使われ、ユーザーが友人に話したくなるようなポジティブな体験をしたら、ユーザー獲得にまったくコストをかけずとも、１年の終わりには、複利効果はユーザー数の3倍となる。

使用頻度	1月のユーザー数	12月のユーザー数	増加分の割合
1年に一度	1,000,000	1,010,000	1%
1カ月に一度	1,000,000	1,126,825	12%
1週間に一度	1,000,000	1,677,688	67%
1カ月に10回	1,000,000	3,138,428	3倍
毎日	1,000,000	37,783,434	37倍

解約のことは、しばらく忘れよう。オーガニックグロース（社内の資源による自律的な成長）における使用頻度の影響力の大きさに気づいてほしい。わずか10％のユーザーがプロダクトについて誰かに話し、そのうちのわずか10％が使いはじめたら——実質的には1％だ。

ウェイズでは、GTM戦略で最も効果的なツールはクチコミだった。友人と車に乗っていて、ダッシュボードで起動するアプリを目にすれば、「それは何？」とたずねてもらえる。それが何よりの強みだった。クチコミによる成長は、実際にはどう見えるのか。ホッケースティックのような曲線、つまり、指数関数的な成長を示すことになる。

次ページのムービットとウェイズのグラフを見てみよう。数値も違うし、指標も同一ではない——ウェイズでは、アプリをダウンロードして使用した人数、ムービットではアプリやウェブを通じてサービスを使用した人数——が、曲線の形はまったく一緒だ。

ワッツアップやフェイスブックなど、世界中の成功したコンシューマー向けアプリは、ほぼどれも同じことが言える。クチコミが発生すると、指数関数的な成長がはじまる。

ムービットでは、最初の100万ユーザーに達するまでに436日かかり、次の100万ユーザーには107日、最後の100万ユーザーには19時間で達し、それから買収された。

ムービットの全ユーザー数

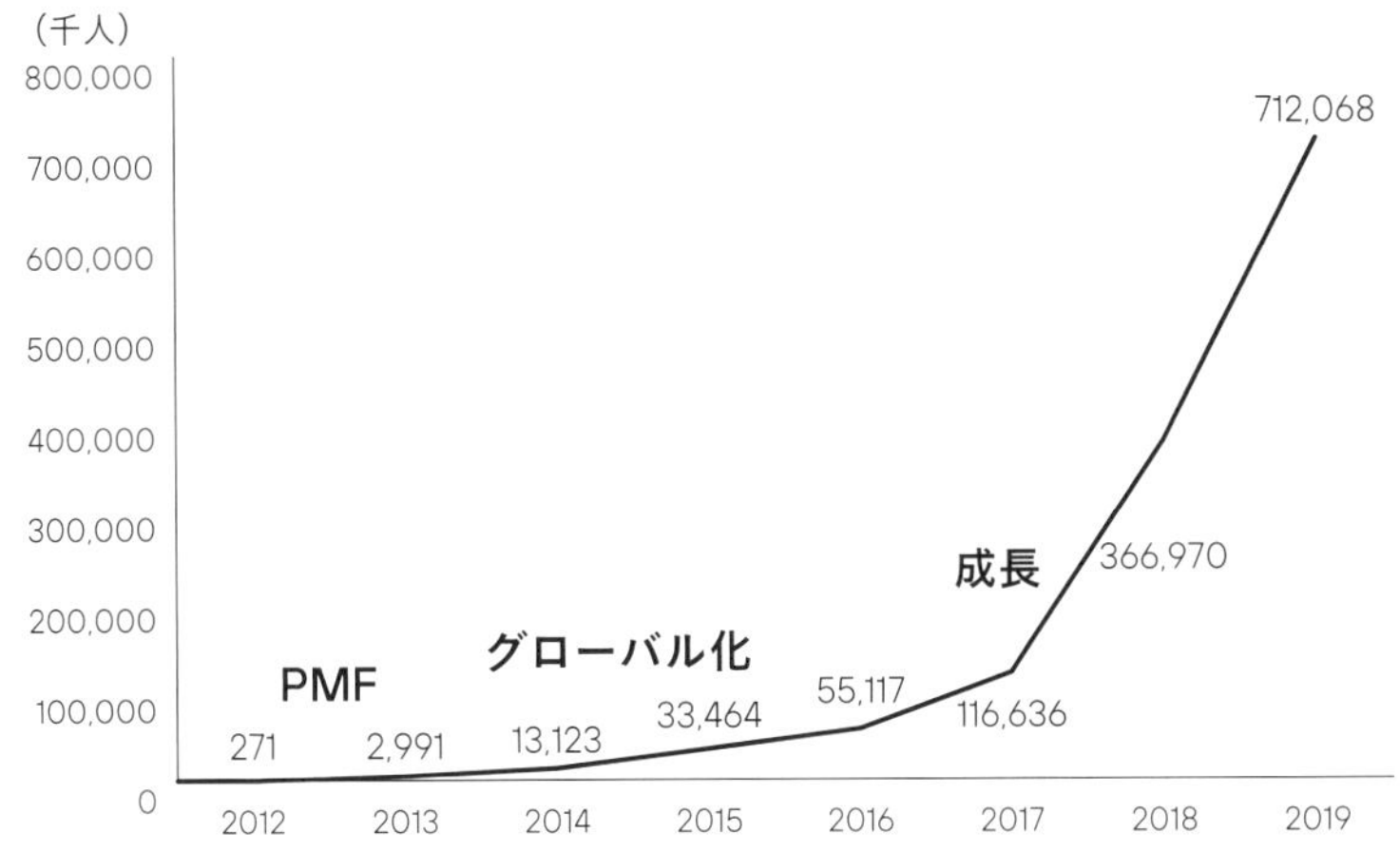

ウェイズの全ユーザー数

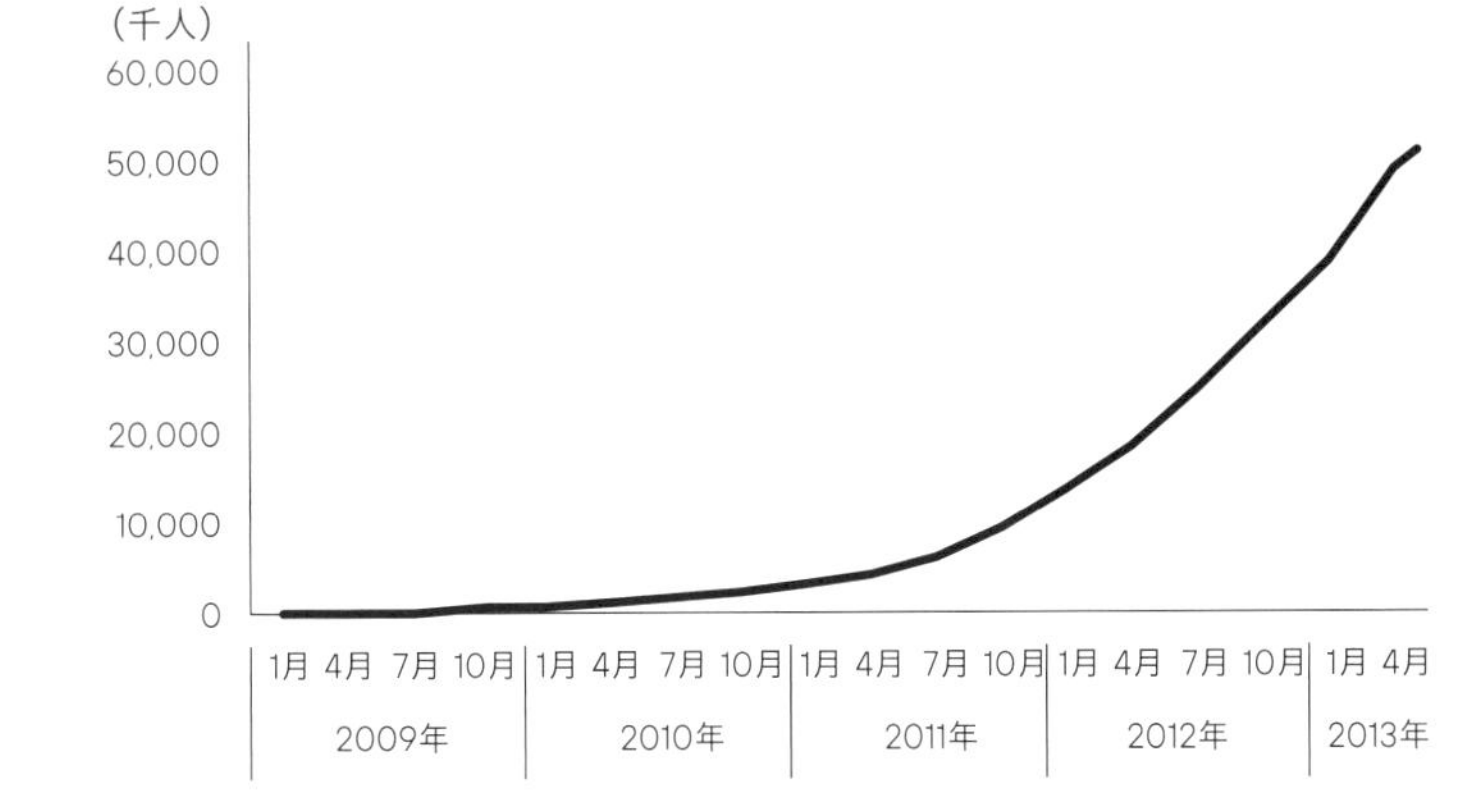

クチコミは使用頻度に関連する。

使用頻度が高いと、最終的にはクチコミマーケティングが行なわれる。

それまでに行なわれるＧＴＭ活動はすべて、クチコミが可能になるクリティカルマスに達する手段である。

クリティカルマスに達するには数年かかることもあるが、一度到達すれば、すべての成長がクチコミになる。

前掲の表で、例えば、使用頻度が１カ月に10回だと考えてみよう。その場合、クチコミやオーガニックグロースは前年比３・１３倍になる。2年後には10倍、４年後には１００倍になる。数百万ユーザーからスタートするなら、１００倍は数億――間違いなく、市場リーダーのポジションだ。だが、１０００ユーザーからスタートしたら、１００倍でも数字はまだかなり少ない。最初の数百万ユーザーに達するには、それだけのユーザーを連れてくる完全なマーケティング体制が必要となる。

軌道修正する

すべてを整理し直して、スタートアップの戦略を再調整しよう。

プロダクトの使用頻度が高いなら、ＰＭＦからはじめて、成長へと進み、そこで初めてビジネスモデル探しに取りかかる。

使用頻度が低いなら、ＰＭＦからはじめて、ビジネスモデルを探し、それから成長する。

理由はとてもシンプルだ。高い成長を示せれば、会社の評価は劇的に上がり、資金をたくさん調達でき、ビジネスモデルを見つけられるからだ。

だが、使用頻度が高くないなら、ユーザー獲得にコストがかかることになり、それを支えるビジネスモデルがあることを示す必要がある。

使用頻度は、スタートアップの戦略とGTM戦略を決定する。

創業者のためのマーケティング入門

いよいよマーケティングの役割について議論をはじめよう。

マーケティングについて考えはじめると、この重要な機能の役割に関して、完全に混乱をきたしてしまうスタートアップは多い。したがって、マーケティングの体制を作るのも、マーケティング関連の人材を雇うのも、マーケティングの指標を計測するのも、実にあいまいだ。

はじめに、創業者がマーケティングに期待するものを以下に紹介しよう。

- 「『ニューヨーク・タイムズ』紙に見開きで掲載されたい」——だから、PRは重要な役割だ。
- 「フェイスブックでユーザーを獲得してほしい」——つまり、マーケティングの仕事はユーザー獲得だ。
- 「会社のイメージを洗練させ、メッセージを鮮明にしたい」——つまり、マーケティングとはポジショニングだ。
- 「営業担当者に向けたツールを提供してほしい」——つまり、マーケティングとは営業ツールの作成だ。

結論としては、ほぼすべてのCEOがマーケティングの役割について、1つの考え方を持っている――プロモーションだ。だが、マーケティングはそれ以上のものであり、早くからマーケティングチームに携わっていれば、プロダクト・マーケット・プライス戦略を作成できる。市場でのプロモーションはそのあとの話だ。

マーケティングの仕事は、PMFの旅を加速させる仕組みを作ることだ。次の2つのフェーズからなる。

1. プロダクトと市場を定義し（ユーザーは誰か、どこにいるか）、価格を決めるために、ニーズを把握する。そのニーズは、ユーザーの支払意思額に関連している。
2. プロモーション。全般的に、プロダクトを使うユーザー・顧客を連れてくることを目的とする。

重要な質問は、「マーケティング責任者に、どれだけ早いタイミングで関わりを持つか」である。

早い段階で雇う必要があるのは、インバウンドマーケティングができて、経験豊富で、バランスの取れた、ユーザーとプロダクトと市場を理解する人だろうか。

それとも、もっと遅い段階になってから、まったく異なる人、つまり、プロモーションやアウトバウンドマーケティング、さまざまなプロモーションツールを理解する人が必要だろうか。後者の人物は、プロダクト・マーケット・プライス――初期の段階でのマーケティング採用では非常に重要――はあまり重視しない。

両者はタイプが大きく異なる。１つ目のタイプは非常に珍しい。プロダクト・マーケット・プライスができる人は少ない。

２つ目のタイプは、より一般的だ。

「マーケティング担当バイスプレジデントか、最高マーケティング責任者（ＣＭＯ）を探している」と言うとき、あなたが必要とするのはどちらだろうか。１つ目のタイプか、２つ目のタイプか。

ほとんどの履歴書は、プロモーションに注力する２つ目のタイプから送られてくる可能性が高い。だが、２つ目のタイプの人材を採用し、プロダクト・マーケット・プライスを任せてしまうと、失敗する可能性が高い。

その反対も成功する可能性は低い。１つ目のタイプの人材は、単なるプロモーション以上の能力を備えていて、プロモーションの仕事は好きではないと考えられるからだ。

したがって、マーケティング責任者にできることを理解したところで、早い時期（ＰＭＦを早く達成することがミッションである時期）に採用するか、遅い時期（成長の加速がミッションである時期）に採用するかは、あなた次第だ。

プロモーション――マーケティングか事業開発か

ほとんどのスタートアップは、顧客やユーザーを連れてくる必要が生じたときにマーケティングに取りかかるが、顧客を呼び込むために、マーケティングか事業開発（ＢＤ）かの選択を迫られる企業は多い。

マーケティングは「一度に1人のユーザーを連れてくる」と定義できる。BDは、ユーザーの集団を連れてくることだ。そのため、一方では、PRや、オンラインやオフラインでのマーケティング、紹介プログラムなどを行なう。もう一方では、BDの担当者の役目として、グループや雇用主、チームにアプローチし、彼らの顧客やユーザーと関わりを持つ。

最も重要な結論はシンプルだ。新規ユーザーを連れてくる方法をあなたが知らないなら、ほかに知る人は誰もいない。最終的なユーザー獲得が、直接（マーケティング）か、間接（BD）かにかかわらず、ユーザーを直接連れてくることからはじめる必要がある。

一般的には、次の割合について考えてみよう。

- セールスピッチが正しければ、営業サイクルの終わりには、成約率・締結率が25〜75％のどこかとなる。
- 資金調達の旅では、成功率は1〜2％。
- BDでは、成功率は資金調達よりもずっと高く、だが営業よりは低く、5〜10％のどこかとなる。

例えば、旅行者がお金を取り戻す手続きを簡素化するリファンディットのような免税ショッピング向けのアプリなら、旅行代理店（ネットや実店舗）や航空会社などの旅行関係の会社をたずねて、「手を組みましょう。当社のアプリをお客様に紹介してもらえませんか」と話をすれば、5〜10％はイエスと言うと考えられる。それでさえ、実施には時間がかかり、結果はがつかりするものとなる。
視点を与えてくれるストーリーをいくつか紹介しよう。

ロケーションワールド

ラテンアメリカでのウェイズのパートナーだったロケーションワールドは、ある意味で、ウェイズの実戦部隊だった。当社のGTM活動の指針に従うとともに、自らの指針も付け加えた。うまくいったモデルはほぼこれだけだった――現場の担当者が従うGTMの手引書を作成し、担当者が自分自身で地域化や調整を行なう。最終的に、ロケーションワールドはブラジル以外のラテンアメリカでのGTM活動を担当し、数々のアプローチを試した。ある程度までは、GTMの手引書作成の手助けもしてくれた。

テレフォニカ

テレフォニカはスペインの通信事業者で、グローバル化を遂げ、ラテンアメリカでの市場リーダーとなっている。ロケーションワールドは、ラテンアメリカの複数の国で、テレフォニカの流通パートナーとなり、ウェイズを使うための特別なデータ料金表（つまり無料）を含め、彼らのメディアを通じてウェイズのプロモーションを行なった。

協力を得るまでには、6カ月かかった。ロケーションワールドとテレフォニカとのあいだで、何度も対話を重ねた。行動を起こしてもらうため、数回ラテンアメリカへも足を運び、数々の場所を訪問した。

当時、テレフォニカはその地域のモバイルユーザーの3分の1以上を獲得し、ATL（アバブ・ザ・ライン：マスメディアを利用した広告）への支出に力を入れていた。その広告は、テレビやラジオなど、より幅広いターゲット顧客に向けて展開されるものだった。広告のターゲットが潜在顧客の特定のグループとなるＢＴＬ（ビロウ・ザ・ライン：マスメディア以外の広告）への支出とは対照的だった。

テレフォニカは、ウェイズをプロモーションするのに、自分たちのものだけでなく、あらゆる種類のメディアを使った。キャンペーンを計画し、実施した国では、20〜30％の成長を期待していた。

結果は非常に残念だった——わずか2〜3％増加しただけだった。

事業開発のＧＴＭ活動には、大いなる忍耐が必要だ。そのほとんどは何の結果も生み出さない。いくらかの結果しか生み出さないものも多い。ごくわずかなものだけが、大きな結果をもたらす。

問題は、どれが功を奏するかは、はじめてみないとわからないことだ。そのため、ＢＤのＧＴＭからはじめることをすすめる。ＧＴＭである程度のトラクションが得られ、何がうまくいき、何がうまくいかないかがわかったとしても、マーケティングチームに魔法のような解決策を期待してはいけない——彼らはマーケターで、魔法使いではない！

ハチソン

ウェイズは２０１２年、ホライゾン・ベンチャーズとクライナー・パーキンスから資金調達した。ホライゾンは、香港の著名な実業家でハチソンのオーナーである李嘉誠の投資部門で、ハチソンは通信事業者である「３」を所有している。３は当時、イタリアを含むヨーロッパで、貴重なサービスエリアを展開していた。

ホライゾンは、ウェイズの力になることを約束し、3イタリアを紹介してくれた。

3イタリアとの対話を開始すると、次のような提案を持ちかけられた。「アプリをプロモーションするよい方法を知っている。SMSのキャンペーンを行なって、関連性のあるすべてのユーザーに広告を送信する。これでいつも、すばらしい結果が見られている」

キャンペーン開始までは、約3カ月かかった。

当時、ウェイズのイタリアでの成長は、なかなかだった。1日の新規ユーザーは3000〜5000人で、1カ月では約10万〜15万人だった。

キャンペーン当日はすばらしかった。約10万人もの新規ユーザーが獲得できた。翌日は約6万人、その翌日は4万人で、約1週間で3000〜5000人に戻った。合計で約25万人の新規ユーザーが得られた。

約2カ月のオーガニックグロースに等しい、すばらしい結果だった。予想をはるかに上回る結果だった。

TIM（テレコム・イタリア・モービレ）やボーダフォンイタリアをはじめ、さまざまな国の数多くの通信事業者にこのモデルを持ちかけた。オーストラリアやイギリスのハチソン3事業者とも話をしたが、3イタリアで行なったようなSMSのキャンペーンには誰も同意しなかった。

実にもどかしかった。当社サイドでほぼ労力をかけずにうまくいく策を見つけたのに、ほかの通信事業者に賛同してもらえないのだ。

3イタリアのところへ戻り、もう一度同じことをしたいと提案した。最初のキャンペーンから約6カ月後のことで、ウェイズの成長スピードは速まっていた。キャンペーンの開始までには、さらに3カ月かかった。今回獲得できた新規ユーザーは、約5万人だった。わずか1週間分の成長にしか当たらない。

この話のポイントは何か？　何かがうまくいったとしても、次も同じようにいくとは限らないし、ほかの場所でもうまくいくとは限らない。

TIMブラジル

TIMブラジルとも対話を行なったが、ウェイズのプロモーションへの協力は得られなかった（時期尚早だった）。そこで、ムービットのときには、TIMの担当者にこう言った。「ウェイズでは大きな機会を逃した――今度は逃さないでほしい！」

友人で、当時ムービットラテンアメリカの敏腕社長だったオマール・テリェスは、その取引をまとめ、すばらしい結果につなげた。キャンペーンが開始された翌年、ムービットユーザーの4分の1はブラジルのユーザーだった。そのキャンペーンでは、1年間に約1500万ユーザーを獲得した。

ムービットの現在の10億ユーザーと比べれば、たいした数字ではないかもしれないが、当時の5000万ユーザーと比べると、驚くべき数字だ。

だが、ムービットもウェイズと同じように、ほかの場所でその成功を再現することはできなかった。

ABCテレビとカーマゲドン

ABCテレビネットワークは、ウェイズがアメリカで普及する重要なきっかけとなった。2011年の独立記念日に近い週末、ロサンゼルスの州間高速道路405号線で、大規模な工事が行なわれた。道路は完全に封鎖され、取り壊される予定だった。マスコミはこれを「カーマゲドン」と呼んだ。道路が封鎖される数カ月前、ABCテレビから連絡があり、ウェイズは現地からのレポートを含め、リアルタイムの渋滞をレポートできる唯一の存在だと言われた。

ABCはカーマゲドンに関する週末のレポートを気に入り、その後も協力関係は続いた。2011年には、ABCのさまざまな地方局へ出向き、渋滞レポートのツールとして採用された。競合よりもよい渋滞情報が得られると喜ばれた。私たちも喜んだ。ビッグネームのもとで無料のプロモーションを行ない、認知度を高められるからだ。

ブランドの認知度が高まった以外に、何が得られたか。

ウェイズはデトロイト（と、ほかの多くの都市）でABCに渋滞情報を提供した。デトロイトで午後11時のニュースのあとに、どれだけの新規ユーザーが獲得できたかと聞かれたら、答えはおそらくわずかな数——100人程度だろう。

たいした数には思えない。だが、考えてみてほしい。渋滞情報は1日3回、1カ月に30日、50の異なる都市で放送される。その影響はきわめて大きかった。

データ収集

ウェイズの「勢いを加速させる要素」を覚えているだろうか。ユーザーが増えれば、データは改善される。よりよいデータが顧客維持率と使用頻度を高め、その結果、さらにユーザーが増える。そのため、ユーザーを獲得する事業開発に加え、より多くのデータ（とくに、車両管理会社のＧＰＳのデータや地図メーカーのベースマップ）を獲得するＢＤ取引も数多く行なっていた。

比較的簡単な取引だった。相手はデータを持っていて、そのデータを提供してもらうのも、取り立てて難しいことではなかった。

リスクもなかった。車両管理会社へのオファーはシンプルだった。「リアルタイムのＧＰＳデータをもらえたら、リアルタイムで渋滞情報を提供しましょう」

それがうまくいくケースもあった。うまくいかないときは、「当社のデータは貴重で、他社は購入している。だから、お金を払ってください」と言われた。

最終的には、１台ごとに１カ月10〜20セント支払った。そのため、稼働車両数が５万台の車両管理会社は、毎月５０００〜１万ドルの小切手を受け取った。

彼らの力を借りなくても十分なレベルの渋滞情報が生成されるようになると、取引について再交渉し、次の３つのどれかに収まった。

1．パートナーは、生データと渋滞データの交換に合意した。
2．パートナーは、50％の割引を決めた。
3．パートナーは、取引を止めることにした。

渋滞データ取得モデルはウェイズの跳躍台だった。はじめは渋滞情報の改善のために必要だったが、十分なユーザーが得られたら、それ以降は必要なかった。重要なポイントをまとめよう。旅のその時々において、重視すべき要素は異なるため、異なるＢＤ取引が必要になる。最も大変なのは、ユーザーを獲得するときだ。

うまくいかない50の方法

ウェイズでは、ユーザーやデータを獲得するため、さまざまなパートナーと手を組もうと、たくさん出張をした。潜在的なパートナーと会うために、一度の出張で5回、6回、7回とミーティングを行なうこともあったが、何も得られずに終わった。

成果が出ることもあったが、それだけの苦労に見合うものは得られなかった。ごくまれに大当たりがあると、すべての失敗がカバーされる。ＢＤは、バスケットボールでセンターラインからシュートを決めるようなものだ。そうした「チャンス」に目を向ける方法は以下の３つだ。

- 挑戦しなければ、成功はない。
- 成功すれば、勝利する。
- いつも次の１投で勝者になると考える。

ユーザー獲得のために、ＢＤの道を進もうと決めたなら、大きな選択肢は２つある。

- 少ないユーザーをもたらす取引をたくさん行なう。

- たくさんのユーザーをもたらす取引を少し行なう。

常に2つ目を目指そう――それこそが真に大きな違いを生み出す。

スタートアップは助け合えない！

スタートアップは、みんな同じものを目指しているため、分け合えるものはあまりない。ほかのCEOに会うと、実は同じ市場を目指していたとわかるケースは多い。あなたはほかのCEOと信頼関係を築き、ユーザー獲得に手を貸してほしいと考える。だが、そのCEOも、自分たちのユーザー獲得に手を貸してほしいと考えている。

考えてみよう。**あなたには、ほかのCEOの宣伝ができるほどのユーザーはいない。逆も同じだ。どれだけ頑張っても彼らを助ける術はなく、彼らにもあなたを助ける術はない。**

そのため、そもそも考えてはいけない！

ユーザーを獲得する（B2C）

結局のところ、マーケティングと成長について話をするとき、常に思い描くのは「ユーザーの獲得」だ。よいニュースは、それを達成できれば、勝利できること。悪いニュースは、ユーザーを獲得するのが難しいことだ。プロダクトの使用頻度が高いなら、戦略は簡単だ――クチコミが発生するまでは、ユーザー獲得プロセスに投資する。

ウェイズはマーケティングにほとんどコストをかけなかったが、アップストアのナビゲーションのカテゴリーで最初のページに表示されるようにはしていた。認知度を高め、ユーザーを獲得するPRにはお金をかけた。

ムービットでは、クチコミとSEO（検索エンジン最適化）を達成するまで、ユーザー獲得プロセスに積極的に費用をかけた。

ユーザーの獲得には、50通り、ときには100通りもの方法があり、うまくいく方法が見つかるまで、さまざまなことをひたすら試し続けていく、失敗の旅となる。

まずはシンプルな質問からはじめよう。ユーザーは誰か、どこにいるのか。例えばウェイズなら、スマホを持ったドライバーがいない国（2010年のインドなど）で新規ユーザーを獲得しようとしても、時間の無駄だからだ。

質問の答えがわからないなら、さまざまな場所で異なるタイプのユーザーにプロモーションを行なうことから、実験の旅ははじまる。ユーザーが誰か、どこにいるかがわかったら、よりターゲットを絞ったプロモーションに向けて、ほかのツールについて考えはじめる。

オンライン

フェイスブックやグーグル、インスタグラム、ティックトック、リンクトイン、ツイッター（現X）は、すべて広告を掲載し、オンラインでプロモーションできるプラットフォームだ。見込み客だけを対象にできるプラットフォームもある。例えば、「子どもを持つ30～40代の親だけ」が広告を見るといった具合だ。

オンラインのプロモーションで最も重要なのは、リアルタイムで結果を計測でき、必要な変更をすぐに加えられることだ。そのため、ターゲット顧客が20〜30代か、30〜40代か、40〜50代かを知りたければ、その日のうちに結果がわかる。

そうした理由から、オンラインでのプロモーションに魅力を感じるスタートアップは多いが、その効果や、関連性の高いユーザーの獲得について考えると、それが最適な方法とは限らない。

よい点は、オンラインでは早く失敗できることだ。

悪い点は、型にはまった考えから抜け出せなくなることだ。

オンラインでマーケティングをして、すぐに結果を計測できると、そればかりに依存してしまい、ほかのPRモデルを検討することを簡単に忘れてしまう。

ソーシャルメディア

ソーシャルメディアは、ユーザー獲得においては、多少例外的だ——つまり、フォロワーの数が多いインフルエンサーに連絡を取る。そのインフルエンサーがプロダクトをプロモーションしたら、フォロワーがそれに従うと考えられるし、実際に従う人もいるだろう。何人くらいだろうか。それは、私にもあなたにもわからない。つまり、試してみる価値はある。

オフライン

このごろはオフラインの世界を忘れてしまいがちだが、ユーザーが誰で、どこにいるかがわかったら、オフラインでの接触は、ほかの形式でのプロモーションよりも、結局は効率的だとわかることもある。ガソリンスタンドの「ガソリン満タンで無料のコーヒー」のオファーを考えてみよう。ガソリンスタンドの1キロ手前に看板を置くほうが、フェイスブックの広告より、うまくいくだろうか。

PR（パブリック・リレーションズ）

「PRの何が大変なのか？」と考える人は多い。『ニューヨーク・タイムズ』紙に見開きで掲載してもらえば、それで完了ではないか。

だが、そこに到達するのは簡単ではない。見開きで掲載されるには、PR会社を雇ったうえで、3カ月の取り組みが必要になる。さらに時間がかかることもある。だが、それでも掲載が確約されるわけではない。うまくいかないケースもある。発行部数がずっと少ない出版物に、小さなコラムが載るだけかもしれない。何も掲載されないこともある。覚えておこう。『タイム』誌に掲載されたとしても、それは一度限りの出来事だ。

PRを成功させるには、目標を正確に設定し、進路を保ち、時間がかかると理解しておこう。最終的に、すばらしいPRキャンペーンは、単なるダウンロードだけに留まらない、大きなインパクトや影響を与えることになる。

PRがうまくいくこともあるが、コストばかりかかって非効率的なこともあると、私たちは経験から知っている。PRの最も重要な目標の1つは、信頼性を築くことだ。新しいプロダクトを知ると、それについて調べる人もいる。プロダクトのウェブサイトやソーシャルメディアしか見つからなければ、そこで終わりだ。だが、複数のメディアに掲載されているのが見つかれば、印象はまったく異なる。

最終的には、見込み客が誰かを理解することに尽きる。一般的に、求人応募者やパートナー、政府、投資家は、参考資料に頼るため、PRが非常に重要になるが、新規ユーザーを呼び込むときには、PRよりもクチコミやユーザー獲得プロセスが基本となる。

PRの本質は局地的であることだ。きわめて局地的だと言えるケースもある。PRによってGTM戦略が決定されることもある。

一般的には、PRはメディアがローカルな場所（アメリカなど）よりも、全国展開される場所のほうがうまくいく。

自分だけでできると思うだろうか。それは難しい。PR会社が必要だ。PR会社は専門家だが、あなたは違う。メディアグループに親しい友人がいたとしても、結局は1人だけでなく、たくさんの人に頼ることになる。PR会社は、メディアグループとたくさんの関係を持っている。

ATL（アバブ・ザ・ライン）

PRに代わる手段はATLである。これは、従来的なメディア広告（テレビ、新聞など）の購入を意味する。そのため、『ニューヨーク・タイムズ』紙があなたのスタートアップを見開きで掲載することに興味がないとしても、同じサイズで広告を出すことには同意するかもしれない。あくまで、あなたが広告料を支払えるならの話だが。

スーパーボウルの時間帯にテレビ広告にXドルを払うのと、見開き広告を5回掲載するのと、フェイスブックで100万ユーザーに接触するのでは、どれが一番よい結果をもたらすのか。

それはかりは……試してみないとわからない。

だが、スーパーボウルでの広告は、非常に高額で一度限りだ。広告の効果を活用するには、関連キャンペーンを展開する必要がある。見開きの広告も高額で、小規模な実験はできない。そのため、小規模にはじめられるオンラインの広告で実験してみて、適宜調整していくことになるだろう。

このアプローチでも、よりよい結果が保証されるわけではないが、少なくとも、低コストですぐに試してみることはできる。

CAC（顧客獲得コスト）

ユーザーを獲得するには、いくらコストがかかるだろうか。時間をかけて指標を微調整し、結果を改善していこう。

一般的に、CACはユーザー獲得の直接費用を指すため、マーケティング部門のコストやPR会社への依頼料は含まれない。

試行錯誤の実験を通じて、時間とともに、CACは劇的に改善されていく。

最終的に、ここではさまざまなマーケティング手法を用いて計測するため、リターンを最適化し、支出を減らし、より関連性の高いユーザーを獲得することができる。

最終的な費用は、マーケティングの支出総額を、ある期間に獲得したユーザー数（オーガニックグロースを含める）で割った数字と等しくなる。オーガニックグロースが指数関数的になったら（つまり、解約率より多くのユーザーを獲得していたら）、マーケティングの支出を減らせるようになる。

ＦＴＶ（初回の価値）

ユーザーがアプリやサービスを初めて利用するときに、どのくらいの価値を生み出しているか。

- ウェイズなら、この数字はゼロに近い。
- 有料アプリ（例えば、ユーザーが経営大学院の入学適性テストの準備をするのに役立つアプリなど）なら、アプリの正味価格。
- 利用時間に応じた料金制のアプリなら、ユーザーが初回に支払った金額。

この数字は、あなたがマーケティングにかけたいと思える金額を示すために、きわめて重要な数字となる。

一般的に、使用頻度の高いサービスやアプリ、あるいはサブスクリプションモデルだと、顧客生涯価値（ＬＴＶ）を比較的簡単に計算できるため、この数字の重要性は下がる。だが、使用頻度の低いサービスやアプリは、ＬＴＶがわからず、２回目の使用があるかどうかさえわからない。数年以内にはわかるだろうが、ＬＴＶの数字がいつから使えるかはわからず、したがって、初回の価値（ＦＴＶ）を参照することになる。

ＦＴＶの最たる例は、旅行市場だ。

旅行はそれほど頻繁に行くものではなく、新設した旅行サイトに新規ユーザーが訪れたとしても、次にいつそのユーザーがやってくるかはわからない。

この数字が判明し、ＦＴＶ＞ＣＡＣなら、収益は出ているので、さらにマーケティングにコストをかけよう。

ここでの魔法の数字は3だ。アクティブユーザーあたりのコストがXドルで、アクティブユーザーが初回に3Xドル以上を支払うなら、方向性は正しい。基本的には、キャッシュを生み出す仕組みを見つけたことになる。今度はさらにコストをかけられるよう資金調達が必要になり、より大きな数字になったときに、3：1の比率が改善できるかを検証する。

LTV（顧客生涯価値）

顧客はユーザーとして生涯でどれだけの価値をもたらすのか。アプリやサービスにおける「生涯」がどのくらいかは、実際にはわからない。だが、1年後の解約率にもとづいて推定できる。基本的には、年間の解約率が33％なら、アプリのユーザーの生涯は3年と推定できる。時間が経つほど、年間支出と生涯の期間がわかるようになり、より正確な数字が出せるようになる。

まずは2～3年だと仮定し、実際に2～3年経ったら、再調整するとよい。この推定は、ユーザーが有料か無料か、あなたが広告やデータを販売しているかいないかによっても変わる。だが、FTV／CAC＞3が証明されたら、コストをかけよう。わからなければ、公式にあてはまるまで、ビジネスモデルの微調整を続けよう。ビジネスモデルの微調整は、複数の実験の旅となる。

オーガニックグロース

オーガニックグロースはシンプルだ。何もしなくても、ユーザーはやってくる。間違いなく、マーケティングの至高の目標であり、たいていはクチコミから生じる。基本的に、オーガニックグロースでは、ユーザーがどこからくるかはわからない。
最終的には、マーケティングの支出総額を正味の追加ユーザー数（新規ユーザーから解約ユーザーを引く）で割る――それがＣＡＣとなる。オーガニックユーザーの数が大きくなるほど、この割合は大幅に改善される。

メディアアグリゲーター

複数の実験をする必要があるときには、メディアアグリゲーターと協力するほうが簡単だと気づくことは多い。

メディアアグリゲーターは、ユーザー獲得の予算を複数のメディアタイプにわたって分配する会社だ。こうした会社は、複数の広告プラットフォームに同時に予算を分配できるので、最初の結果をより早く得ることができる。

最終的には、このプロセスを社内に持ち込み、専門知識やノウハウ、スケールする能力を築くことになる。メディアアグリゲーターは、スタート地点としてはすばらしいが、スケールアップのためには、この機能のアウトソーシングをいずれは中止する必要がある（法律やファイナンスなど、ビジネスのほかの局面と通じる部分もある）。

紹介プログラム

アプリやサービスはたいていクチコミを起こせると信じていて、ユーザーの紹介に報酬を与えて、促進しようとしている。そのため、友人に紹介し、その友人が登録すれば、報酬がもらえることがある。

ウーバーはこのやり方を採用し、大きな成長を遂げた。それ以外の事例では、効果はあまり見られていない。

概して、私は紹介が好きではない。友人を売っているような、利用しているような気がするからだ。だが、それは私の個人的な考え方だ。

クチコミが十分に機能しないなら、紹介プログラムを使って促進すれば、うまくいく可能性はある。

SEO（検索エンジン最適化）

SEOは、グーグルやほかの検索エンジンで検索結果を上位に表示させる方法だ。SEO対策をしておくと、グーグルで関連する用語が検索された際、結果の最上位に表示される。

ムービットは顧客を呼び込む強力なツールとしてSEOを活用した。基本的には、「……への行き方」に関連するすべてのページに向けて、ランディングページを作成した。

つまり、「タイムズスクエアからワシントンスクエアまでの行き方」、「XからYまでのバスでの行き方」、「明日の午後7時、行きたい場所までの地下鉄での行き方」といった具合だ。

すべての可能な組み合わせについてページを作った――すべての時間、すべての場所からすべての場所へ。

「ちょっと待った」と思ったあなたは、おそらく正しいことを考えている。「それだと、数十億とはいかないまでも、数百万のランディングページが必要ではないか！」

そのとおり。

それぞれのページが直接特定の答えにつながり、何百万件ものページがアプリのダウンロードにつながった。

同じことをほかのスタートアップでも行ない、最高の検索結果を生み出した。

TNBTまたはAGI――次の大きなこと、または、もう1つのすぐれたアイデア

ユーザー獲得の計画には、次の大きなことや、もう1つのすぐれたアイデア（実際には、いくつも）が含まれるべきだ。そうすれば、挑戦し続けていると実感しながら、旅をはじめる準備ができる。

ユーザーを連れてくる50の方法

GTM計画や「ユーザーを連れてくる」計画について考えはじめたら、会議室へ行って、どうやってユーザーを獲得するかについて、思いつく限りの方法をホワイトボードに書き出そう。その後、ほかの経営陣を連れてきて、彼らのアイデアをリストに加えよう。項目が50個になるまで、ホワイトボードに書き続けよう。これが、ユーザーを連れてくる50の方法だ。書き出せたら、ユーザー獲得へ向けた実験の旅をはじめよう。

50個に届かないなら、まだ準備ができていない。

50個を挙げる理由はシンプルだ。1つの方法に恋をしてはいけない。うまくいく1つの方法を見つけるまで、あなたは旅に恋をする。

新たな油田を発掘すると考えてみよう。

ドリルで50カ所を掘削するつもりでいても、石油の兆候が見られたら、そこをさらに深く掘り進める。ここでも考え方は同じだ。

最初は、ばらばらな50個の方法があるだけだが、トラクションが感じられたら、1つのやり方を深く掘り下げていく。

例えば、VAT還付サービスのリファンディットに最適なマーケティングが、目的地の空港（で到着した乗客にアプリについてのマーケティング資料を物理的に手渡すこと）だとわかったら、さらにそのやり方を最適化するため、手荷物受取所や税関後、タクシー乗り場などで、見込み客にアプローチしてみる。

B2Bマーケティング

数年前、あるB2B企業のマーケティング・セールス担当バイスプレジデントと話をし、マーケティングの役割は何か、セールスの役割は何かとたずねてみた。

「売れる人は売る。それができない人は、マーケティングを行なうのだ」と彼は言った。

さらに、こう説明した。「順調に機能する営業組織を作ってリードを生成し、営業をかけ、リードを絞り込めば、営業担当役員が取引をまとめてくれる。それから、それらのリードをフォローする」

「そうか、それはすばらしい」と私は言った。「だが、マーケティングの役割は？」

「セールス資料の見栄えをよくすることだ」と彼は答えた。

私は彼にマーケティングによって何もかもを変え、顧客を獲得する方法をいくつか紹介した。彼はその後、そのやり方をいくつも実践した。

1年後に会ったとき、そのバイスプレジデントは、会社の営業サイクルが今ではずっと短くなり、リードを呼び込まなくても、リードが向こうからやってくるようになったと教えてくれた。

それこそがマーケティングだ――1件ずつ対面で取引を成立させたとしても、マーケティングは魔法を起こす。市場での認知度を高める、信頼性を築く、営業用のツール一式やカスタマーエンゲージメントの素材を作る――これらのことや、ほかのいくつものマーケティング関連の取り組みは、次のどれかにつながっている。

- 営業（販売）サイクルを短くする
- 獲得可能市場を増やす
- リードを絞り込む
- 更新の可能性を高める
- ブランドネームを確立し、市場の所有権を主張する

B2Bにクチコミは存在するか

「ノー」と言いたくなるところかもしれないが、それは正しくない。

あなたがセールス担当者で、顧客管理システムのセールスフォースを会社で使っているとしよう。数年後、別の会社へ転職し、その会社がまだエクセルで顧客管理をしていたとする。あなたはすぐにセールスフォースの伝道者となるだろう。これがB2Bでのクチコミの例である。

クチコミには時間がかかるため、すでにGTM計画や顧客獲得計画に取り組んでいることも多い。だが、まだ連絡もしていない見込み客からの電話を受けて、それがすべてクチコミによるものだと気づく。

開発者のコミュニティでは、職場を転々としながら、人間関係を築いて知識を共有することが多いため、より早くクチコミが起こる。それ以外のアプリやプロダクトはもう少し時間はかかるが、一度クチコミが発生すれば、市場リーダーへと変化するはずみ車となる。

マーケティング組織

正しいマーケティング組織を作る秘訣はあるだろうか。それは目的次第である。プロダクト・マーケット・プライスを達成するのに、早い段階でCMOを連れてくるなら、基本的には独り舞台になる。CMOはプロダクトマーケティングのリーダーかもしれないが、さらにマーケターでもあり、ユーザーを理解し、同様の市場やよりすぐれた市場における経験も持っている必要がある。

CMOは、アウトバウンドマーケティングの担当者でも、PR担当重役でも、マーコム（マーケティングコミュニケーション）の専門家でも、オンラインメディアのバイヤーでもない。顧客を連れてくる人物を探しているなら、まずはそれらの機能（アウトバウンドマーケティング、PR、マーコム、オンライン）をすべてまとめられる人物を探し、面接で顧客を連れてくる50の方法をたずねよう。応募者が成功したら、取りかかる準備をしよう。

オンラインでのユーザー獲得に注力するなら、経験者を連れてこよう。

結論としては、最初の人物は、自分でできる人でなければならない——それ以上誰かを雇わなくても、その仕事ができる人だ。

第10章まとめ

- 顧客を獲得する方法は、少なくとも50個はある。実験のリストを作るまで、旅をはじめてはいけない。
- 測定しよう——マーケティングの効果を測定しなければ、何が機能して何が機能しないか、わかる術はない。
- とにかくはじめよう——この旅は厳しい旅だが、実験の間隔は短い。そのため、今すぐにマーケティングの実験をはじめよう。
- CMOを連れてくるタイミングを知ろう——会社をスタートさせるとき、プロダクト・マーケット・プライス戦略を率いる人物が必要だ。より遅いフェーズで、成長を目指す段階では、同じ人物が適任者とは限らない。「ユーザーを連れてくる50の方法」戦略を作成できる人物を採用しよう。
- セールスに注力する組織は、営業サイクルを短縮し、TAM（獲得可能な最大の市場規模）を増やすために、マーケティングが必要だ。

第11章　海外展開

インドにはアメリカよりも多くのスマートフォンがある。実際には、2倍以上ある。

本書を編集するあいだ、この章は何度も削除し、同じ回数だけもとに戻した。最終的に残したのには、シンプルな理由がある。本章の内容は、海外展開の戦略を検討する必要が生じたとき、おそらく少なからず価値あるものとなるはずだからだ。あなたにも同意してもらえることを願っている。

戦略としての「海外進出」は、スタートする場所に左右される。あなたの会社がアメリカを拠点とするなら、グローバル市場を考える前から、すでにマーケットリーダーになる可能性がある。小さな国（イスラエルやエストニア、スウェーデンなど）ではじめるなら、自国の市場が小さすぎるため、旅のごく初期の段階から世界進出を検討する必要がある。

もう1つは、ロシアや日本、ドイツ、インド、ブラジルのような大きな市場でスタートし、自国の市場でリーダーの地位を築くのに時間がかかりすぎたケースだ。そして、何年も経ってから、世界展開をしようと決断する。その場合、自国でのやり方は通用しない。異なる戦略を立てる必要がある。

本章では、世界的な市場リーダーになる方法について説明する。そのためには、複数の主要

な市場を支配する必要がある。

さらに本章は、どこへ行くか、いつ行くか、どのように行くかを考えるのにも役立つ。本拠地が小さな国ならば、スタート前から海外展開を考えるべきだ。ほかの市場での問題も検討しよう。自国の小さな市場でPMFを達成したら、その次は、より大きな市場に向けて微調整が必要だ。

イスラエルは非常に小さな国で、面積も人口もマサチューセッツ州とたいして変わらない（スタートアップの数では勝る）。イスラエルでの重要な教訓の1つは、イスラエルだけが市場だと、ベンチャーキャピタルは投資しないことだ。成功する大きな企業を作る力があっても、イスラエルの市場にしか進出しないなら、その規模は大幅に削られてしまう。スウェーデンやエストニア、オランダなどでも同じだ。市場が小さいなら、初日からグローバル化を考えよう。

そのときの質問は、「自分の市場はどこにあるのか？」である。

トップマーケット

アメリカや中国、日本、ドイツ、イギリスなどのトップマーケットについ目を向けがちだが、勝利できる（しかも、より簡単に）市場はほかにもある。

オンラインの有名なアプリやサービスについて、「どの国で一番使用されているか？」を考えてみよう。アメリカと答えた人は、基本的には正解だ。だが、2番手や3番手、4番手はどこだろうか。

順位はいずれ変わる可能性もあるが、上位4つの市場はほぼ常に変わらない。

・グーグル：アメリカ、ブラジル、インド、イギリス
・ユーチューブ：アメリカ、ロシア、ブラジル、日本
・フェイスブック：アメリカ、ベトナム、ブラジル、イギリス
・ワッツアップ：ブラジル、インド、メキシコ、インドネシア
・インスタグラム：アメリカ、ブラジル、ロシア、イタリア
・ウェイズ：アメリカ、フランス、ブラジル
・ムービット：ブラジル、トルコ、イタリア、アメリカ
・ウーバー：アメリカ、ブラジル、メキシコ、イギリス

状況がわかっただろうか。

進出しようと考えたこともなかった国が、リストに含まれていたのではないだろうか。だが、それらの国に目を向けてみると、ブラジルの人口は2億1000万人、インドは13億人、インドネシアは2億7500万人、メキシコは1億1500万人――決して小さな国ではない。ブラジルには、イギリスやフランス、イタリア、さらにはドイツよりも多くの車があるのだ。

小さな国と大きな国

小さな国と大きな国には、文化の大きな違いがある。その違いを一言で言うなら、「適応力」だろう。

小さな国のスタートアップが事業を行なうには、大きな国に適応する必要がある。一方、大きな国はビジネスの点でほぼ自給自足が可能で、世界のほかの地域に適応する必要はない。ほかの地域がそれらの国に適応する可能性のほうが高い。

その結果はいつも同じだ。小さな国で生まれたスタートアップは、初期の段階からグローバル化を考える……もっともな理由によって。

市場の小さな国に住んでいるなら、PMFを達成したらすぐに、あるいは達成する前から、新たな大きな市場へ進出する必要がある。

例えばアメリカのような、大きな市場にいるなら、地元の町でスタートし、そこからサンフランシスコへ進出し、そのあとは1つの都市圏ごとに広げていく。あるいは、全国的に展開しているなら、国全体が「地元」になる。

次の5年間、「今度はどこへ投資すべきか?」と考えたとき、答えはいつも「国内」となる。そのあとで初めて、ほかの場所を検討できるようになる。

だが、ブラジルのサンパウロで事業をスタートし、続いてリオデジャネイロ、ベロオリゾンテ、ブラジリア、サルヴァドール、フォルタレザ、クリティバへと市場を広げていくなら、ブラジルで市場リーダーの地位を築くには約5年かかる。そのあとで、グローバルな市場リーダーの地位を確立するのは非常に難しい。ラテンアメリカでの地域的なリーダーシップに到達するのはおそらく可能だろうが、5年が経ったあとで、ブラジルからアメリカやヨーロッパへと進出するのはほぼ不可能だ。

海外展開のタイミング

小さな国からスタートして、グローバルな市場リーダーを目指すなら、プロダクトの検証を2〜3回行なって、まだ必要十分になっていなかったとしても（必要十分になりそうな兆候が見られたら）、自国の小さな市場でそれ以上検証を行なうよりは、大きなターゲット市場で学習と改善を行なうほうが、はるかに重要になる。

その時点での目標は、ターゲット市場でPMFを達成することだ。

だが、アメリカや中国でスタートするなら、自国でPMFを達成してから、海外展開を考えれば十分だ。成長やビジネスモデルを見つけてから、ようやく「グローバル展開」の旅をはじめることになるだろう。

問題となるのは、例えば、ドイツ、ブラジル、メキシコ、ロシア、インド、インドネシア、日本、イギリス、フランスなどの大きな国からの進出だ。その場合には、海外展開の準備ができたときには、すでに出遅れすぎてグローバルリーダーにはなれない可能性が高い。自国市場でPMFを達成し、それから自国で成長し、市場リーダーになるまでの旅には、平均で5年かかる。

この時点での海外進出は問題となる。ターゲット市場ですでに繰り広げられている熾烈な争いに直面し、地元や世界のプレーヤーとの苦闘を強いられるからだ。IT業界では、それらの大きな国からスタートしたグローバルな市場リーダーはなかなかいない。グローバルに成長しようと決断したときには、市場リーダーになるには遅すぎることがほとんどだ。

出遅れるとどうなるか

早い段階から海外展開しないと、グローバルな市場リーダーになる機会を逃すことになる。機会を逃す理由は次のとおりだ。

- **DNA**――会社のDNAが地元志向になり、地元の人間がリーダーになり、地元に根づいた考え方をするようになるので、海外展開をするには思考プロセスの飛躍が必要になる。とくに、厳しい決断となるが、経営陣の入れ替えが必要なこともある。他国への拡大は最優先事項に据えなくてはならない。このことを深刻に受け止めず、経営陣がすべて地元の人間だと、大きなトラクションを得るのは非常に難しくなる。
- **次の国**――地元市場に注力し、企業として5～6年が経ち、いよいよほかの国に進出しようと決めたとすると、どの国をターゲットに選べばよいだろうか。例えばドイツ市場からはじめたのなら、最も簡単に勝てる市場は、オーストリア、スイス、チェコだ。ベトナムでスタートしたなら、簡単な選択肢は、タイ、カンボジア、フィリピンだ。残念ながら、そうした市場を獲得しても、グローバルなリーダーには近づけない。
- **M&A戦略**――大きな国からスタートして、長い旅の末に自国でリーダーになったとすると、海外展開の戦略としてM&Aを選ぶこともある。例えば、グルーポンなら、地元にある同様の事業を統合し、その会社を通じて世界展開するのは簡単だろう。そこでは、それぞれがすでに、地元の市場リーダーとしての能力を示している。

どこへ行くか

秘密の戦略を教えよう。それは、**簡単に勝てる大きな市場を選ぶ**ことだ。基本的には、GDP上位20カ国でより簡単に勝てるすべての方法について考える。例えば、PRの効果、ペインの大きさ、市場のソーシャル化・接続性などだ。

その一方で、市場で勝つのを難しくする要因についても考えよう。例えば、競合性（競合はいるか、競合の市場でのポジションはどこか）や、CAC（顧客獲得コスト）の高さなどだ。

その結果、規模と機会の点からすると、アメリカと中国が一番の市場となるだろう。だが、それと同時に、それらの国は勝つのが最も難しい。PRはうまくいかず（あるいは、勝とうとすると多額の費用がかかる）、市場の競争が激しいため、ユーザー獲得コストは非常に高額になる。

2番目に勝つのが難しいのは、イギリスと日本だ。だが、そこで成功できれば、投資家にすばらしい判断材料を与えられる。

ブラジル、メキシコ、イタリア、スペイン、トルコ、インドネシアは、もっと簡単に勝てる。しかも、それ自体が大きな市場だ。PRはうまくいき、市場はソーシャル的につながり、競合はほとんどいない。さらに、CACはずっと低い。

これこそ勝利の公式だ！

私が立ち上げたスタートアップの1つは、比較的早くにPMFを達成した。重大なペインを扱っていて、価値が明確だった。

ほかの市場に進出しようと決めたとき、次はどこに行くべきかについて、何度も話し合った。私は、メキシコ、ブラジル、イタリア、スペインを支持したが、チームはイギリスだと言い張った。アメリカ（たいていは最大の市場）へ進出する資金はないが、イギリスならそれよりもコストがかからず実行可能だと言うのだ。

ＣＥＯに他社のＣＥＯと話すよう提案した。

そして、ムービットのＣＥＯのニルに「海外展開でどこへ行くべきか」、つまり「どこへ進出するかをどうやって決めたのか」をたずねた。

「ブラジル、メキシコ、イタリア、スペイン、イギリスに同時に進出したが、正しい決断だった」とニルは言った。「結局、そのうちの4カ国で成功した。イギリスでは、とくに手強い競合が何社かあって失敗した。だが、ほかの国は競合もなく、ＰＲもユーザー獲得キャンペーンもうまくいって、大きな成功を収めた」

本書執筆の時点で、ブラジルとイタリアは、ムービットの利用がいまだにそれぞれ1位と3位である。

受け取ったアドバイスに反して、ＣＥＯはチームのもとへ戻ると、イギリスへの進出を決めた。理由の１つは言語であり（イスラエルは英語圏のほうが簡単に対応できる）、もう１つは投資家の希望だった。

だが、残念ながら、イギリスでは失敗した。その結果、（イスラエル以外ではトラクションがなかったので）資金調達に苦労することになった。最終的には、いくらかの調達に成功してから、ブラジルとメキシコに進出し、はるかに大きな成功を収めた。

もう１つ心に留めたい視点は資金である。すでにアメリカで成功し、多額の資金を調達できているなら、イギリスへ進出するのも悪くはない。ロンドンはアメリカの複数の都市から直行便が出ていて、話す言葉も同じだ。

イギリスでは、同じ数のユーザーに到達するのに、ブラジル、メキシコ、トルコ、インドネシアなどよりも、おそらく5~10倍のコストがかかる。だが、あなただけではなく、誰にとっても手強い市場で勝利を収めることになる。

GTM戦略には、資金調達も関係する。

- 貧しいスタートアップの公式：簡単に勝てる大きな国へ行く。
- 裕福なスタートアップの公式：最も大きなインパクトを生み出し、今後のすばらしい判断材料となる国へ行く。

どの国が適当だったとしても、早く失敗することを忘れてはいけない。つまり、市場につまずきの原因となる特殊な事情（規制やインフラなど）がないと仮定し、いくつかの市場に並行して進出するのだ。

どうやって行くか

その答えはとてもシンプルだ――つまり、現地部隊とそれを支援する創業者である。

現地部隊には、この活動に信じられないほどの労力を注いでくれる現地パートナーがふさわしい。進出先の国の市場で会社を成功させることを任務とする、カントリーマネジャーを採用するのもよい。

その一方で、ジョイントベンチャー（ＪＶ）は悪いアイデアだ。現地の企業と協力したいなら、以下の２つが重要な要素となる。

- 現地のパートナーが、あなたの重要性を認め、単なる新たな試みの１つとしてではなく、心からあなたに成功してほしいと考える。
- うまくいかないときにはパートナーシップを解消し、同じ市場で異なるパートナーや戦略とともにもう一度挑戦できる。

成功や労力を分け合うのはすばらしい考えだが、ＪＶの構造は大きな問題をはらんでいる。何よりもまず、その構造から抜け出す方法がない。２者の株主が保有する会社であり、合意が得られないと膠着状態になる。一方がいなければ他方は何もできず、どちらも関係を続けたいとは望まない。

２つ目の理由はさらに問題だ。ＪＶは本来、非効率的だ——ときには、非営利団体と同じくらい効率が悪い。ＪＶの経営陣は株主ではないので、株主の価値を創造するインセンティブが少なく、ＪＶの現地のＣＥＯは、あなたよりも地元の株主とのほうに密接な関係を持っている。

これにより、ＪＶが必要以上のお金を使う傾向が生まれる。これは生き延びることが最優先の目的となった企業で起こることだ。

ＪＶのメリットは、以下の重要な要素を取り決めることで、簡単に作り出せる。

- 誰が何をするか。例えば、現地のパートナーが現地でのサポートとマーケティングの取り組みを行ない、あなたのスタートアップはシステムと現地化を提供する。
- 一緒になることで生み出される価値は何か。どうすればそれを分けられるか。例えば、収益の50／50とするか。それ以外とするか。その理由は何か。
- 解消。これ以上一緒にビジネスをしたくないときはどうするか。どのように解消するか。長い（非常に長い）通知期間をともなうこともあれば、解約料がかかることもある。解消は目的と結びつけられることもあり、目的に達しなければ「任意」とみなされる。
- 予算。誰が何にどのくらい使うか。

前述の例では、最終的に選択肢は2つになる――自社の従業員をカントリーマネジャーにして現地での活動を一から立ち上げるか、現地でパートナーシップ契約を結ぶか。

だが、どちらがよいだろうか。

スタートアップの旅におけるたくさんの実験と同じように、試してみて様子を見よう。現地でパートナーとカントリーマネジャーを同時に探すことからはじめて、最初に見つかったほうと取り組みを開始しよう。

たいていは両方見つかる。

手強い市場

数年前、CEOの1人が中国へ進出すべきだと言った。私はなぜかとたずねた。「市場が大きい！」と彼は言った。

「そのとおりだ。市場は大きい」と、私は答えた。「だが、集中とたくさんの配慮が必要だ」

そこで問題となったのは、その言葉が具体的には何を意味するのかである。私はこう説明した。「あなたか、あなたの共同創業者が、今後12〜18カ月、100%中国に滞在できるか」

もう1人の共同創業者は、ビジネスよりも技術を専門とする人間で、開発チームの近くにいる必要があることから、会社としても彼としても中国へ移るのは明らかに難しかった。また、海外展開には、技術的な能力よりも、ビジネスの力が求められる。

CEOの答えはシンプルだった。

「今の段階では、中国に100%の時間と配慮を注ぐことはできない」と、CEOは言った。「まだここですべきことがたくさんある」

私の答えもシンプルだった。

「それでは、中国へ行く準備はできていない」

イスラエルからはじめたスタートアップなら、最も大きく、最も収益性の高い市場はアメリカだ。アメリカへ進出するなら、イスラエルでPMFを達成してから、CEOか創業者の1人が、現地での成功に向けて、アメリカに拠点を移すべきである。

多額の資金が必要になることを前提としよう。

大まかに言うと、アメリカで追加の資金調達ができるだけのトラクションを得るには、1000万ドルほどが必要になる。

だが、アメリカを拠点とするスタートアップなら、最初の市場は間違いなくアメリカだ。グローバル展開にまつわる質問が関係するのは、何年も経ってからのことになる。

アメリカ、中国、日本、イギリスの4つの市場が最も手強いのは、次の理由からだ。

- 大きくて影響力があるので、魅力を感じる企業が多い。
- 魅力があるため、競合が多く、顧客獲得コストが高い。
- マーケティングツールのコストもすべて高い。しかも、まったく異なる文化的アプローチが必要な市場もある。

イギリスの立場は非常に独特だ。アメリカを拠点とするスタートアップが海外に進出するときには、自動的にイギリスを選択することが多い。そうした企業はたいてい、アメリカ市場でポジションを確立し、多額の資金をすでに調達している。その結果、イギリスでの市場獲得に、コストをかけることをいとわない。

つまり、小さなスタートアップが進出先の市場をイギリスに決めると、地元の競合と対峙するだけでなく、さらに恐ろしいことに、アメリカを拠点とする、より成熟した、マーケティングに多額の費用を費やせる競合とも、戦うことになる。

世界

世界を大まかに掴むシンプルな方法は次のとおりだ。1人あたりのGDPを見て、同じ境遇の国々における企業・消費者の似通った行動を推測する。次に、社会的・文化的行動のような、ほかの類似点に目を向ける。最後に、特定の獲得可能な最大の市場規模（TAM）を見つける。これらの数字はすべて、アメリカ政府が発行する『ワールド・ファクトブック』で入手できる。グーグルで検索すれば、インターネットですぐに見つけられる。

そして、GDP上位30カ国のリストを作る。おそらくは、アメリカ、中国、インド、日本、ドイツからはじまり、ロシア、インドネシア、ブラジル、イギリス、フランスと続くだろう。次の10位には、イタリア、スペイン、メキシコ、トルコ、韓国、カナダ、ポーランドなどが含まれるだろう。

驚くような国もあるだろうが、何かしらの理由をつけて、リストから名前を削除してもよい（例えば、成功するのがとても難しい、進出したくないなど）。

すでに絞り込んだリストについて、TAM（顧客ではなく金額）や、競合、解決しようとする問題の存在などの点から、リサーチを続けよう。

それがすべて終わったら、進出する3～5カ国を選ぶ。

ある国が重要かどうかを確認するのに、オンラインでのユーザー獲得を試すこともあるだろう。ユーザー獲得に費用がかからない国を選ぼう。人脈をつてに、より詳しい調査やリサーチを行なってくれる現地パートナーが見つかり、直感で納得できるかもしれない――スタートアップの旅をはじめたときのように。どの場所ならうまくいくかが確信できるよう、過不足なく調査すべきだ。

そのあとで、3〜5カ国を並行して、集中した取り組みをはじめよう。

ウーバーとリフトの違い

配車サービス会社の2社を比較すると、本稿執筆時点で、ウーバーの時価総額は約900億ドル、リフトは約190億ドルだ。ニューヨークに住む人なら、どちらのアプリも使っているだろう。料金が高すぎたり、待ち時間が長すぎたりすると、もう1つのアプリを試してみる。だが、サンパウロでは、リフトは使えない。パリでもメキシコでも使えない。ウーバーはグローバルで、リフトは国内だ。

市場リーダーになりたいなら、グローバルに考えなくてはならない。

第11章まとめ

- 公式——関連性のある重要な市場をすべて検討し、簡単に勝つことができて、あなたが解決しようとする問題から深刻な影響を受けている市場を選び出そう。競合がほとんど存在せず、顧客獲得コストが低い市場を狙おう。
- 大きな市場を選ぼう——アメリカなら、サンフランシスコかニューヨークで成功できたら、市場での勝利へ向かう正しい道にいる。もっと小さな場所からはじめるとしても、なるべく早い段階で、全国展開するか、大きな市場に進出する必要がある。

- 同時に取り組む――狙いを定めた上位の市場を検討し、いくつかの市場に同時に進出する。インド、ブラジル、インドネシア、メキシコ、イタリア、スペイン、トルコ、フランスを検討しよう。
- 似ている国――少ない数の基準で、大まかに国同士の比較をしよう。

第12章　イグジット

終わりは新たな旅のはじまりにすぎない。

――アディ・バリル、メディアコンサルタント

２０２０年5月のはじめのことだ。インテルとの10億ドルを超える買収取引のクロージングを数日後に控えるなか、公共交通乗り換え案内アプリのムービットにインテルから新たな要求が出された。

「代理権を持つ株主も、わずか０・０１％を保有する株主も含めて、１００％の株主にこの取引を承認してもらいたい」と、インテルは言った。

ムービットのＣＥＯニル・エレズは、簡単な話だと思った。株主は数十人で、全員がすでに取引を承認していた。だが、インテルは、オプションを行使した元従業員も含めるようにと主張してきたのだ。

ムービットの法務チームは、代理権はすべて取締役にあるのでその必要はないとインテルに説明した。それでも、インテルは態度を変えなかった。

ムービットは買収の時点で8年目を迎え、約２００人の従業員を抱えていたが、それまでの期間に約70人が会社を去り、オプションを行使していた。そのため、彼らはストックオプショ

ンの行使者が保有する、「普通株式」を持っていた。

ニルと共同創業者のロイ・ビックは、週末に手分けをして、70人の元従業員に電話をかけた。クロージングのあと、スタートアップの旅のなかで、その週末は最も報われた時間だったとニルは語った。何十人もの元従業員に電話をかけて、ムービットの買収が決まったこと、とてもよい報酬が期待できること、人生を変えるような出来事が翌週にも起こることを伝えるのは、何物にも代えがたい体験だった。

最近去ったばかりの従業員もいれば、何年も前に去った従業員もいた。いつどんなふうに辞めたかにかかわらず、誰もが言葉を失った。

その電話には、ジェットコースターの旅のすべてが、その旅に参加してくれた従業員への価値創造として凝縮されていた。1本1本の電話が、ニルにはすばらしい瞬間だった。

グーグルがウェイズを買収したとき――当時の107人の従業員とすでに去った数人の人生を変える出来事――には、すべての従業員に一斉に伝えた。1人ひとりに伝える威力を、まだ知らなかったのだ。

この経験から、次回、イグジットを伝えるときには、ムービットのように1人ひとりに伝え、それぞれの従業員に自分自身を祝う瞬間を持ってもらおうと思っている。

初めては一度だけ

第7章では、初めてのユーザー体験を初めてのキスにたとえた。そして、問題に恋をすることや、長く、曲がりくねった、過酷なジェットコースターの旅にすべてを捧げるために、恋をする必要性について話した。だが、初めてのイグジットほど、心の準備ができないものはない（おそらく初めての子どもを除いて）。

イグジットに到達すると、感情的なジェットコースターを経験することになる。誇りと不安、幸運と達成感が、すべて同時に心に渦巻く。山あり谷ありの経験をするのは、今度はスタートアップについてだけではなく、個人的なレベルでの話にもなる。

降って湧いたばかりの人生を変える出来事について考えはじめる。

自分の未来を想像し、それからまた、取引が確実に行なわれるよう努める。

旅に参加してくれた人や、旅の間ずっと手助けをしてくれた人を思い浮かべる。

家族のことや、これから手にする資金を使って、自分が手助けできる人のことを思い浮かべる。

次のスタートアップのことを思い浮かべる。

つまるところ、**イグジットは人生を変える出来事なのだ。何もかもがこれまでとは違うように目に映り、それに対する準備など何もできない。**

本書では、メンターを見つけ、孤独を分かち合えるCEOに囲まれるようアドバイスした。

今度はそのリストに、イグジットの経験者を加えるようにアドバイスしよう。**IPOをする予定なら、会社を上場させたことのある人、M&Aをする予定なら、会社を売却したことのある人だ。彼らが別の重要な視点を教えてくれるだろう。**

驚きの連続

気に入ったオファーを受け取ると、たいていは同時に、次の2つのことが起こる。

- 1つ目は、自分にどんな意味をもたらすかを考え、そのあとのことを想像しはじめる。
- 2つ目は、「今すぐに何をすべきか」を考える。

一般的には、買収提案があると、真っ先にすることの1つは簡単な計算だ。「私にはいくら入るか。チームと従業員にはいくら入るか」

ウェイズが買収されたときには、「すごい。とにかくすごい。こんなことはこれまでに経験したことがない」と感じた。それまでの取引の10倍だ——リタイアするにも、次世代を育成するにも、思いつくあらゆることをするにも、十分な額だった。

私はどちらかと言えば地味な人間だ。楽しいことと言って思いつくのは、エアビーアンドビーでスキーリゾートのマンションを借りて、ひと冬全部を過ごすことくらいだ。別荘やコテージを所有したいとは思わない。だが、私には大きな夢がある。自分が立ち上げたスタートアップを通じて、より大きな影響を生み出し、もう一度、もう一度、そしてもう一度、たくさんの人に向けて価値を創造することだ。

すぐに買収の翌日に起こることを想像するものだろうか。そうとは限らない。例えば、「誰を支援するべきか」、「ほかにも自分との約束はあるか」などの質問も心に浮かぶ。

だが、ウェイズを売却したときには、さまざまな場所から次々と驚きがやってきた。
- 史上最高の金額でアプリを売却する（この記録は長くは続かなかった。わずか数カ月後に、フェイスブックがワッツアップをより高い金額で買収した）。
- 世界を変えたと認められる。
- たくさんの人に影響を与えられる。
- ユニコーンクラブに加わった唯一のイスラエル発コンシューマーアプリとして、わずかながらも地元へのプライドを持てる。
- 著名起業家になる。
- もちろん、人生を変えるほどの多額のお金が手に入る。

私はウェイズでのイグジットの前にも、何度か成功を手にしていた。実際のところ、ミニイグジットをいくつか経験していた。

通信関連ソフトウェア会社のコンバースでは、ストックオプションを使って、最初の家を購入した。

ウェイズでは、2012年にセカンダリー株式を売却して、当時の自分としては大金といえる額を手に入れた。

そして、11億5000万ドルのイグジットがやってきた。

「10億ドルで会社を売ったら、10億ドルが手に入るのでしょう？」とよく言われる。

私が買収の日に保有していたのはウェイズの株式の3％未満だった。それでも、3000万ドルだ。すごい大金だと思えたし、実際にそうだった。まさに人生を変える出来事だった。そんな大金は見たことがなかった。

そのとき、私は48歳だった。

だが、税金を払って、離婚をすれば、最終的にはずっと少なくなる。それでも、リタイアするには十分だったが、そんな考えは少しも頭に浮かばなかった。もっと大きな影響を与えることだけを考え、それ以降に立ち上げたスタートアップに、ほとんどのお金を投資してきた。

自分の子ども

イグジットにはもう1つの側面がある。自分の会社が自分のものではなくなることだ。

先日、2年前にイスラエルのスタートアップを買収したアメリカ企業の地方事業部と話をした。彼らは電話でこう言った。「○○と呼ばれていたが、もうその名前で呼ばれることはできない」（ヴォルデモートのことではない）

自分の子どもに何が起こるかは、買収相手との交渉や対話の一部であるが、選択肢は2つしかない。会社があなたのものではなくなるか、あなたのものであり続けるかだ。

- ウェイズは買収後、少なくとも9年間はウェイズのままだった。
- ムービットはムービットのままで、ニルはCEOとして留まった。

だが、そうではない場合もある。

インテルはモバイルナビゲーション会社のテルマップを買収したが、2年後には閉鎖を決めた。

インテルがムービットを買収したとき、その傘下のモービルアイは自動運転や、さらにその一環として、自動運転公共交通も重視していた。

だが、戦略が変更されたらどうなるのか。

子どもを手放すのは、自由にさせることだ。今ではもう、昔のままの子どもではない。立派な大人になった。あなたは見捨てるわけではない。自由にさせてやるのだ。

ここでは議論のために、買収後、自分の会社のアイデンティティや独立性が維持されないと仮定してみよう。それによって、取引に対する見方が変わるだろうか。変わるようなら、売却はやめよう。買収の話など、まだまだ先のことだと思っているなら、心配はいらない——そんな話になったときには、あなたはもうそこにはいないだろう。

自分、自分の家族、従業員、評判、自分の世界、そのほかの人

それでは、人生を変える出来事が起こり、自分が次にしたいこともわかっているとしよう。あなたが考えるべき物事のリアルな重要度は、次のような順になる。

まずは自分を一番に置こう。明確にしておくと、ここには、あなたの幸福、エゴ、オルターエゴ、評判、X年後、未来など、たくさんの要素が組み合わせられている。

それらのすべてについて想像して、「これは自分にとってよいことか」と考えよう。

今度は、ほかの選択肢やそれにともなうリスクについて考えよう。

その次は家族だ。家族にはどんな意味を持つだろうか。ウェイズのイグジットはマスコミによって広まり、多少詳細に書かれすぎてしまった。数日後、娘が郊外学習に出かけることになっていた。その費用はかなり高額だったのだが、担任の教師はクラスに向かって、私の娘ならクラス全体の郊外学習の費用を簡単に支払えると言った。得るものと失うものについて考えよう。それは家族によいことだろうか。

その次は従業員――そこへたどりつくまでに貢献してくれた人たちだ。従業員の人生を変える出来事になるだろうか。従業員を労えるか。自分のしたことに誇りが持てるか。

答えがノーなら、まだ遅くはない。取引の構造を修正しよう。必ず、だ。本章の冒頭をもう一度読んでみよう。あなたには従業員を十分労えたことを心から誇りに思ってほしい。

自分自身、自分の家族、従業員のことを考えたら、今度はそれ以外の人たち、つまり、取締役と株主について考えよう。もちろん、彼らも幸せになるべきだが、優先順位を秤にかけると、検討すべき順番は最後になる。

極限的な感情のジェットコースター

これまでに、スタートアップの起業はジェットコースターであり、資金調達は暗闇の中を走るジェットコースターで、何が飛び出すかわからないと説明してきた。それらはすべて、M&A取引の完了までに発生する事態に向けた基礎トレーニングにすぎない。

2013年1月、アップルがウェイズを4億ドルで買収する予定だと、イスラエルのメディアが報じた。実際のところ、アップルとは何の話もしていなかったが、一方ではたくさんの人がお祝いを述べにやってきて、もう一方では金銭的な援助を求められた。ついには、4億ドルは手に入れていないので、遠い親戚の支援はできないと、母親を説得するのに苦労するはめにさえなった。そして、相手のもっともすぎる主張――「でも、新聞には書いてあるのに……」――に、反論しなくてはならなかった。

だが、その時点で、ウェイズはグーグルと話をし、4億ドルのオファーを断っていた。断った理由は、もっとできると思ったからだ。すばらしい成長を遂げていたため、まだ進み続けるべきだと思った。この金額は、私個人のレベルでは1500万ドル近くとなり、それまでに手にした金額とはかけ離れた額だった。イグジットがあまりに個人的で極限的な理由はそこにある。資金調達では、会社の計画やビジョンについて考えた。だが、**M&A取引では、自分の夢や家族も検討材料になる。なぜなら、あなたや家族の人生を変えるからだ。**

すべてが個人的になる

取引の話が出るまでは、株式は「紙のお金」とみなされる――いつかは形を変えるだろうが、それで何かを買うことはできない。

だが、取引の話が出ると、株式は本物のお金になり、まったく異なる扱いになる。最終的に、会社を売却する決断は、99％が個人的だ。あなたと共同創業者と経営陣は、それが自分たちにどんな意味をもたらすのかを考えなければならない。その質問が、あなた自身の直感と決断を動かすことになる。

だが、それだけではない。

報酬は定量化できる。評価はできない。M&A取引は、スタートアップの旅全体に対する報酬と評価の両方を兼ね備え、これまでの長い旅が業界とスタートアップコミュニティに――つまり、実質的にはすべての人に認められることになる。

報酬が最も重要だという人もいる。評判や影響が最も重要だという人もいる。この2つの要素が組み合わせられ、イグジットは個人的なものとなる。

そこで、次のことを理解するのが重要だ。個人的は、必ずしも合理的とは限らない。

ときどき、起業家が私に意見を求めにくる。売却すべきかどうかが知りたいのだ。

「あなたの直感は何と言っている?」と私はたずねる。「私はあなたに対して、売却すべき理由を5~10個、売却すべきでない理由を5~10個挙げられる。あなたが聞きたいのはどちらだろうか?」

ウェイズのM&Aジェットコースター

アップルがウェイズを4億ドルで買収するとメディアが報じた。それは事実ではなかったが、その報道自体がジェットコースターとなった。従業員からは一日中買収後の処遇についてたずねられ、たくさんの友人がお祝いの電話をかけてきた。

肉親への対応は簡単だった。なぜ取引をしないのにテレビや新聞で報道されるのかを説明するのは確かに大変だったが、それでも、「よく聞いて。取引はしない。それだけだ」と言えば終わりだった。

アップルからはオファーの話さえなかったが、そのとき新聞の見開きに掲載された記事が、

12月にグーグルがオファーをするきっかけとなったのかもしれない。

ウェイズのCEOのノーム・バーディンが電話をかけてきて、彼とチームがシリコンバレーにあるグーグルの「秘密の部屋」に招待されたと言った。アミールとエフードは市内にいたので、同じ日に出発する準備ができた。秘密の部屋にはぜひ行ってみたかったが、私はイスラエルにいて、私がそこへ行くよりも、一刻も早くミーティングを実現させてほしいと思った。

ミーティングのすぐあとにノームとアミールとエフードが電話をかけてきて、グーグルが現金でM&Aをオファーすることに合意したと言った。数日後、グーグルからタームシートを受け取り、実際の提示金額が4億ドルだと知ってがっかりした。その当時、ウェイズの事業は順調で、6カ月前に調達したばかりのキャッシュも豊富にあった。

そのときすでに、4億ドルよりも高いバリュエーションで、5000万〜1億ドルの資金調達に挑戦すべきだと考えていた。7億ドルのバリュエーションでの資金調達について、すでに話し合いをはじめていた。

4億ドルのオファーは私の人生を変える出来事になるだろうが、私たちはもっとできる、もっとすべきだと考えた。

私たちはその瞬間とオファーを喜び、そして、ノーと言うことに決めた。さらに、10億ドル未満では売却しないことも決めた。

その当時は、市場全体を見渡しても、そうした額での買収はなかった。アプリが10億ドルで取引されたことなどなかった。

そして、2つ目のオファーがきた。

2013年4月、世界の上位10社に入るアメリカの会社が、自分たちは地図を所有していないが、地図とコミュニティが自らのサービスにおおいに役立つと考えた。そして、ウェイズの買収に興味があり、将来について話し合いたいと連絡をしてきた。

あまりにも時間がなく、相手が本気かどうかも検討できなかったが、1週間後、共有する未来についての理解が十分にできたと思ったところへ、10億ドルの金額が書かれたタームシートが届いた。

唯一の問題は、ほとんどが株式での取引であることだった。相手は上場企業だったので、限りなく現金には近かったが、それでも、株式市場の変動で、金額が上下する可能性があった。オファーがきたとき、私はオフィスにいて、ノームの資金調達の旅とデューデリジェンスの準備を手伝っていた。

次のような考えが脳裏をよぎった。

3000万ドルを手にしたら、人生が変わる。

オフィスにいる全員のことを考えた。「この人は人生が変わる出来事を喜ぶだろう。あの人も。間違いなくあの人も」。そして、オフィスにいるほぼ全員の人生に影響を与える出来事だと気づいた――5年前に入社した人も、5カ月前に入社した人も。

「こんなにもたくさんの人に、これほどの影響を与えられたら、私は世界一の幸せ者になれる」と、私は思った。「喜んでイエスと言おう」

おそらく、私の状況は、ほとんどの従業員とは違っていた。すでに退職金貯蓄者向けサービスのポンテラを立ち上げていたので、買収後は留まらないと考えていた。ムービットにも目をかける必要があったし、ほかにも立ち上げたいスタートアップがいくつもあった。

前に進む準備ができていた。それと同時に、別の声がこう言った。「ちょっと待った。今は

1億〜1億5000万ドルの調達について、投資家と話をしているところだ。それが調達できれば、会社はもっと大きくなって、さらに影響力が持てる」

アミールとエフードは興奮していた。間違いなく、私たち3人の人生が変わる出来事だった。少しだけ話し合った。3人とも、直感がイエスと言っていた。

そこで、直感に従った。私たちはイエスと答えた。

交渉やデューデリジェンスのフェーズに入るため、すぐに取締役を集めて賛同を得た。10億ドルの価格に、みんな喜んで承認した。

こうしてM&Aのディールの旅がはじまった。

交渉については従業員にも秘密にしなければならなかった。だが、デューデリジェンスが必要になったらどうなるか。経営陣らしき人たちが束になって突然現れたら、チームは間違いなく気づくだろう。

新たな投資家によるデューデリジェンスだと言うことにした。

買収者とタームシートの重要事項について話し合ったとき、秘密を守ることはきわめて重要だと説明された。この取引の話が漏れたら、取引はなくなる。

タームシートについての話し合いでは、ウェイズの投資家にはマイクロソフトがいて、事前通知条項があることを話した。法的には、大手企業から買収のオファーがあったと伝える義務があるが、詳細は不要だ。適切な地図を持っていないマイクロソフトも、きっとウェイズにオファーを仕掛けるだろうと思っていたが、そうした話は一切出なかった。

最終版のタームシートを承認すると、デューデリジェンスがはじまった。買収者がオフィスにやってきて、ウェイズのこれまでの成果に感銘を受けた。1週間後、彼らはアメリカに戻った。

「これは投資家のデューデリジェンスではありませんね」と、セールス担当のサミュエル・ケレットが私に言った。「M&Aのデューデリジェンスですよね」

その瞬間まで、それを知る人はごくわずかだった。交渉について、何が起こっているのかを会社の経営陣と共有することに決めた。そうしないのは、ただ単に意味がなかった。

1週間後、さらなる話し合いのために買収者の事業企画チームがイスラエルに戻ってきて、その時点での新たな条件を提示した。具体的には、主要な従業員は全員、イスラエルのオフィスからアメリカへ移らなければならなかった。

私たちは顔を見合わせて言った。「それはできない。了承する人もいるかもしれないが、ほとんどの人は移らないだろう」

従業員の移転にはノーと言った。すると今度は、何人なら移転できるか、どの機能なら移転できるかと、新たな交渉をはじめようとした。

「聞いてみることもできない」と、私たちは言った。「聞くなら理由を言わなければ。そうなったら、これ以上秘密は守れない」

1カ月をかけて交渉とデューデリジェンスを行なったが、未来に対するこの不一致が主な原因となり、取引は行き詰まったように見えた。

私たちからすると、彼らは私たちと何をすべきかをわかっていなかった。彼らからすると、私たちは強情で、会社の大部分をイスラエルに残すと言って譲らなかった。

2013年5月9日、フェイスブックが10億ドルでウェイズを買収するデューデリジェンスの最終段階にあると、イスラエルのメディアが報じた。その噂はある程度正しかった。私たちは確かに話の途中だった。

メディアが知らなかったのは、その話が行き詰まっていたことだ。チームを移転させたい買収者の希望と、1つの会社としてイスラエルに残りたいこちらの希望との間にある溝はとても深かったが、取引が行き詰まっていたのは、共有する未来が不確実なせいだった。わずか1カ月前には、約2500万ドルが銀行の口座に入るのを想像していた。今はもう、想像していなかった。わずか数週間前にはじまり、相手側の最優先事項だと思われたもの（そして、間違いなくこちら側の最優先事項であるもの）が、買収者の側では優先度が低くなっていた。

私たちは再び、資金調達と会社の経営に戻ろうとしていた。

そのとき、グーグルからタームシートがきた。今回は、前回よりもずっとよいオファーだった。金額はさらに高かった。現金で11億5000万ドルだ。ウェイズの名前はそのまま残り、ドライバーが渋滞を避けるのを手助けするビジョンについて、双方の合意があった。グーグルマップに吸収される予定もない。

ウェイズがイスラエルに留まれるのも確実だった。私たちが望まない限り、イスラエルにあるグーグルのオフィスに本社を移す必要さえなかった。パロアルトにあるウェイズのオフィスは、グーグルの本社があるマウンテンビューに移転する必要があったが、当時そのオフィスにいたのは10人ほどだったので、合意した。

ノーショップ条項があったので、交渉中の最初の買収者のところへ戻り、こちらから求めたわけではなく、別のオファーがきたことを告げた。そのオファーを受けてかまわないとだけ言われた。

グーグルが1ページのタームシートにのせた条件の1つは、1週間で取引のクロージングを行なうことだった。私たちは了承し、今度こそうまくいくことを願った。グーグルのほうが望ましい買収者だった。業界を知っていたし、実質的には唯一の手強い競合だった。

しかも、地図や渋滞情報、マッピング機能、そして、運転中に使用するにはグーグルマップよりはるかにすぐれたアプリそのものなど、ウェイズが作り上げたもののすばらしさを理解していた。

デューデリジェンスのジェットコースターの旅が1週間以内（実際には10日間だった）に行なわれると想像してみてほしい。フェ・シュムレヴィッツをはじめ、コミュニティを運営し、書類の一言一句のすべてに目を通していた数名は、1週間ろくに睡眠も取れず、数時間眠れるときにも、法律事務所の床で眠っていた。

デューデリジェンスのフェーズでは、実際にディールブレイカーもいくつか見られた。

早い段階のある時点で「評価に使う地図がほしい」とグーグルは言った。そこで、当然ながら、テルアビブの地図を送った。

「これはすばらしい」と返事がきた。「だが、あなたのホームグラウンドだ。ほかの場所を送ってほしい」

その次は、サンフランシスコのベイエリアのファイルを送った。

「これもすばらしいが、ベイエリアの地図は世界中の誰もが驚くレベルまで磨き込んでいる。ほかの場所を送ってほしい」

そこで、リストを送るので、その中から希望の国を選んでもらうのはどうかと提案した。だが、実際に選んでほしかったのは、ウェイズが非常に成功しているマレーシアだった。イスラエル以外では最高の地図で、１００％コミュニティによって作られていた。

グーグルに送ったリストには、チリ、ブラジル、コスタリカ、マレーシア、フランス、イタリア、スウェーデンが含まれていた。どの国の地図もすばらしいとわかっていた。選ばれたのは、マレーシアだった。

データ品質のデューデリジェンスは、基本的にはそこで終わった。

その後、ほかの事態が発生した。

「ウェイズはブラジルやほかのラテンアメリカ、インドネシア、南アフリカなど、たくさんの国でパートナーシップ契約を結んでいる」と、グーグルは指摘した。「だが、グーグルには世界中のさまざまな場所に独自のパートナーがいる。あなたのパートナーは不要だ」

基本的には合意したが、契約期間がかなり残っていたため、買収の取引が完了したあとに、変更できないかとたずねてみた。

最初は受け入れてもらえたが、3日後になって、態度が変わった。

「すべてのパートナーとの契約を終了してほしい」と、上層部から言われた。期限前契約解除の手数料は数百万ドルとなった。グーグルは、たとえディールが決裂しても、支払うことに合意した。

最終的に、グーグルは主要な従業員と経営陣に残るよう求め、その人たちに向けて適切なリテンションパッケージを作成した。それはうまくいき、ほぼ全員がその期間留まった。少したってから去った人も数人いた。ノームは2021年までグーグルに残った。

取引は2013年6月9日に完了した。

究極のＤＮＡ

5年と3カ月におよぶウェイズの公式な旅の間に、２人の従業員が亡くなった。１人はオフィスマネジャーで、自動車事故で亡くなった。もう１人は上級開発者で、ガンで亡くなった。２人とも最初の従業員だった。

信託ファンドを設立し、配偶者を受益者にして、２人の株式プランを継続させた。ウェイズが買収されたとき、従業員のうちの75％と一緒に、２人の配偶者も百万長者になった。ウェイズの従業員は、一番の若手も、みんなに慕われていた守衛も含め、全員がストックオプションを持っている。私が心から誇りに思うことがあるとするなら、ウェイズやムービット、ほかのスタートアップで、長いあいだ私についてきてくれた人たちに、報酬を与えられたことだ。

イエスと言うとき

イグジットのオファーに「イエス」と答えると、あなたの進む道は大きく変わる。以下に挙げるのは、イエスと答えるときのもっともな理由であり、検討すべき事項である。

- あなたの人生を変える出来事か。もしそうなら、前向きに考えよう。
- 従業員の人生を変える出来事か。もしそうなら、さらに前向きに考えよう。そうでないなら、そうなるように取引の構造を変えよう。

• どんな将来を思い描いているか。あと数年、この旅に専念する意思はあるか。
• この旅を率いるのに疲れたか。もしそうなら、イグジットすべきときかもしれない。

これらの事項を「無難な線に落ち着かせて」はいけない。むしろ、極端な答えだけを使おう。あなたが心底疲れていて、悪くない取引だとしたら、それがあなたへの解決策となる。晴天の霹靂だったとしても、生涯その会社を継続できるとしても、それでも、取引について前向きに考えてみることをおすすめする。

セカンダリー株式

何度言っても言い足りない。売れるときには、とくにアップラウンドの旅の最中には、いつでもセカンダリー株式を売却しよう。

スタートアップがトラクションを得て、約5年後に2億5000万ドルのバリュエーションになったと想像してみよう。5000万ドルを調達し、ラウンドはオーバーサブスクリプションとなった。このケースでは、株式の10~20%の売却を検討すべきだ。

例えば、会社の10%を保有していたとしよう。その10%——つまり1%——なら、250万ドルが手取り額となる。

今度は、さらにすばらしい成長を遂げ、1年後に7億5000万ドルのバリュエーションで1億ドルを追加調達できたとしよう。1%を売却すると、手取り額は800万ドルになる。

その後、さらに数年が経ち、バリュエーションが50億ドルに達したら、1%は5000万ドルの手取り額となる。

セカンダリー株式を売却する理由は次の4つとなる。どれもきわめて重要だ。

- **報酬と褒賞**――すでに5~10年を会社の発展に尽くし、すばらしいトラクションを獲得した。その大きな功績を認め、報酬をうけるべきだ。会社をここまで持ってこられたのは非常に特別なことで、それは祝うに値する。
- **継続に必要な忍耐**――株式を売却して、お金を手にすれば、さらに大きな取引への意欲がわく。セカンダリー株式を売却しない起業家は、すでに大金を手にしている起業家よりも、会社を早く売却する傾向がある。
- **ポートフォリオのリスクを低減する**――若い起業家だと、資産の90%以上が会社に隠れていることもある。フィナンシャルアドバイザーなら、正気の沙汰ではないと言うだろう。90%の資産を1カ所にまとめておくのは、リスクが大きすぎる。
- **持株比率の回復**――取締役は、あなたに幸せで、忍耐強く、やる気に満ちた状態でいてほしいと思っている。あなたの持株が少ないと判断したら、取締役は追加の株式やオプションで、あなたの持株を回復させる。取締役がしないなら、次の投資家がするだろう（そうしてほしいと話す必要があることもある）。

セカンダリー株式を売却できる機会に、投資家が創業者に売却してほしくないと考えるケースもある。ハングリー精神を持った創業者が見たいのに、セカンダリーの取引やミニイグジットが、創業者のモチベーションを削ぐのではないかと心配するのだ。

私の経験では、それは逆だ。

ミニイグジットを経験すると、モチベーションは高まり、さらなるリスクを背負うことを恐れなくなる。

セカンダリー株式はいつ売却すべきか。

- 会社の成長にすでに数年間貢献し、株式を現金化するまで、この期間があと数年続くとき。
- 有意義な大金が手に入り、会社の負担にならないとき。
- 売却できるときや、売却する意味があるとき。

セカンダリー株式を売却すると、どれだけモチベーションと意欲が増すだろうか。「十分だと感じるには、あといくらお金が必要か」と、ある研究調査で質問が行なわれた。その答えは一定した数となった。常に所持する金額の倍数、たいていは2倍だった。

つまり、5万ドルの貯金がある人は10万ドルあれば十分だと答え、100万ドルの人は200万ドル、3000万ドルの人は6000万ドルと答えた。

目標の高い人だと、2倍ではなく10倍になる。

その人がセカンダリー株式を売却すれば、モチベーションは下がることなく、ただ上がることになる。

従業員はどうだろう。まったく同じだ。セカンダリー株式を売却する機会には、従業員、とくに長く勤める従業員を含めるべきである。

CEOの務めは、従業員を労うことだ。それはスタートアップの旅で最もやりがいのある部

分である。

ストックオプションの行使

アメリカのISOプランと違い、イスラエルのESOPプランでは、従業員は税金がかからずにオプションを行使できる。税金がかかるのは、株式を売却するときだ。

ウェイズでは、退職する従業員や雇用期間が満了した従業員は、雇用の終了から90日はオプションを行使できた。早期に入社して、ストックオプションを手にしていた従業員がいた。ウェイズでは、全員がストックオプションを獲得することになっていたからだ。だが1年後、彼は解雇された。権利未行使のストックオプションを行使できる（つまり、最初の契約に定められた価格で株式を購入できる）期間として、90日が与えられた。オプションを行使するには、約1万ドルはかかっただろう。

「オプションを行使しないのには、2つの理由があります」と、彼は私に言った。「1万ドルは、今の私には高すぎるからです。だが、一番の理由は、もう会社を信用していないからです」

「どうして気が変わったのか」と、私はたずねた。

「解雇されたから、もう信用していません」と、彼は答えた。

「入社したときは、会社を信用していたのか」と、私はさらにたずねた。

「もちろん！」と、彼は答えた。

「90日前は会社を信じていたのか」

今度も、彼はそうですと言った。

「それでは、どうして気が変わったのか」

「言ったじゃないですか」彼は、苛立ちを隠さず言った。「ウェイズが私を解雇したからです！」

自己中心的な人は多い。自ら退職した人は会社を信じ続ける傾向にあり、オプションを行使する。

だが、解雇された人の脳裏には、次のような考えがよぎる。

「私はとても優秀だ。私を解雇するなんて、会社は何もわかっていない。だから、経営陣は信用できない。つまり、会社は成功しない」

その従業員は、約25万ドルを手にする機会を失った――当時の彼には、人生を変える出来事になった金額だろう。

CEOは、元従業員からのオプションを行使すべきかどうかの質問に関わってはいけない。

拠点とする地域によっては、そうしたアドバイスは違法にもなる。あなたが説明すべきことは、それぞれの従業員の採用時の持株比率だ。たいていは1年に一度更新される。

株式での報酬があいまいな企業もあれば、非常に明確な企業もある。次のような取り組みをおすすめする。ときどき（例えば半年に一度）、無作為に10人の従業員を選んで、次のように質問するのだ。「オプション（またはRSU――譲渡制限付き株式ユニット）をどれだけ持っているか。あなたの株式の割合は何％か。今どれだけの価値があるか」

従業員は知っておくべきだと思う。

私の友人は創業当時のムービットで働いていた。しばらく手伝ってから退職した。権利行使できるストックオプションを持っていたので、行使するようにすすめた。

「約5000ドルの現金が必要だが、今は金欠ぎみなんだ」と、彼は言った。

「お金を貸そう」と、私は請け合った。

彼はオプションを行使して、ニルがクロージング直前に電話をかけた1人となった。5000ドルは15万ドルになった――感動的な出来事だった。

ニルはその友人との電話を切った約30秒後、私に電話をかけてきて、彼はとても興奮していて、電話ごしにうれし泣きが聞こえたと言った。その30秒後、友人からも電話がきて、ニルから電話があったと教えてくれた。

常に取引を持ってくる

取引について議論したいなら、まずは取引を持ってこよう……そうすれば、すべてがリアルになる。

本物のオファーについて交渉中なら、その取引が気に入るかどうかを考えはじめられる。タイミングが悪くても、大きな成長を遂げていなくても、バリュエーションが低くても、オファーほど物事を進展させるものはない。取引の交渉中やそのあとには、資金を調達するのも、既存の投資家からサポートを得るのも、従業員を採用するのも簡単になる。

実際には、どのようなものか。

例えば、「私たちがあなたの会社を買収したらどうしますか」、あるいは「M&Aについての議論を受け入れますか」とたずねられたり、企業買収を担当する事業企画チームとミーティングを行なったり、投資銀行家に「よい価格で買収してくれる企業を紹介できます」と言われたりしたとする。これらはすべてオファーではない。

オファーとは、あなたの会社を買収する意図が書かれたタームシートである。「オファーのないオファー」は、実際には、潜在的パートナーによるデューデリジェンスの質問だ。

ウェイズが創業して間もないころ、テルアビブを訪れたヤンデックス（ロシア語の検索エンジン・ウェブプロバイダー）のCEO、アルカディ・ヴォロズと会う機会があった。

「当社が5000万ドルでウェイズを買収すると言ったらどうする？」と、彼は言った。

どんなオファーも検討するが、おそらく断るだろうと答えた。

アルカディはこの方法をデューデリジェンスの質問として使い、私たちがどれだけ熱心に旅に取り組んでいるのかを理解しようとしていた。

数年後、彼は再びイスラエルを訪問し、今度はムービットのニルがミーティングを行なうことになった。

私はニルに情報を吹き込んだ。

「買収の話に乗るかどうかとたずねられ、5000万ドルかそれ以上の金額で、探りを入れるオファーが出される。どんなオファーをされても、ノーと言うんだ――単なるデューデリジェンスの質問だから」

取引を持ってくる一番の理由は、プロセスを加速させることだ。あなたの会社は独自性が強く、同じような会社はそれほどない。買収者があなたを買いたいのなら、買いたいのはあなたであって、ほかの誰でもない。あなたが独立している限り、決断を急ぐ必要はない。金額がいくらだろうと、買収者は今日でも明日でも来年でも、いつでもあなたを買収できる。

だが、あなたに交渉中の取引があると、買収どころか投資の機会も失われる可能性があり、それによってプロセスが加速する。この取引は、M&Aや大規模な資金調達ラウンド、IPOの申請が該当する。

IPOとM&A

ビジネスの世界でよく使われることわざがある。「成功するまで、成功するふりをしろ」。だが、それが常に通用するとは限らない。

資金調達で投資家が聞きたいのは、あなたが大きな会社を作り、いずれは上場する計画だ。これはまさに、投資家に聞かせるべき話だ。だが、上場に対する実際の決定は、それとはまったく異なる。

もし次の内容にあてはまるなら、上場を真剣に考えるべきだ。

- 本当に重大なものを持っていて、それを永遠に機能させ続けたいと考えていて、このスタートアップが人生で一度きりの機会だと確信している。
- 誰かがあなたの会社を買収するところを想像できない。
- 非常に高いバリュエーションで多額の資金調達をした（つまり、潜在的買収者がとても少なくなった）。

公開会社の経営は、まったくの別物だ。たくさんの頭痛を伴い、会社の大きなさらなる方向転換となる。

ＩＰＯを希望するなら、過去3年以内に会社を上場させた経験を持つ2〜3人のＣＥＯに話を聞こう。ＩＰＯロードショーの話ではなく、ＩＰＯ後についての話だ。

あなたの思うようにはいかないことが多い。Ｍ＆Ａは機会であり、ＩＰＯは標準だ。ＰＥ（未公開株式）は、その中間に位置するもう１つの機会である。

より大きな成長を遂げ、バリュエーションが高くなるほど、それまで手にしていた機会が減り、もはや選択肢ではなくなる。

1億ドルなら、買収する企業はたくさんある。10億ドルだと、買収する企業はずっと減る。１００億ドルなら、あったとしてもごくわずかだ。

最終的には、次の質問を自分に問うことになる。

- これは人生を変える出来事か。
- 自分の会社を永遠に存続させたいか。
- 公開会社の頭痛に煩わされたいか。
- ほかに選択肢はあるか。

これらの質問に答えたら、道はずっと明確になる。

ノーと言うこと

自分が望む取引を手にするには、望まない取引にノーと言う必要がある。

あるとき、CEOの1人に、M&Aの話がありそうだと言われた。プライベートエクイティファンドが、数社を合併させ、市場でのより大きなポジションの獲得を狙うのだ。

「それはすばらしい」と私は言った。「それで、どんな取引なのか」

数日後、彼が持ってきた取引は、Xの現金と、2Xの合併後の株式との組み合わせだった。Xの金額は低く、3Xでもまだかなり低かった。

「このような取引をしたいと思うか」と、私はCEOにたずねた。

彼はノーと言った。

私はさらに質問した。

「2倍、3倍、5倍、10倍でオファーされたら、検討するか」

「5〜10倍なら検討します」と、彼は言った。「そこまで行くには、どのように交渉すればよいですか」

「ノーと言うのだ!」と、私は言った。

「それだけですか?」と、彼はたずねた。

「そうだな、もっと丁寧に言ってもいい。『せっかくご検討いただきましたが、返事はノーです』」

「未公開株の投資家に、私たちが興味を示す目安を与えたほうがよいのでしょうか」と、CEOは続けた。

「それはだめだ!」と、私は力を込めた。「ここではシンプルにノーと言うのが重要だ。別の提案をしたければ、相手がする。交渉の余地を与え、相手がXの大まかな数字を言ってきて、あなたがノーと答えたら、今度は相手がまったく異なる提案を持ってくることもある」

取引の条件を大きく変える唯一の方法は、競争力のある入札だ。買収者が取引を失うのを恐

れると、価格は大きく跳ね上がる。

取引を失うのは、「取引がない」のとは違う。失うのは、ほかの誰かに取られることだ。

交渉中のオファーにノーと言うと、買収者は、はじめは立ち去るが、新たなオファーを持って戻ってくるかもしれない（数カ月後、あるいは数年後のこともある）。

だが、競争力のある取引を交渉していれば、あとになって戻ってくることができないので、オファーは劇的に改善される。

ノーと言うのが常によいとは限らない

ハイテクエコシステムの「先史時代」（1999年ごろ）、ある友人がメール関連のスタートアップを経営していた。彼は1億5000万ドルで、買収のオファーを獲得した。

当時としては非常に高い金額で、彼は会社の25％を保有していたので、4000万ドル近くを手にできる計算だった。

直近のラウンドでは、5000万ドルのプレマネーバリュエーションで、3000万ドルを調達した。これは1999年のことだった。当時は非現実的なバリュエーションが珍しくなく、2021年の終わりから2022年の初めごろといくらか状況が似ていた。彼は4000万ドルを手にできることに驚愕した。イエスと言いたいと思った。

友人は私に意見を求めた。

「この取引が気に入って、自分の人生を変える出来事になるのなら、そして、新たな所有者のもとで運命を全うできるのなら、イエスと言うべきだ」

だが、最後のラウンドの投資家の1人が、その考えに反対した。

「あなたの会社を10億ドル企業にするために投資したばかりだ。投資額を2倍にしたいわけではない。あなたは世界クラスのCEOだ。あなたなら、数年以内に10億ドルのバリュエーションを達成できないはずがない」

その投資家は、友人を説得してノーと言わせた。

その後、2000年にドットコムバブルが崩壊し、長いジェットコースターの旅がはじまった。次のオファーがきたのは2005年だった。今度はわずか3000万ドルで、残余財産優先分配権が設定されていた。つまり、友人には1ドルも入らない。

彼は今度もノーと言った。

最終的には、数年後にごく小規模な取引が決まったが、結局現金を手にすることはできず、リテンションパッケージだけとなった。

ノーと言ったことが驚くような結果につながった例はほかにもあるが、何より重要なのは、**運転席に座るのは経営者であって、後部座席から叫ぶ人がいても、ハンドルを握るのは経営者である**ことだ。

投資銀行を雇うべきか

ウェイズでは取引の交渉にあたって、投資銀行を雇うべきかについて、社内で話し合った。

投資銀行は、IPOやM&Aなどを行なう企業を支援する業務を行ない、取引や機会を探すのを手伝ったり、取引のコンサルタントや仲介者の役割を果たしたりする。投資銀行を雇うことについて、主な議論の対象となったのは、私たちの買収者となる企業が市場に1桁しか存在しないことだった。それらの買収者には資金力があり、そのうちの1社はすでに出資者となっていた（マイクロソフトだ）。さらに言うと、潜在的な買収者が、まだ私たちの買収を検討していないなら、短期間のうちに検討してもらうつもりはない。

今では、考え方が大きく変わった。

ごく短期間に競争力のあるオファーを作り出すのは、スタートアップには難しい。だが、投資銀行なら、ずっと簡単に行なえる。別のオファーが来なければ、オファーの話はできないが、投資銀行ならそれができる。

投資銀行が必要だと思うもう1つの理由はシンプルだ。あなたの交渉力には限りがあるからだ。その買収者がほかの取引を交渉する様子など見たこともないし、まだ関係を持ちはじめたばかりで、先のことなど考えずに交渉してよいのかどうかもわからない。なぜなら、まだ先があるからだ。だが、投資銀行ならそれができる。

重要なのは、投資銀行をいつ雇うかだ。その答えは、次の考えが思い浮かんだときだ。「最後のラウンドのバリュエーションの2倍のオファーがあったら、前向きに考えよう」。そう思ったら、投資銀行との関係作りをはじめよう。

うまくいかないのは、どんなときだろうか。すでにオファーを交渉しているところへ投資銀行を連れてきて、代わりに交渉してもらおうと考える。投資銀行は、それを嫌がる。

コンバースに勤めていたとき、音声認識の分野で、マサチューセッツ州ケンブリッジの会社を買収しようとしていた。その会社にオファーをすると、イエスと言ったあとで、すぐにこう付け加えられた。「待ってくれ。数日以内に、投資銀行を決めて連絡する」

実際には、競争力のある入札を作れるだけの時間はなく、彼らの投資銀行は代案を用意できなかった。交渉では、私たちが想定した金額よりも、低い金額で取引がまとまった。

交渉の余地は常にあるが、実際のところ、交渉の本質は、対話による力関係の変化だ。代案がなければ、その力は限られる。

その取引をしたいなら、しかも、あなたにはノーと言うのがほぼ不可能だとわかるなら、簡単にノーと言える人を探して、その人を交渉に送り出そう。

その取引をしたいなら、たいていは、買収者、家族、株主など、複数の当事者と同時に交渉することになる。さらに、従業員など、ほかの集団に代わって交渉することにもなる。

ただ、あなたにはうれしい取引でも、最後のラウンドの投資家や初期の投資家にはつらいものかもしれない。優先順位を思い出そう。自分、家族、従業員の順で、投資家はそのあとだ。

M&A取引の真髄

M&Aの取引とは、どういうものか。いくつかの要素がある。相手がいくら払えるかといった点では、資金調達にも似ている。それ以外のビジョンや買収の事業的な目的などは、より重要な「買収後」に関係している。

3つの観点から取引を見ていこう。

1. **共通の未来**。M&Aの結果から生じるビジョンや新たなミッションに賛同できるだろうか。統合の手順がわかるだろうか。買収側の企業では、その作業に専念するのは誰だろうか。新たな上司や、新しいポジション・役職が気に入っているか。どのくらい留まる約束をするか。この10年間、人生で最も困難な旅を続けてきて、今度は統合がうまくいくように、さらに3年留まることが期待される。それについてどう感じるか。会社の名前はどうだろう――あなたのブランドは存続するか。未来など気にしないと思っていても、できるだけ早く去る計画だとしても、現金の報酬のためだけにそこにいるとしても、それでも、未来への参加を約束しなければ、取引は成立しない。買収者が思い描く共通の未来にあなたが乗り気でないと思えば、買収者は取引から立ち去る。

2. **取引**。買収金額はいくらか。現金か、株式か。従業員とあなたのリテンションパッケージはどのくらいか。買収金額の一部がその後のパフォーマンスにもとづく「アーンアウト」はあるか。もしあるなら、いつ、誰のために、何にもとづいて支払われるか。買収対価を第三者に預託し、売り手が払い出す前に、特定の条件が満たされることを確実にする、「ホールドバック」はどうだろうか。誰のために、いくら設定されるか。金額の話をする前に、未来を見つけ出そう。

3. **あなた**。あなたのビジョンは何か。新たなビジョンと何が違うか。成功できるか。新しい上司や異なる企業DNAとともにいる自分を想像できるか。

どんな解答だったとしても、共通の未来に対する合意と、新たな未来におけるあなたのスタートアップの役割について、対話をはじめなければならない。未来がないなら、取引にメリットはない。買収者への次の重要な質問について、簡潔な答えがほしい。

・「私たちを買収したい理由は何か？」
・「あなた（買収者）のメリットは何か？」
・「５年後の未来と、取引完了の５日後に、どんな様子を思い浮かべるか？」

取引の枠組みについて、すでに話し合いや提示があったとしても、対話の最初の数日は、共通の未来に集中すべきだ。取引が気に入ったとしても、未来がなければ、共通の未来の再定義について検討し、それでも共通の未来に納得できないなら、ノーと言う前に従業員のことを考えよう。この取引は、従業員のために行なうのか。

取引に話を戻そう。次の１億ドルは、すべて同じではない。

・１億ドルの現金は、取引の１形態。
・公開会社の１億ドルの株式は、別形態。
・別の非公開会社の１億ドル分の株式は、まったくの別物。

１つ目の取引では、あなたや株主、従業員は、現金を手にする。２つ目の取引は、１つ目にかなり近い。ただし、公開会社の従業員として、一定期間株式の売買が禁じられる、ロックアップの期間はあるかもしれない。このロックアップ期間は、数カ月続くこともある。一般的には、比較的早い段階で、簡単に現金に換えられる。

だが、３つ目の取引はまったく異なる。基本的には、１つの潜在的結果がもう１つと置き換えられただけにすぎず、置き換えられた結果が、いつ実現するのか（するとしたら）、どのくらいの大きさになるのかは、まったくわからない。

リテンションパッケージ

買収者はチームがきわめて重要であると知っている。買収者が購入するのは、本質的には、チームとチームが生み出したトラクションだ。買収者が最も懸念を抱くのは、取引に注ぎ込む多額の資金だ。あなたや経営陣、従業員は、人生を変える出来事を経験し、いつか去っていく。そのため、買収者はあなたのコミットメントを期待し、あなたの言葉が信頼できることを望むが、それと同時に、統合とその後の期間の報酬として、あなたや経営陣、主要な従業員のためにリテンションパッケージを作成する。

リテンションパッケージの期間は、おそらく2～5年となる。例えば、3年だったとしよう。リテンションパッケージのある取引は、次のようになる。3億ドルのうち、株主へは2億5000万ドル、今後3年間、主要な従業員を保持するリテンションパッケージに5000万ドル。

例えば、M&Aの日に会社の5%を保有していたとしよう。そのときは、1250万ドルの現金と、それに加えて、リテンションを手にする。

リテンションとして加えられるのは、どのくらいだろうか。

買収者は、あなたが留まるのに十分な額となるよう、相当の額のリテンション――おそらく今後3年間で1年に500万ドル――を用意する。間違いなく、検討するには十分だ！だが、手にする現金がそれよりずっと多く、例えば1億ドルだったらどうだろうか。1億ドルの現金と比較すると、年間500万ドルは、十分な額とは言えないだろう。

例えば、今後3年間で、1年に1000万ドルのリテンションパッケージだとしよう。だが、今度は、1億ドル相当の株式を持っている。買収者はこう提案する。7000万ドルだけが現金となり、残りの3000万ドルは、今後3年間留まったら、リテンションとして支払う。これなら、初日に手にする現金と比較しても、十分なリテンションパッケージとなる。

ウェイズの（経験した）取引では、グーグルは現金で11億5000万ドルのオファーをした。そのうち、7500万ドルがリテンションだった。ウェイズの経営陣は、3〜4年間主要な従業員を保持するのに、その金額では足りないと考えた。

そこで、取締役会や株主と交渉し、リテンションパッケージを1億2000万ドルに変更した。

グーグルはもちろん合意した。現金が株主ではなく従業員に行くのは、グーグルにも喜ばしいことだった。

だが、その後、グーグルは別のトリックを使った。主要な経営陣に、現金の一部を放棄すると、リテンション期間に2倍にすると言ったのだ。

例えば、2500万ドルを放棄すると、今後の3年間で5000万ドルになる。

今後の数年間を成功させたいなら、リテンションは買収者だけでなく、あなたがチームを保持するためにも不可欠だ。リテンションは取引の一部であり、リテンションのない取引はないと考えよう。

リテンションパッケージが好きではないのは誰か。株主だ。なぜなら、リテンションは基本的に、株主の対価の一部を取って、みなし清算の日に一度、従業員に分配するからだ。ある程度は、ISOなどのエクイティプランと同じである。

惜しみないエクイティプランがあり、従業員の大半が権利を行使していないなら、リテンションの必要性は低い。これまで見てきたリテンションパッケージは、取引の5～50％の範囲だが、おおよその目安は簡単だ。主要な従業員を該当期間保持するのに十分でなければならない。だが、「十分」が難しい。いくらあれば十分だろうか。

「アーンアウト」と「ホールドバック」

リテンションパッケージは間違いなく必要で、どの取引にも必ず含まれるが、「アーンアウト」はまったく別の問題だ。基本的には、取引の現金部分が少額で、買収者が設定した特定の目標に近づくと、それが2倍、3倍、4倍になる。

将来性があるようにも感じられるが、実際には非常にたちが悪い。たちの悪い理由は、3年間の計画や目標に責任を持たせておきながら、その3年分の予算の提供を約束しないことにある。

スタートアップが1年の正確な予測や目標を立てるのはほぼ不可能だ。3年なら、まったくの的外れとなる。

例えば、B2Bのスタートアップで、前年から2・5倍の成長を遂げ、70社の顧客を抱え、合計のARR（年間経常収益）が1500万ドルだったとしよう。事業計画では、来年は3倍、再来年は2・5倍、3年後は2倍の成長が見込まれている。

現金とリテンションの取引なら、例えば、3億ドルの現金と7500万ドルのリテンションとなる。株式の10%を持っているなら、現金で約3000万ドルを手にできて、それに加えてリテンションがある。

アーンアウトの取引だと、1億ドルの現金と5000万ドルのリテンションとなり、それに加えて、1年目の目標が達成できたらさらに5000万ドル、2年目の目標で1億ドル、3年目のマイルストーンに達したら1億5000万ドルとなる。

こちらのほうがより大きく、よい望ましい取引に見えるかもしれないが、不確実性があまりに高く、リスクがあまりに大きすぎる。

最も一般的なリスクは次のとおりだ。

- その時期がきたときに、アーンアウトを受け取れる目標に達しているかわからない。
- 3年計画がとても野心的で、日程や予算を見込んでいるが、どちらか、あるいはどちらも、確保できるかわからない。
- 買収者が戦略を変え、元々の計画が変更になるかもしれない。

アーンアウトはすべての株主に向けたものであり、目標達成のために身を粉にして3年間働いても、あなたの報酬は取引のわずか10%だと覚えておこう。最もその恩恵を享受するのは、もはや会社に何の関わりもない投資家だ。

アーンアウトの一番の問題は、ほとんどのケースで支払われないことだ。数年の旅のあいだには、何かが起こる。

「ホールドバック」は、もう1つの必要悪だ。基本的に、買収者は次のように言う。「徹底的にデューデリジェンスをするには時間が足りない。大規模な取引になれば、複数の訴訟が起こる。そこで、それらの潜在的な出来事に対応するために、取引のX％をエスクロー勘定に入れておく。その分の金額は、もう訴訟は起こらないとわかったら、遠い未来のいつかに支払われる」

そこには複数の問題がある。ホールドバックに含まれるのは誰か。すべての株主か。普通株だけか。あるいは、従業員以外の全員か。

もう1つの問題は、買収者はすでにこのお金を支払っているので、それについて気にしないことだ。その大部分は、基本的に被買収会社の投資家に属するものなので、買収者はそれについても気にしない。それなのに、買収者はホールドバックの資金のカギを握るのだ。最終的には、ホールドバックを、少なくともそのすべてを、手にできると期待してはいけない。

私が目にしたもう1つの奇妙な取引では、買収者が会社の70％を買収した。この場合、残りの30％の株式はどうなるのか、とくに株主はどうなるのかが問題となる。過半数（70％）が売られることはなく、残りを買う必要もないので、これ以上流動化されることはない。

一方で、これは30％の割引が簡単に得られる方法だ。取引に関連して「プット」と「コール」のオプションがある。そのため、例えば、会社の70％を購入するとき、買い手は1株あたりXドルを支払う。買い手には、Xドルを若干上回る価格、例えば1・2Xドルで、2〜3年以内に残りの30％を買う権利があり、売り手には、Xドルを若干下回る価格、例えば0・8Xドルで、残りの30％を売る権利がある。

その結果、買い手は会社全体を買収するが、30％はあとから支払うことになる。

財務・税務・法務のアドバイザー

ここで衝撃的な告白をしよう。私は税金を払うのが好きだ。税金を払うのは利益が出ているからで、利益はすばらしいからだ。私が嫌いなのは、計画性の欠如が原因で、税金を払いすぎることだ。

1年ほど前、昔から知る起業家から連絡がきて、アドバイスを求められた。M&Aの話し合いの最中で、何と言ったらよいか見当がつかないと、彼は言った。

彼と会い、取引の重要な点と問題点を指摘した。弁護士まで紹介した。

数週間後、再び彼がやってきた。

「取引はほぼ完了した」と、彼は言った。

「買収者は、現時点で75%の株を取得して、プロフィットシェアも実施することで合意した。だから、残りの25%について、コールオプションもプットオプションもない」

今まで十数年間をその旅に費やしてきて、会社は何度かの資金調達ラウンドを経験したと、彼は言った。この起業家の9・9%の株式のすべては、約1年前に行なわれた最後のラウンドのオプションだった。

彼と一緒に、簡単に計算をした。

「5000万ドルの取引で、10%近くを持っているから、500万ドルだ」と、彼は説明した。

「その75%だと、375万ドルだ。25%の税率がかかっても、300万ドル近い現金が残る。そんなに稼いだことはない。間違いなく、人生が変わる出来事だ」

「ちょっと待った」と、私は彼をさえぎった。「あなたのオプションは、キャピタルゲイン税の税率区分に入らない。取引を成立させる前に、最も低い税率がかかることを確認できるよう、誰かの力を借りるべきだ」

イスラエルの税法では、ストックオプションを受け取った従業員には、だいたい25%の税率で税金がかかる（イスラエルの一般的な税率区分は47%と非常に高い）。イスラエル国税庁の特別決定では、譲受日から2年以上が経った株式を売却するときには、セカンダリー株式やM&Aの一部として、キャピタルゲイン税のより低い税率区分で売却できると規定されている。

M&Aの取引では、これらのオプションから得られたすべての利益には、より低い税率が課せられる。そのため、基本的には、オプションを行使したその日に株式を売却しても、長期のキャピタルゲイン税の税率区分が適用される。

だが、アメリカではそうはいかない。オプションを行使して、その同じ日に株式を売却すると（例えば、セカンダリー株式の取引のように）、はるかに税率の高い、短期のキャピタルゲイン税率がかかる。

ほかの選択手段は、オプションを行使してから、少なくとも1年は株式を保有し、それ以降に売却することだ。

「ちょっと待った」と、このあたりで質問が出てくることだろう。「1年後に買い手がいるかどうかなど、どうすればわかるのだ？」

この話のポイント：取引のときだけでなく、事前に計画を立てるためにも、「税務アドバイザー」が必要だ。

なるべく早く、あるいは、あなたの株式にある程度の価値がついたら、財務アドバイザーに会うことをおすすめする。その理由は簡単だ。財務アドバイザーが、あなたに正気ではないと言ってくれるからだ。「金融資産のほぼ１００％が１つの会社にもとづくなんて、あり得ない」

実際にはそれ以上だ。あなたの給与と４０１ｋも、たった１つの会社——つまり、あなたの会社にもとづいている。

代わりに何をすればよいのか。

セカンダリー株式を売却するのだ。一度と言わず、二度、三度と。

法務についてはどうだろうか。

一般的に、取引について話し合うときはいつでも、法律的な視点を持つべきで、交渉がはじまったら、24時間体制のサポートが必要だ。交渉役の弁護士がチームにいたら、あなたに代わって交渉してもらおう。

ニツァン・ヒルシュ＝フォーク（H-F & Co. 法律事務所）は、ウェイズとムービットの弁護団でリーダーを務めた。これから先の取引にも携わってくれるだろう。交渉役であり、リスクを負って冒険する人であり、すばらしい折衝者であり、まさに私が求める人物だ。

利益相反

当然ながら、取引全体が大きな利益相反だ。一番の問題は、交渉やクロージングのプロセスの間に、そうした利益の相反が移り変わり、形を変え、変化することだ。

基本について考えよう。

投資家は、自分のために取引の成果を気にかける。投資家はお金を手にしたら立ち去るが、

あなたは残る必要がある。買収後の対応をするのはあなただ。投資家ではない。

その一方で、あなたは会社と株主のために最高の取引を手に入れようと、買収者と交渉している。

だが、ちょっと待った——この直後、買収者は新たな株主となり、その後数年、一緒に働かなくてはならない。

従業員はどうだろう。

できる限りよい成果を手にしてほしいし、今後の旅の数年間、あなたについてきてほしい。取引は従業員に十分な報酬を与える機会となる。

これらの利益のすべてに対処して、全員を幸せにするのは非常に難しい。だが、全員を幸せにする必要はない。あなたはただ、取引を成立させ（そうすれば、みんな幸せになる）、会社のＤＮＡにコミットし続けよう。

今日と明日、そして、あなたと従業員と株主とのバランスを変えられるレバーがいくつかある。どこかを重視しすぎると、取引が吹き飛んで、間違いなく全員が不幸になる。

次のレバーのうち、どれを引くことができるだろうか。

- **リテンションと現金。**リテンションは将来と従業員のためにはなるが、投資家のためにはならない。成功事例：今後3年間にわたる従業員への大きな報酬を十分に予算に組み込む。
- **誰がホールドバックに参加するか。**従業員は除外したい。投資家は自分を除外したい。ここでの最良の事例は、あなたや創業者を含め、すべての株主にホールドバックを適用し、誰もが簡単にホールドバックから資金を引き出せないようにすることだ。

- **リテンションとアーンアウト**。アーンアウトは、すべての株主を含め、全員が参加する。リテンションは、留まる従業員だけが対象となる。

だが、最大の困難は別の場所にある。**全員を喜ばせようとするとき、あなたは交渉にふさわしい人物ではない。そこで、誰かに交渉してもらおう。弁護士や、（もしいる場合には）信頼できる取締役が適任だ**。

買収者も同じことをすると想定すべきだ。買収者の企業にも、この取引の行方を気にかける部門がある。のちにあなたが加わることになる部門だ。その一方で、交渉は買収者の事業開発部門が行なう。彼らは買収後にあなたと働く必要がないので、交渉にふさわしい人物となる。

プロセスを通じて投資家をマネージする

次のことが利益相反の問題になるなら、あなたと投資家の認識は同じではない。プロセスを通じて、投資家をマネージする必要がある。少し大局的に考えてみよう。

投資家は、株主のために最大の成果を得ようと、自らの弁護士を使って交渉する。忘れてはいけないのはあなたの株主であることだ。あなたが必要なときに投資をし、あなたに保護される権利を持つ。あなたは**CEOとして、株主の利益に責任を持つ必要がある**。

だが、この会社には株主の未来はない。クロージングのあと、そこにいる必要はない。あなたは、そこにいなければならない。今後の成功のために、あなたにはチームが必要で、留まってもらわなければならない。

そのため、すべての当事者――買収者、取締役、投資家、従業員――とのあいだに、交渉の余地を残しておこう。常に不確実性について説明しよう。例えば、まだリテンションの要求を受け取っていないかもしれないし、アーンアウトがあるかどうかわからないかもしれない。

最終的には、既存の株主が交渉では最も弱い立場となる。大金を手にするためなら、取引に反対しないだろう。それと同時に、取引をまとめるよう強要もできない。

買収の翌日

クロージングが終わっても、太陽は相変わらず輝いているが、それ以外のことはすべて変わる。「取引のクロージング」の激しいジェットコースターが終わり、一方では高揚状態となり、もう一方では疲れ切っている。

翌朝目を覚ますと、何もかもが変わっている。会社名。終わりを迎え、再スタートを切った旅。銀行口座の残高。上司。気にかけてくれる人の認識。

だが、最も大きな変化は、誰に報告すればよいのか、新たな目標は何か、新たな組織で重要なのは誰かがわからないことだ。基本的には、突然、部署ごと新しい職場に放り込まれたわけであり、新たな旅をはじめる必要がある。

まずは何をすべきか。

従業員を集め、何が起こったかを伝えよう。次のような言葉を伝えるとよいだろう。

「こういうことになって（来週には○○の従業員になる）、こうなった理由はこれで、新たなビジョンはこうだ。私たち全員がこれからどうなるか、今後の数週間で懸命に理解することになる。それまでは、しばらく我慢してほしい」

そして、経営陣と一緒に新しい上司のところへ行って、100日計画を作る。

次に、家族のもとへ戻って、こう告げる。「終わってしまった長い旅を、私がどれだけ寂しがっていたか覚えているだろう？　この3週間の交渉の間、まったく家に帰ってこられなかったね。よく聞いてほしい。これがあと、数週間は続くんだ」

計画ができたら、チームのところへ戻り、新たな目的と目標を説明する。取引について何度も話し、それぞれの従業員と1対1の対話を行なう。最終的には、従業員をHRとCFOのもとへ送り出し、新しい世界と取引が自分に何を意味するのかを完全に理解してもらう。

私はコンバースで、ソフトウェア開発者としてキャリアを開始し、プロダクトマーケティングに移った。1994年には、アメリカに異動になった。

世界のボイスメール市場で2位だったコンバースは、1997年までに、市場3位のボストンテクノロジーと合併した。コンバースは海外とモバイル通信事業に強く、ボストンテクノロジーは国内と固定通信事業に強かった。彼らの市場シェアは、かなり補足的だった。

発表の日、私はコンバースのニューヨークオフィスにいた。社長はすべての従業員を集め、取引について語った。15〜20分のプレゼンテーションの途中で、彼は言葉を切って、こう言った。「取引のことも大事だが、みんなが気にかけていることはよくわかっている――それは私の処遇だ」

「それは完全に誤解だ」と、みんなの前で私は答えた。「あなたの処遇などまったく気にしていない。私たちが気にしているのは、自分たちの処遇だ！」

それが最も重要なことだ――変化が起こると、人はまず、自分のことを考える。それについて、真っ先に対応する必要がある。噂はすぐに広まるからだ。

コンバースとボストンテクノロジーの取引は、かなりシンプルだった。2つの公開会社の株式交換で、従業員が株式を現金化することはなかった。だが、従業員が気にかける唯一のことは、自分に何が起こるかだ。

その次は、M&Aの本質的な部分となる、有名なNIH（Not Invented Here：ここで発明されたのではない「別の組織が発祥であることを理由に採用しないこと」）問題だった。

コンバースも、ボストンテクノロジーも、ボイスメールのシステムを開発していた。どちらが将来的なプラットフォームとして残るのか、もう一方に取り組む人はどうなるのか。

1998年、私はイスラエルに戻ったが、その後もアメリカへは何度も往復した。ボストンテクノロジーの人と「打ち解ける」には、1年近くかかった。彼らが取引に不信感を抱いていたことがわかった。なぜだろうかと不思議に思った。

ボストンテクノロジーの従業員は、買収にあたり、1年目には1人も解雇されないと定められた。だが、そのせいで根拠のない仮説が生まれ、1年と1日後には、全員が解雇されると噂が立ったのだ。それが真実ではないとわかって初めて、彼らは多くを共有するようになり、身構えるのをやめた。

もう1つの視点を紹介しよう。

グーグルマップは、独自のナビゲーションアプリも、地図作成技術も、渋滞情報源も持っていた。私たちは疑問に思っていた。グーグルがウェイズを完全に吸収し、IP（知的財産）をすべて吸い上げ、全従業員を解雇するまでには、どのくらいかかるのだろう。

実のところ、その疑問が頭に浮かばなかった人は、ウェイズには1人もいなかった。

実際、その後何年も、さまざまな人から同じ質問をされた。「なぜグーグルは、すべてを1つのサービスに統合しなかったのか？」

それと同じ質問について、異なる方向から考えてみよう。

グーグルマップの人にとっては、質問は逆だった。「なぜ、まったく同じことをしている会社を買収するのか。なぜ、彼らを吸収しないと約束したのか」

グーグルがウェイズを買収したとき、グーグルマップよりウェイズのほうが優秀で機能的なアプリで、使用頻度は7倍だと理解していた。そのとき私がグーグルにいたら、コンバースにいたときと同じ質問をしただろう。「私はこれからどうなるのか」

それでは、なぜグーグルは、いまだに2つの地図と渋滞情報のサービスを持っているのか。ウェイズを売却したあと、私は留まらなかったので、内部から答えを聞いたわけではないが、次のように想像できる。

市場で1位と2位のプロダクトを持っていて、それを1つにまとめてしまうと、どちらのほうがすぐれているとか、どちらが市場リーダーの座を守るといった話ができなくなる。プロダクトを大きく変えると、「必要十分」以下になる可能性もあり、ユーザーは解約し、別のプロダクトに乗り換えてしまう。

人は何かに慣れると、変化を拒む。変化を強いると、最終的にトップでいられるかわからない。

買収のその後

そして、最初の100日の統合をやり遂げた。目的や計画、予算を決め、報酬とリテンションパッケージを決めた。おめでとう！　あなたはもう、スタートアップ企業ではなく、大企業の1部門を運営している。

事業目標はすべて妥当に思え、その目標を達成できることもわかっているが、これまでと違うのはDNAだ。今はずっと大きな企業の一部なのだ。それは次のような変化をもたらす。

- 報道機関と話ができない。それを取り仕切るのは広報部だ。
- 法務部が「好ましくない部分を削除」しないと、ニュースレターを発行できない。
- 買収企業の雇用方針に沿わないと、候補者を採用できない。
- 自分が好まざる戦い、実際には、したくもない戦いをしていると気づく。取引全体を考え直すようになる。

「どうしたらこの状態から抜け出せるか！」と思いを巡らせる。

私は買収後に留まらなかったので、グーグルへ行った友人から話を聞いていた。ある日、そのうちの1人がやってきて、「もうたくさんだ。うんざりだ！」と言った。

「いったいどうしたんだ」と、私はたずねた。

「たとえるなら、屁をこくにも書面での承認が必要なんだ。しかも、1種類の屁しか許されない」

別の友人は、グーグルはあまりにもお金を無駄にしているが、指摘しようにも、誰もが無頓着なのだと言った。

3カ月後、最初の友人が退職すると言った。サイクリングをしながら話をした。

「リテンションはどうする？」と私は聞いた。「私の記憶が正しければ、きみを留めるために、すばらしいリテンションパッケージがあったはずだ」

「まさにそのとおりだ！」と、彼は答えた。

1年に約75万ドル。相当な金額だ。

「日給2000ドルだろう？」

「そうだ」と、彼は言った。「時給にすると約100ドルだ。睡眠時間も含めて！」

「こうしてサイクリングをしていても、浜辺でコーヒーを飲んでいても、100ドルを稼いでいるのだろう？」

彼はうなずいた。

「すごいことだ。それじゃあ、これからも週末はサイクリングをして、3カ月後にもう一度話し合おう」と、私は言った。「それでもまだ辞めたければ、辞めればいい。その期間だけでも20万ドルになる」

彼は留まった。

あなたも留まるべきだ。結局のところ、あなたがそこにいなければ、誰もチームを気にかけず、期待された成果も上げられない。あなたが約束した言葉は、まだ効力を持っている。正しい決断も、間違った決断もない。ただ下すべき決断があるだけだ。

留まる約束

約束は簡単にできるが、守り続けるのは難しい。

オファーを受けると決断したら、決断の理由が、人生を変える出来事だったからだとしても、スタートアップの旅に疲れ果てていたからだとしても、留まる約束は取引の一部だ。

だが、それは諸刃の剣でもある。

あなたが留まりたくないと言うと、買収されない。買収者には、あなたが必要だからだ。

4年ではなく2年だけ留まると言うと、あなたがビジョンを信じていないか、ビジョンを達成する自信がないと、相手に伝わる。

そのため、結局は何を言われても、承諾することになる。

最後に、交渉と残留についてのヒントを以下に紹介しよう。

1. あなたの代わりに誰かに交渉させる。職務の遂行に努力すること以外、あなたはどんなメッセージも発してはいけない。だが、主なメッセージは、何が4年で達成できるか、何が3年で達成できないか、確信を持って言えるものは何もないとするべきだ。
2. 新しい会社での旅について悩まない。留まりたくないなら、逃げ道は見つかる。
3. さらなるリテンションを作成する。そうしないと、リテンションパッケージが終わったとたん、大量に退職者が出る。

旅の大きな切り替え地点に向けて、心の準備は何もできない。人生がすっかり変わるからであり、ごく短期間に3つのまったく異なる段階——オファー前、取引中、買収後——が訪れるからだ。まるで何の関連もないかのように、それぞれが別物なのだ。

第12章まとめ

・いつ売却するか——その取引があなたの人生を変える出来事になるなら、前向きに考えてみよう。買収後の処遇にも満足できるなら、さらに前向きに考えよう。
・検討すべき4つのこと——検討すべき最重要事項は、あなた、チーム、今、将来。
・さらによい取引——さらによい取引があるかもしれないが、それを手にするには、しばらく「熟成させる」必要がある。前もって投資銀行に話をしておけば、必要なものを手に入れてくれるだろう。
・買収前から買収後への変化——人生で最も激しい変化となる。一度だけでなく何度も、何もかもが変わる。
・取引の話をすることになったら、本章をもう一度読もう。

ハッピーローグ

本書は起業家の成功を後押しするために書きはじめたものだが、もう1つ大きな執筆の理由がある。それは、世界が起業家を求めているからだ。問題を解決し、世界をよりよい場所にする使命を持った起業家を、世界はますます必要としている。

あなたの起業家としての旅に役立つ知見が見つかったことを願っている。

ここで、これまでの章における最も重要なポイントをまとめておこう。

- **スタートアップの起業は失敗の旅である**——何かを試してうまくいかなくても、別のものを試してうまくいかなくても、最終的にうまくいくまで試し続ける。成功の可能性を高めるのに最も重要なルールは、より多く試すこと。そして、より多く試すには、早く失敗することだ。
- **悪いアイデアなどない**——起業家は、組織を前進させる方法として、失敗を受け入れ、失敗を推奨する。
- **ユーザー**——ユーザーについて、あなたとプロダクトチームが受け入れるべき重要なルールがいくつかある。

まず、ユーザーは複数の異なるグループに属する。あなたに関連する主なカテゴリーは、イノベーター、アーリーアダプター、アーリーマジョリティだ。あるグループのユーザーは、別のグループのユーザーの感情や考え方は理解できない。したがって、さまざまなユーザーと会い、彼らの問題と認識を理解する必要がある。

2つ目の重要なルールは、最初の数年のユーザーの大半が、実際には新規ユーザーであることだ。初めての体験は、二度と経験できない。そのため、それを感じ取る唯一の方法は、初めてのユーザーを観察することだ。

- **PMF**――これはおそらく、スタートアップの旅で最も重要な部分だ。PMFを達成したら、成功への道を進んでいる。達成できなければ、死ぬ。それだけのことだ。PMFを測定する唯一の方法はリテンションだ。B2Cプロダクトなら簡単で、ユーザーが戻ってきたときだ。B2B（あるいは有料ユーザー）なら、リテンションは更新で測定する。リテンションの前には、コンバージョンを達成する必要がある。ユーザーはどのように価値を得るか。コンバージョンはシンプルさから生まれ、リテンションは価値から生まれる。コンバージョンとリテンションがなければ死ぬ。
- **DNA＝チームメンバー**――結局のところ、会社に正しいDNAがあれば、人生における旅となる。そうでなければ、人生における悪夢となる。「次の会社では、違うやり方をしよう」と言ってはいけない。今しよう。「今日は残りの人生の最初の日」は、決まり文句だが真実だ。
- **解雇は採用より重要**――チームにふさわしくない人がいたら、その人をチームから外すと、状況はよりよくなる。ふさわしくない人がいて、誰もがそれに気づいていても、あなたが気づくのはたいてい最後だ。その人がいなくなると、全員が安心する。だが、どうしたらふさわしくない人がわかるだろうか。採用したすべての人について、1カ月後、自分自身にとても簡単な質問を問いかける。「今知っていることを知っていたら、この人を採用しただろうか」。答えがノーなら、すぐにその人を解雇しよう。答えがイエスなら、その人にそう伝えよう。従業員があなたの管轄下にないなら、直属の上司に同じ質問をしよう。すぐれた組織とは、解雇が早い組織だ。

- **イグジット**——イグジットの可能性が出てきたら、第12章を読もう。今はまだ遠く感じても、近づいたらきわめて重要になる。

さらなるウェイズのストーリー

ウェイズの話をすると、多くのユーザーがさらに話を聞かせてくれて、私の引き出しにはウェイズのストーリーが増えていく。

例えば、カナダでは「道路のモーセ」と呼ばれたことがある。「解放された」、「運転に自信がついた」とも何度も言われた。

スピード違反の切符を切られずに済んだ恩から、数千ドルを渡したいと申し出てくれた人もいた。

どちらの道を行くかについて、車の中で喧嘩することがなくなったので、結婚カウンセラーだと言われたことさえある。

だが、最高のストーリーの1つは、息子が提供してくれた。

数年前、息子が運転をはじめた。ハンドルを握るのがとても好きだった。

ある日、空港まで送ってほしいと息子に頼んだ。

「無理だよ、父さん」彼は暗い声で言った。「スマホが壊れているんだ」

「なぜ無理なんだ」と、私は反論した。「車もあるし、キーもある。空港まで乗せて行ってくれ！」

「いやいや、わかってない。スマホが壊れたんだよ」と、彼は答えた。「行き方がわからない」

私は頭をかいて、こう言った。「そうだ、私が隣に乗るんだ。私が道案内をしよう！」

すると、彼は答えた。「じゃあ、どうやって帰るの？」

つまり、私たちは行くべき道を見失ったが、論理は見失わなかった。

一緒に投資しよう

長年にわたり、ウェイズのユーザーからたくさんのストーリーを聞いてきたが、さらに頻繁に聞かれる質問がある。

「あなたのスタートアップに投資できる？」、あるいは「あなたと一緒に投資できる？」

私はたくさんのスタートアップに投資してきたし、会社の成長に応じてさらに投資を続けていく。「よい行ないによって成功する」を自らの明確な哲学とし、主に問題を解決することで、世界をよりよい場所にしている。

実践方法も非常にはっきりしている。設立前からスタートアップに参加し、会社の設立前、設立中、旅全体を通して、3つの主要な部分――問題、CEO、指導や助言――に集中する。

最終的に、私の目標はスタートアップの成功の可能性を高めることであり、一方で私が必要とされるところ、もう一方で私が最も楽しめるところに、正確に価値を加えることだ。

この10年ほど、複数の投資モデルを試してきた。退職金貯蓄者向けサービスのポンテラ（旧フィーエックス）、フライト予約サービスのフェアフライ、自動車整備サービスのエンジーでは、プレシード投資家になった。それから、友人やほかの投資家との共同投資で、農業の生産性向上サービスのシーツリー、VAT還付サービスのリファンディットのリードシード投資家になった。

パートナーのアリエル・サチェルドーティと一緒に、投資ファンド「ファウンダーズ・キッチン」を設立し、そのファンドを通じて、ポンテラ、リファンディット、診断用のAIシステムのカフン、エンジー、シーツリー、クーポン券売買サービスのジーク、学習プラットフォームのダイナモ、スキー旅行予約サービスのウィスキー、オンライン確定申告サービスのフィボ、高齢者医療用ウェアラブルデバイスのライブケア（Livecare）など、私のすべてのスタートアップに投資してきた。

近頃は、共同投資のモデルに戻って、スタートアップをリードしている。私のやり方は普通のモデルとは大きく異なっている。ほかの投資家のようなディールフローは持っていない。私はすでに起業されているか、これから起業する、私自身のスタートアップにしか投資しない。

本書に価値があると思ったなら――実際にあなたの成功に役立ったなら――、次の2つのことをお願いしたい。

1. 仲間の起業家や、とくにあなたの会社の経営陣と、知見を共有しよう。
2. 恩送りをしよう。ときが満ちたら、若い起業家を見つけて、導き、助言しよう。

謝辞

ウェイズの創業者仲間であるエフード・シャブタイとアミール・シナーに感謝する。2007年にこの旅をはじめることができて、とてもうれしい。ありがとう。ビジョンや集中、そして、私を含め、たくさんの人の人生を変えた、すばらしい職場のDNAをシェアしてくれてありがとう。

ノーム・バーディン、あなたがいなければ、ウェイズはこれほど成功しなかった。CEOとしてウェイズに参加するオファーを引き受けてもらえてうれしい。困難も成功もあったすばらしい長旅に感謝する。

ウェイズのチーム――創業初期の経営陣であるフェ・シュムレヴィッツ、サミュエル・ケレットト、ヤエル・エリシュ、ディ＝アン・アイスナー、アナト・エイタンから、長年の間にともに働いたすべてのすばらしいメンバーまで。みんなとの旅は、実にすばらしかった。一人ひとりがいなければ成し遂げられなかったし、ほかの方法など望みもしなかった。

本書のパートナーで共同編集者のアディ・バリル、あなたがいなければこの本は出版されなかった。コンセプトの段階から、真のパートナーで立役者であり、骨子の作成から執筆、編集、マーケティングなど、ありとあらゆることに対して専門的な知識を提供してくれた。

私のCEOたち――ニル・エレズ、ヨアフ・ズレル、アヴィエル・シマン＝トフ、ダニエル・ゼルキンド、イスラエル・テルパズ、ジヴ・ティロシュ、ニムロッド・バール・レヴィン、オル・コワルスキー、ヨタム・イダン、ロイ・キムヒ、エイタン・ロン、アロン・シュワルツマン、ロイ・ヨトワト、グレッグ・モラン、ペリ・アヴィタン。世界をよりよくし、非効率的な市場を破壊する旅に、これまでも、これからも、参加してくれている。あなたたちにとって価値のあるものとなれて、とくに、あなたたちを通じて多くを学ぶことができて光栄だ。あなたたちがいなければ、これほどたくさんの知識を得られなかった。

私のすべてのスタートアップのすべてのチームにも感謝する。成功したチームにも、失敗したチームにも。リスクを取ってくれて、そして、誰かの人生を変える仕事にたくさんの努力を注いでくれて、ありがとう。

生涯愛する妻のノガ――本を書こうと決断したときにそばにいてくれて、世界中への旅に同行してくれて、100回に上る書籍のミーティングに参加し、同じほどの回数の講演会にも参加し、この旅の間、私を力づけ、励ましてくれた。

子どもたち――チャーリー、イド、タル、エラン、アミット――私の人生でかけがえのない存在になってくれて、いつも忙しい私に嫌な顔もせず、常に夢を追いかける私を受け入れてくれてありがとう。私のインスピレーションの源であり、私にならって起業家らしい考え方や行動をしているのを見ると、とても誇りに思う。私がこれまで生み出したなかで、間違いなく一番の成功だ。

私の父――父がいなくなって今でも寂しい。私の最大のインスピレーションの源で、メンターで、夢を追い、常に挑戦するための知恵と自信を与えてくれた。私の父は頭が切れる人で、物事の本質をシンプルな短い言葉で言い表すことができた。例えば、手の届かない目標を設定することを、「天井から肉を吊るしたら、犬だってジャンプしない」と表現した。残念ながら、ウェイズの旅も本書も目にすることなく、2007年1月に亡くなった。母は2022年5月、本書の最後の編集作業を行なっているときに亡くなり、出版は見届けられなかった。両親を知る人からは、「お母さんと同じ話し方をする」、「お父さんと考え方が同じだ」とよく言われる。私は両親から大きな影響を受けているのだ。

２０１８年11月、私は母が入居する平均年齢85歳以上のケア付き住宅で講演をした。講演前、母はとても緊張していた。「うまく話せなかったらどうしよう、聴き手が理解できないような話をしたらどうしよう。ああしたらどうしよう、こうしたらどうしよう」と、母は心配した。私は母を落ち着けようとして、「母さんはすばらしい話し手だ。私は母さんからきちんと話し方を学んだから大丈夫だ」と伝えた。母はまったく落ち着かなかった。

大勢の前で話をするときには、全員を見るのは難しいので、何人かを選んで、その人に語りかけるような気持ちで、目線を合わせて話をする。この講演では、すぐ近くに座っていた母が、そのうちの1人だった。母は公演前には緊張していたが、私が話しはじめるとすぐに、緊張を解いて笑っていた。

講演は楽しい時間となり、講演後には、母は得意満面で会場を歩き回り、みんなに私を紹介した。そのとき、母がこう言った。「あなたは本を書くべきよ」。そう考えたことは今までにもあったが、母の言葉は、私が求めていた確信となった。そのとき、本書を書こうと決めた。その意味では、本書は母の遺言の一部となった。

本書の旅に同行し、「新たな領域」を見せてくれたレヴァイン・グリーンバーグ・ロスタン・リテラリーのジム（ジェイムズ・レヴァイン）にも感謝する。本書を信じ、パートナーとなり、私のストーリーを出版してくれたベンベラブックスとマット・ホルト、そしてベンベラのチームである、ケイティ・ディックマン、マロリー・ハイド、ブリジッド・ピアソン、ジェシカ・リエック、ケリー・ステビンズにも感謝する。

ブライアン・ブルーム――本書の最初のビジョンとアイデアを形作り、わかりやすい計画に落とし込み、執筆のプロセスをサポートしてくれてありがとう。

そのほかのチームにも感謝する。グラフィックデザイナーのヌリート・ブロク、ウェブサイトビルダーのオフェル・ジヴは、私のメッセージを読者に伝える手助けをしてくれた。ウェイズ、ムービットをはじめとする私のスタートアップの10億人を超えるユーザーにも感謝する。あなたたちがいなければ、この物語は存在しなかった。

私のストーリーに耳を傾け、質問やコメントによってワークショップの講義を改善させてくれた、世界中の何万人もの人たちに感謝する。本書があなたの知識を強化し、さらなる成功をもたらすことを願っている。

本書の読者と、ここには名前を挙げきれないが、私の旅に影響を与えたすべての人に、特別の感謝を捧げる。

ユリ・レヴィーン
2つのユニコーン企業＝デュオコーン(二角獣)を生み出した連続起業家・創造的破壊者。世界最大のコミュニティベースの運転・渋滞・ナビゲーションアプリのウェイズを立ち上げ、2013年に11.5億ドルでグーグルに売却、2020年にムービットを10億ドルでインテルに売却した。スタートアップを通じて、非効率的な市場を破壊して不十分な機能のサービスを改善し、「大きな問題」に集中して消費者の時間とお金を節約し、消費者に力を与えて世界をよりよい場所へと変えてきた。幾多の失敗から大成功までの過程で培った知見をもとに、次世代の起業家のメンターも務めている。2015年には、エフード・シャブタイとアミール・シナーと共に、国際NPO「Genius 100」財団により「世界の100人」に選出された。
https://urilevine.com

樋田まほ（といだ　まほ）
翻訳者。商社、旅行会社勤務を経て現職。主な訳書に、『今すぐ使える！　稼ぐウェブサイト100のアイデア』『ポジショニングの10ステップ　ヒット商品を生み出す不変の法則』(以上、ダイレクト出版)、『アウトサイダーズ 大自然を旅して生きる』(グラフィック社)、『VAN LIFE ユア ホーム オン・ザ・ロード』(トゥーヴァージンズ)、『マリメッコ プリント作りのアート』(青幻舎)などがある。

Love《ラブ》 the《ザ》 Problem《プロブレム》　問題《もんだい》に恋《こい》をしよう
ユニコーン起業家《きぎょうか》の思考法《しこうほう》

2024年3月20日　初版発行

著　者　ユリ・レヴィーン
訳　者　樋田まほ
発行者　杉本淳一

発行所　株式会社日本実業出版社　東京都新宿区市谷本村町3-29 〒162-0845
編集部　☎03-3268-5651
営業部　☎03-3268-5161　振　替　00170-1-25349
https://www.njg.co.jp/

印 刷／堀内印刷　　製 本／若林製本

ISBN 978-4-534-06091-4　Printed in JAPAN